Schöningh
westermann

EinFach Deutsch
Unterrichtsmodell

# Expressionismus

Neubearbeitung

Von
Norbert Schläbitz

Herausgegeben von
Johannes Diekhans

## Baustein 4: Expressionismus: Film und Musik (S. 124 – 133 im Modell)

| | | | |
|---|---|---|---|
| 4.1 | Der Expressionismus im Film | Sachtext – Der Film als Ausdrucksmedium zur Zeit des Expressionismus | Textarbeit, Schreibauftrag, Arbeitsblätter 41 – 42 |
| 4.2 | Der Expressionismus in der Musik | | Schreibauftrag, Folie 3, Arbeitsblatt 43 |

## Baustein 5: Ausblick DADA (S. 134 – 148 im Modell)

| | | | |
|---|---|---|---|
| 5.1 | Projekt „Sekundenzeiger" Voraussetzungen, Zielsetzungen und Adressaten | Voraussetzungen, Zielsetzungen Adressaten | Projekt, Textarbeit, Szenisches Spiel, Arbeitsblatt 44 |
| 5.2 | Eine Partitur zum „Sekundenzeiger" erstellen und spielen | Gedicht – Arp: Sekundenzeiger | Projekt, Textarbeit, Schreibauftrag, Arbeitsblätter 45 – 48 |
| 5.3 | Eine Partitur zum Gedicht „Sekundenzeiger" deuten, lesen und spielen | Gedicht – Arp: Sekundenzeiger, ‚Hast du schon bemerkt'<br>Partitur zum Sekundenzeiger<br>Bild – Meidner: Ich und die Stadt<br>Partitur zu ‚Hast du schon bemerkt' | Projekt, Textarbeit, Schreibauftrag, Arbeitsblätter 49 – 52 |

## Baustein 6: Expressionismus zwischen damals und heute (S. 149 – 160 im Modell)

| | | | |
|---|---|---|---|
| 6.1 | Und heute? – Gedichte der Gegenwart | Gedichte – Schwanke: Fußgängerzone, Kolbe: Berlin Anfang Dezember, Aebli: Die Stadt stammt vom Gestammel ab; Schmidt: stadtt | Textarbeit, Schreibauftrag, Arbeitsblätter 53 – 54 |
| 6.2 | Globalisierung: „Globales Dorf" - „Bastelbiografie" - Internet-Informationsgesellschaft | Zitate zur gesellschaftlichen Situation | Textarbeit, Schreibauftrag, Collage, Arbeitsblätter 55 – 56 |

# Expressionismus

## Baustein 1: Zum Expressionismus im Allgemeinen (S. 14–20 im Modell)

| | | | |
|---|---|---|---|
| 1.1 | Moderne, Jahrhundertwende (1900) und Expressionismus | Norbert Schläbitz: Die Moderne, die Jahrhundertwende (1900) und der Expressionismus | Tafelbild, Unterrichtsgespräch Arbeitsblatt 1 |
| 1.2 | Historisch-politischer, gesellschaftlicher Hintergrund | Norbert Schläbitz: Gesellschaftlicher und ideengeschichtlicher Hintergrund | Tafelbild, Unterrichtsgespräch Arbeitsblatt 2 |

## Baustein 2: Die Lyrik des Expressionismus (S. 21 – 82 im Modell)

| | | | |
|---|---|---|---|
| 2.1 | Das Motiv der Stadt | Bilder – Grosz: Untitled; Steinhardt: Die Stadt; Meidner: Ich und die Stadt Gedichte – Wolfenstein: Städter; Trakl: An die Verstummten, Vorstadt im Föhn; Heym: Der Gott der Stadt, Die Stadt; Loerke: Blauer Abend in Berlin; Boldt: Auf der Terrasse des Café Josty; Zech: Fabrikstraße tags, Pumpwerk; Lichtenstein: Die Dämmerung, Die Stadt | Textarbeit, Schreibauftrag, Malauftrag, Tafelskizzen, Standbild (szen. Spiel), Zusatzmaterial 7, Arbeitsblätter 3 – 15 |
| 2.2 | Das Motiv des Krieges | | |
| 2.3 | Nihilismus – Ich-Dissoziation und das Ende der Welt | Gedichte – Benn: Kleine Aster, Schöne Jugend; van Hoddis: Weltende; E. Lasker-Schüler: Weltende Sachtexte – Nietzsche: Nihilismus; Vietta: Gesellschaft im Umbruch; Pinthus: Die Überfülle des Erlebens; allg. Sachtext zum Expressionismus | Textarbeit, Schreibauftrag, Tafelskizzen, Zusatzmaterial 8, Arbeitsblätter 20 – 29 |

## Baustein 3: Expressionismus: – Drama und Prosa (S. 83 – 123 im Modell)

| | | | |
|---|---|---|---|
| 3.1 | Das Drama | Drama – 3. Szene aus „Frühlings Erwachen“ | Textarbeit, Folie 1, Tafelbild, Arbeitsblatt 30 |
| 3.2 | Prosa im Expressionismus | Prosa – Döblin: Mit der 41 in die Stadt (Berlin Alexanderplatz); Sachtext – Vollmann: Berlin Alexanderplatz. Die Geschichte vom Franz Biberkopf | Projekt, Textarbeit, Schreibauftrag, Tafelskizzen, Standbild (szen. Spiel), Zusatzmaterial 9, Arbeitsblätter 31 – 33 |
| 3.3 | Grenzgänger Kafka | Parabeln – Kleine Fabel, Kafka und die Maus, Gibs auf!, Der Kreisel, Die Vorüberlaufenden Sachtext – Nietzsche: Zur Wahrheit | Textarbeit, Schreibauftrag, Tafelskizzen, Arbeitsblätter 34 – 40 |
| 3.4 | Kafka – Die Skizzen | Skizzen von Kafka | Projekt, Folie 2, Malauftrag, Schreibauftrag |

**Bildnachweis:**

S. 9, 57, 60, 64, 74: picture-alliance/akg-images – S. 52: © Estate of George Grosz, Princeton, N.J./VG Bild-Kunst, Bonn 2015 – S. 53, 56 o.: bpk/Nationalgalerie, SMB/Jörg P. Anders – S. 54, 56 u., 60, 73, 75, 140 u., 146, 169, 170: © Ludwig Meidner-Archiv, Jüdisches Museum der Stadt Frankfurt am Main – S. 58 o.: bpk/Kunstbibliothek, SMB/Dietmar Katz; u.: INTERFOTO/Sammlung Rauch – S. 59: Verlagsarchiv Schöningh – S. 63: © Friedrich-Wilhelm-Murnau-Stiftung – S. 67, 68: aus: Alexander Hogh, Jörg Mailliet: Tagebuch 14/18 - Vier Geschichten aus Deutschland und Frankreich © 2014 TintenTrinker Verlag GmbH, Köln – S. 75: ullstein bild – S. 77: Deutsches Literaturarchiv Marbach – S. 78, 121: akg-images – S. 83: akg-images GmbH – S. 104: Verlagsarchiv/Achim Schläbitz – S. 108: Szenenfoto aus der Inszenierung „F. Wedekind: Frühlings Erwachen", Kammerspiele, Wien, 1918 – S. 109: Verlagsarchiv Schöningh – S. 112: © Fischer Verlag – S. 116, 119: aus: Peter Kuper: Gibs auf und andere Erzählungen. Hamburg: Carlsen Verlag 1996 / Art © Peter Kuper – S. 117, 120 u.: : Bildarchiv Preußischer Kulturbesitz – S. 118: Verlagsarchiv/Schläbitz – S. 120 o.: © Archiv Klaus Wagenbach – S. 128: Aus: Günther Dahlke, Karl Günter (Hrg.): Deutsche Spielfilme von den Anfängen bis 1933. Berlin: Henschel 1988 – S. 139: Verlagsarchiv Schöningh – S. 141: © Salvador Dalí, Fundació Gala-Salvador Dalí/VG Bild-Kunst, Bonn 2015 / Foto: akg-images GmbH – S. 155: © Thea Sternheim – S. © ullstein bild/Friedrich – S. 162: Illustration von Tomi Ungerer, aus: Tomi Ungerer: Poster Copyright © 1994 Diogenes Verlag AG Zürich

*westermann* GRUPPE



www.schoeningh-schulbuch.de
Schöningh Verlag, Jühenplatz 1 – 3, 33098 Paderborn



Druck A² / Jahr 2017
Alle Drucke der Serie A sind im Unterricht parallel verwendbar.

Umschlaggestaltung: Jennifer Kirchhof
Druck und Bindung: westermanndruck GmbH, Braunschweig

ISBN 978-3-14-**022669**-1

# Vorwort

Der vorliegende Band ist Teil einer Reihe, die Lehrerinnen und Lehrern erprobte und an den Bedürfnissen der Schulpraxis orientierte Unterrichtsmodelle zu ausgewählten Ganzschriften und weiteren relevanten Themen des Faches Deutsch bietet.
Im Mittelpunkt der Modelle stehen Bausteine, die jeweils thematische Schwerpunkte mit entsprechenden Untergliederungen beinhalten.
In übersichtlich gestalteter Form erhält der Benutzer/die Benutzerin zunächst einen Überblick zu den im Modell ausführlich behandelten Bausteinen.

Es folgen:

- Vorüberlegungen zum Einsatz der Materialien im Unterricht
- Hinweise zur Konzeption des Modells
- Ausführliche Darstellung der einzelnen Bausteine
- Zusatzmaterialien

Ein besonderes Merkmal der Unterrichtsmodelle ist die Praxisorientierung. Enthalten sind kopierfähige Arbeitsblätter, Vorschläge für Klassen- und Kursarbeiten, Tafelbilder, konkrete Arbeitsaufträge, Projektvorschläge. Handlungsorientierte Methoden sind in gleicher Weise berücksichtigt wie eher traditionelle Verfahren der Texterschließung und -bearbeitung.
Das Bausteinprinzip ermöglicht es dabei den Benutzern, Unterrichtsreihen in unterschiedlicher Weise und mit unterschiedlichen thematischen Akzentuierungen zu konzipieren. Auf diese Weise erleichtern die Modelle die Unterrichtsvorbereitung und tragen zu einer Entlastung der Benutzer bei.

Arbeitsfrage

Einzelarbeit

Partnerarbeit

Gruppenarbeit

Unterrichtsgespräch

Schreibauftrag

szenisches Spiel, Rollenspiel

Mal- und Zeichenauftrag

Bastelauftrag

Projekt, offene Aufgabe

# Inhaltsverzeichnis

Zu diesem Heft gibt es eine Hör-CD: EinFach Zuhören. Expressionismus. Best-Nr.: 062633 – 0. Sie enthält zahlreiche der in diesem Heft abgedruckten Gedichte. Diese sind im Inhaltsverzeichnis mit ⦾ gekennzeichnet.

# Expressionismus

**„Gott ist tot.“**
(Friedrich Nietzsche)

**„Mein Ich ist fort.“**
(Paul Boldt)

**„Die Krone der Schöpfung, das Schwein, der Mensch“**
(Gottfried Benn[1])

Ausschnitt aus dem Plakat zum Film „Das Cabinet des Dr. Caligari“ (1920)

## Ernst Stadler: Form ist Wollust

Form und Riegel mussten erst zerspringen,
Welt durch aufgeschlossne Röhren dringen:
Form ist Wollust, Friede, himmlisches Genügen,
Doch mich reißt es, Ackerschollen umzupflügen.
Form will mich verschnüren und verengen,
Doch ich will mein Sein in alle Weiten drängen –
Form ist klare Härte ohn Erbarmen,
Doch mich treibt es zu den Dumpfen, zu den Armen,
Und in grenzenlosem Michverschenken
will mich Leben mit Erfüllung tränken.

Aus: Ernst Stadler: Der Aufbruch. Gedichte. Leipzig: Verlag der weissen Bücher 1919

---

1 In: G.B.: Sämtliche Werke. Stuttgarter Ausgabe, Stuttgart: Klett-Cotta 2003

# Vorüberlegungen zum Einsatz der Materialien im Unterricht

Bei der nachfolgenden Darlegung expressionistischer Themen und ihrer literarischen Verarbeitung besteht die Gefahr, zu Typisierungen und Klischees zu kommen: Der Expressionismus behandelt *die* und *die* Themen. *Der* Expressionismus benutzt *die* und *die* sprachlichen Mittel usf. Klischees dieser Art ist nicht leicht aus dem Weg zu gehen und auch das vorliegende Modell suggeriert die Vorstellung, man könne genau angeben, was den Expressionismus auszeichne.
Zum Teil hat dies sicherlich damit zu tun, dass Gedichte bspw. auf innere Verwandtschaften geprüft und danach auch ausgesucht und in das Modell aufgenommen wurden. Das ist aus didaktischen Überlegungen heraus geschehen, da expressive Kunst – auch wenn sie schon hundert Jahre alt ist und vor dem Hintergrund aktueller Kunstleistungen so expressiv manchmal gar nicht mehr scheint – nur schwer einen Zugang erlaubt. Sofern die Epoche z. B. mit einem Gedicht im Unterricht zum ersten Mal thematisiert wurde, ist bei anderen Gedichten auf die Vergleichbarkeit und auf einen hohen Wiedererkennungswert ausdrücklich Wert gelegt worden. Im Zuge der Interpretationen wird ein Hypothesenkanon erarbeitet, der praktisch über Gedicht- und Textwelten gestülpt wird. Aussagen wie „Die Lyrik des Expressionismus verarbeitet die Verdinglichung des Menschen oder auch den Verlust der Transzendenz" können aufgestellt und vorgelegte Gedichte daraufhin geprüft werden, inwiefern sie den Hypothesen genügen.
Gleichwohl heißt dies nicht, expressionistische Lyrik damit inhaltlich hinreichend erarbeitet zu haben, noch heißt dies, die für den Expressionismus typischen Gestaltungsmittel zufriedenstellend verdeutlicht zu haben. Das würde der Ambivalenz und Vieldeutigkeit von Kunst ohnehin und der expressiven Kunst des frühen 20. Jahrhunderts im besonderen Maße vehement widersprechen. Kunst spricht keine Evidenz aus, so gerne manche Interpreten dies auch immer wieder oder immer noch sähen bzw. konstatieren. Und man kann hier guten Mutes sein, dass die Lebendigkeit von Kunst gewahrt bleibt, wenn man Lyotard folgen will, der in Kunst den Versuch sieht, das Nichtdarstellbare in der negativen Darstellung darzustellen, sodass Künstler aus dem eigenen Scheitern die Motivation ziehen, es erneut zu versuchen. Bei Kafka liest sich das ganz ähnlich, wenn er sagt: „Ich versuche immerfort etwas Nicht-Mitteilbares mitzuteilen, etwas Unerklärliches zu erklären" (Kafka, zit. nach Schläbitz 2001, S. 225). Und Kafka mit seinem feinen Gespür und seiner unerbittlichen Selbstkritik fühlte sich in seinen Bemühungen bekanntlich in der Regel gescheitert. In dem ewigen Scheitern aber, das Künstler und Interpreten gleichermaßen erleben, wird die Menschenwelt mit stetig neuer Kunst versorgt, die fasziniert und interessiert. Das ewige Scheitern ist daher Motor und daher positiv bewertet. Interpretationen erschöpfen sich so auch nicht und expressive Kunst ist so auch nicht auf ausgewählte Hypothesenmuster zu reduzieren, von Wahrheitsaussagen zu Texten ganz zu schweigen. „Allmählich ist die Wahrheit zutage getreten", schrieb einmal Claude David in einem Vorwort zu einem Buch über Kafka und fuhr fort: „[Ü]ber die Absicht von Kafkas Dichtungen besteht kaum mehr Zweifel. [...] Über eine ganze Reihe von Erkenntnissen und Wahrheiten stimmen Kafka-Forscher heute überein. Man kann über Kafka arbeiten, wie man über Goethe oder Hölderlin arbeitet, und sogar leichter. Denn das Werk ist leichter zu übersehen, die Motive sind weniger zahlreich, die Absichten im Grunde durchsichtiger" (David 1980, S. 5 f.). In Anbetracht phänomenologischer, hermeneutischer, psychologischer, sozialgeschichtlicher, materialistischer, geistesgeschichtlicher, strukturalistischer, rezeptionsästhetischer, dekonstruktivistischer, diskurstheoretischer, medientheoretischer, systemtheoretischer, semiotischer, feministischer, interkultureller und anderer (... – man möge, wenn man nur will, ergänzen) Interpretationsansätze, wobei in

der Aufzählung zugegebenermaßen hier und da Überschneidungen und auch Doppelungen auftreten, sagt ein Interpret mit Darlegung seiner Interpretationsofferte in etwa so viel, wie Müller nach Aufzählung einer vergleichbaren Vielfalt sagt: „Ich will, dass Ihnen diese Interpretation plausibel erscheint, und ich will, dass Sie mir zustimmen" (Müller 1995, S. 335). Mit anderen Worten: Aus einem subjektiven Motivationsgrund heraus ist kein objektiver Kern und aus dem bloßen Wunsch zum Wollen ein Müssen nicht logisch abzuleiten, sondern in dem Wollen liegt das Werben um Zustimmung für eine gewählte Interpretationsofferte, die auch anders hätte ausfallen können. Und als Bezugssystem für den gedanklichen Nachvollzug dient nicht der Kern der „Wahrheit", sondern allein die Operation der Untersuchung mit der begründeten Meinung.
Was aber ist dann noch typisch expressionistische Kunst? Dieselbe Frage stellte einst auch Gottfried Benn, der selber auf diese Frage keine Antwort wusste, einem Verleger, der einen Gedichtband mit typisch expressionistischer Kunst herausgeben wollte. Zu einer Antwort kam auch dieser, trotz eingehender Untersuchungen durch Experten, nicht, sodass die Sammlung schließlich den eher unverfänglichen Titel erhielt: „Lyrik des expressionistischen Jahrzehnts". Halten wir also abschließend fest: Diese wie jede andere Kunst ist nicht auf den Begriff zu bringen und seien wir dankbar dafür!
Gleichwohl wird aus Gründen der didaktischen Reduktion Schülerinnen und Schülern durch die Anlage der Arbeitsblätter eine Typisierung vorgeschlagen oder zumindest nahegelegt. Damit die Ambivalenz, welche die Kunst grundsätzlich auszeichnet, trotzdem aufrechterhalten oder zumindest nicht ausgeklammert bleibt, sind in die Arbeitsaufgaben vielfältige produktive Schreibanlässe integriert, die unterschiedliche Sichtweisen mit kontingenten (immer auch anders möglichen) Ergebnissen geradezu erzwingen, zumindest aber als mitlaufenden Horizont von Möglichkeiten ins Blickfeld rücken. So wird einer problematischen Typisierung wieder entgegengewirkt.
Im Expressionismus ist der Versuch unternommen worden, eine grenzerweiternde Wirklichkeitserfahrung im Raum der Sprache zu leisten. Als Folge davon sind Wörter und Begriffe weit kontingenter zu lesen als zuvor. Mit einem wachsenden Bedeutungsspielraum wächst auch der Horizont von zu verwirklichenden Möglichkeiten, da Ideen sich einstellen mögen, die andernfalls ungedacht blieben. Ein solches Kontingenzbewusstsein wird heute Schülerinnen und Schülern mehr denn je abverlangt, wo sich Wissenstände von heute auf morgen verändern können. „[D]as theoretische und praktische Wissen, [...] [wird] schon in einem Jahrzehnt in wesentlichen Teilen überholt sein. [...] Lebenslanges Lernen ist zur Existenzfrage geworden" (Negt 1998, S. 25). Nicht von ungefähr wird daher die Rede vom „Lernen lernen" und „lebenslangem Lernen" prominent geführt. „Angesichts der mangelnden Vorhersagbarkeit, welches Wissen Jugendliche als Erwachsene benötigen werden, ist die theoretische Grundlage ein dynamisches Modell des kontinuierlichen Weiter-, Um- und Neulernens über die gesamte Lebensspanne hinweg", heißt es so auch in der prominenten PISA-Studie (www.mpib-berlin.mpg.de/pisa/). Flexibles Denken ist gefragt, den Rahmenrichtlinien mit ihrer größeren Orientierung an formalen Bildungsaspekten (Stichwort: Methodenkompetenz) mittlerweile im entsprechenden Maßstab Rechnung zu tragen und an einer chiffrierten Kunst zu üben. Die vielfältigen produktiven Aufgaben sind also auch in diesen gedanklichen Horizont eingebunden.

Das Thema „Expressionismus" eignet sich dazu, weitgehend schülerorientiert zu arbeiten, da die Schülerinnen und Schüler ihre eigenen Lebenserfahrungen in Auseinandersetzung mit dem Expressionismus reflektieren können. Der Beginn des 20. Jahrhunderts ist von rasanten technologischen und gesellschaftlichen Entwicklungen begleitet gewesen. Auch der Beginn des 21. Jahrhunderts ist davon geprägt. So können Erfahrungen und Probleme der persönlich gelebten Gegenwart mit der Vergangenheit in Verbindung gebracht und verarbeitet werden. Die Kunst des Expressionismus dient in diesem Fall als Reflexionsmedium.

# Konzeption des Unterrichtsmodells

Schon beim flüchtigen Blättern wird auffallen, dass das Modell aus einer relativ großen Summe von Arbeitsblättern besteht, die durch die Anlage der teilweise weitreichenden Aufgabenstellungen den Unterrichtsgang implizit bestimmen. Zuweilen ist daher auf ergänzende Kommentare zum Vorgehen verzichtet worden. Weiterführende Aufgabenstellungen, Tafelbilder oder didaktische Kommentare werden allerdings in vielen Fällen in gewohnter Weise geliefert. Mitunter sind im Übrigen methodische Anregungen zu einem Gedicht oder Text auch auf andere Gedicht- und Texterschließungen anwendbar.
Die Aufgaben können sowohl sukzessiv als auch in Auswahl behandelt werden, was sich für den letzteren Fall wohl gerade dann anbietet, wenn Analysearbeit wesentlich traditionell geleistet wird und in Aufgabenstellungen mündet, die da lauten:

- *Unterziehen Sie das Gedicht/den Text/-auszug einer formalen Analyse und einer darauf aufbauenden Deutung.*
- *Analysieren und interpretieren Sie das folgende Gedicht/den folgenden Text/-auszug.*
- *Deuten Sie das Gedicht/den Text/-auszug.*

Für die traditionsgeleitete Analyse bieten die Infoblätter zur Erschließung von Lyrik, Prosa und Sachtexten den Schülerinnen und Schülern Hilfestellung (vgl. **Zusatzmaterialien 6-8**, S. 173 ff.). Mehrfach bietet es sich an, Standbilder zu erstellen. Für diese Fälle steht ein entsprechend ausgearbeitetes Arbeitsblatt in den Zusatzmaterialien (**Zusatzmaterial 1**, S. 160) zur Verfügung.
In einigen wenigen Fällen werden keine Sachanalysen gegeben, teilweise, weil die Texte/Gedichte leicht verständlich sind, teilweise, weil durch die Summe bspw. von Gedichten mit ähnlichem Themenschwerpunkt sich unnötige Wiederholungen ergeben hätten.
Die Materialien insgesamt stellen keine in sich geschlossene Reihe oder ein Unterrichtsvorhaben dar, sondern einen Materialfundus, der auf eigene Bedürfnisse zugeschnitten werden kann. Einen möglichen Unterrichtsgang bieten allerdings die folgenden Vorschläge:

| Vorschlag 1 | Vorschlag 2 |
|---|---|
| • *Bild:* Grosz – Untitled<br>• *Gedicht:* Wolfenstein – Städter<br>• *Theorie*: Pinthus – Die Überfülle des Erlebens<br>• *Theorie*: Zum Expressionismus<br>• *Gedicht*: Lichtenstein – Die Stadt<br>• *Gedicht*: Heym – Die Stadt<br>• *Theorie*: Vietta – Gesellschaft im Umbruch<br>• *Theorie*: Nietzsche – Nihilismus<br>• *Gedicht*: Zech – Fabrikstraße tags<br>• *Gedicht*: Benn – Kleine Aster<br>• *Gedicht*: Aebli – Die Stadt stammt ...<br>• *Theorie*: Risikogesellschaft oder Chancengesellschaft<br>***<br>• *Klausur – Gedicht:* Lichtenstein: Trüber Abend | • *Bild:* Grosz – Untitled<br>• *Gedicht:* Wolfenstein – Städter<br>• *Gedicht:* Heym – Die Stadt<br>• *Theorie:* Zum Expressionismus & ergänzende Referate (Pinthus, Vietta ...)<br>• *Gedichte* aus der Gegenwart: Schwanke – Fußgängerzone<br>• *Gedicht* aus der Gegenwart: Kolbe – Berlin Anfang Dezember<br>• *Gedicht* aus einer anderen Epoche zum Vergleich<br>• *Begegnung mit dem Medium Film oder Musik im Vergleich mit der Lyrik des Expressionismus*<br>***<br>• *Klausur:* Vergleich zweier motivgleicher Gedichte aus unterschiedlichen Epochen oder:<br>• *Klausur:* Vergleich Gedicht & Bild |

Eine kleine Reihe zu Kafka wäre ebenfalls denkbar.
**Klausurvorschläge** sind in **Zusatzmaterial** 3–5, S. 162 ff. zu finden.

Vorgeschlagen wird der Einstieg in das Unterrichtsvorhaben über die expressionistische bildende Kunst. Der Grund ist Folgender: Ein Bild ist einerseits der Analyse zugänglich, andererseits aber wirkt es als Ganzes, hinterlässt – sofern es nicht zur Gänze der Abstraktion folgt – einen anschaulich konkreten Eindruck, drückt eine artikulierbare Stimmung aus. Auf diese Weise ist ein verständnisvoller Zugang möglich, wo die expressionistische Lyrik auf den ersten Blick eher kryptisch wirkt. Erste Hypothesen zum Expressionismus können gebildet werden.
Der Bildinterpretation könnte dann eine Erstbegegnung mit der Lyrik des Expressionismus folgen. Und auch wenn eine Obligatorik, in welcher Reihenfolge die Gedichte bearbeitet werden sollten, nicht vorgesehen ist, wird empfohlen, an den Anfang das **Arbeitsblatt 6**, „Großstadtgedicht verzettelt" (S. 55), also das Gedicht „Städter" von Alfred Wolfenstein, zu stellen, da es einen induktiven Erstzugang zur Lyrik des Expressionismus ermöglicht.
Der Lyrik ist viel Raum zur Verfügung gestellt, weil in ihr der Expressionismus – im Gegensatz zu Prosa und Drama – sich am weitgehendsten zu entfalten wusste. So stellen die Bausteine zu Drama und Prosa Ergänzungen dar. Mehr noch gilt dies für den Baustein zu Film und Musik des Expressionismus.
**Klausurvorschläge** sind am Ende des Modells in den **Zusatzmaterialien 3–5** (S. 162 ff.) zu finden. **Zusatzmaterial** 6 (S. 172) enthält Vorschläge für Facharbeiten.

Im **1. Baustein** werden gesellschaftliche Hintergründe zu Beginn des 20. Jahrhunderts aufgearbeitet. Beispielhaft aufgezeigt am Literaten Thomas Mann, aber auch an anderen Zeitgenossen, steht das vom (neu-)humanistischen Gestus geprägte Denken, das nicht unerheblich zu den Verwerfungen jener Zeit beigetragen hat, im Zentrum der Auseinandersetzung.

**Baustein 2** setzt sich intensiv mit der Lyrik im Expressionismus auseinander, wobei die Großstadtlyrik zentral behandelt wird. In diesem Zusammenhang stehen die Themen Anonymität, Nihilismus und Ich-Dissoziation im Zentrum. Als weitere begleitende Themen werden die Schwerpunkte „Weltende", „Apokalypse" und „Krieg" in den Fokus gerückt.

**Baustein 3** behandelt Drama und Prosa des Expressionismus. Dabei wurde im Falle der Dramenliteratur auf einen Auszug von Wedekind („Frühlings Erwachen") zurückgegriffen und auf die Sexualitätsproblematik abgehoben. Von Döblins „Berlin Alexanderplatz" wird ebenfalls nur ein kleiner Auszug geboten, der wiederum wesentlich produktionsorientiert respektive projektorientiert bearbeitet werden soll. Dieses Projekt sollte mit dem Basiswissen aus Baustein 1 angegangen werden. Ebenfalls diesem Baustein zugeordnet sind einige Parabeln von Kafka, die unter dem Gesichtspunkt der Erkenntnis- und Existenzproblematik beleuchtet werden.

**Baustein 4** widmet sich dem Film und der Musik in jener kurzen Epoche. Verstärkt ist an dieser Stelle auf die vergleichende Analyse Wert gelegt worden. Darüber hinaus sind Unterrichtsvorschläge im Falle der Musik so angelegt worden, dass sie weitgehend ohne entsprechende musikalische Vorkenntnisse in den Deutschunterricht integriert werden können.

Der **Baustein 5** sucht mit Dada die logische Fortentwicklung des Expressionismus zu beleuchten. Am Beispiel von Hans Arp wird die produktive Auseinandersetzung mit Gedichten aus dem Bereich Dada angeregt. Dazu wird Schritt für Schritt ein ausführlich ausgearbeitetes Unterrichtsprojekt dargelegt. Dieses wiederum ist unter fächerübergreifenden Gesichtspunkten ausgearbeitet worden.

Der Gegenwartsbezug ist durch die Jahrtausendwende und durch die technischen Innovationen unserer Zeit nahegelegt, die ähnlich tiefgreifend wie die des frühen 20. Jahrhunderts wirken. Der **Baustein 6** sucht dem einen wie anderen Rechnung zu tragen. Auch hier steht der Vergleich im Zentrum. Darüber hinaus werden die Problemfelder im beginnenden 21. Jahrhundert durch prägnante Zitate erschlossen und erörtert.

# Die thematischen Bausteine des Unterrichtsmodells

Baustein 1

## Zum Expressionismus im Allgemeinen

Der vorliegende Baustein gibt Basisinformationen zur Zeit um die Jahrhundertwende des 19. und 20. Jahrhunderts. Dabei soll deutlich werden, dass von einer umfassenden Stilepoche nicht die Rede sein kann und dass es vielmehr eine Parallelität unterschiedlicher Strömungen gibt. Bezogen auf den Expressionismus soll deutlich werden, dass seine Anfänge zeitlich unterschiedlich angesetzt werden und dass in den verschiedenen Kunstrichtungen sich unterschiedliche künstlerische Ausprägungen verwirklichen.

### 1.1 Moderne, Jahrhundertwende (1900) und Expressionismus

#### Zum Vorgehen (Arbeitsblatt 1, S. 17 f.)

Die Aufgaben werden in Partnerarbeit bewältigt und können arbeitsteilig angegangen werden. Die Ergebnisse werden anschließend im Unterrichtsgespräch zusammengeführt.

■ *Nennen Sie die unterschiedlichen literarischen Strömungen und recherchieren Sie, wodurch diese sich auszeichnen.*

- Die Darlegung kann nur klischeehaft verfahren. Für eine erste Einordnung erscheint dies aber hinreichend:
- *Impressionismus:* Orientierung auf die subjektive Erfahrungswirklichkeit. Auflösung in punktuelle Erfahrungsmomente
- *Symbolismus:* Abkehr von Sprache als Medium zur konkreten Verständigung. Symbolische Aufladung von Begriffen
- *Jugendstil:* ästhetische Überformung von Sprache bis hin zum wirklichkeitsüberformenden Ornament
- *Neuromantik:* Restituierung romantischer, „träumerischer" Motive. Abkehr vom Naturalismus
- *Neuklassik:* Orientierung an Weimarer Klassik und an strengen Gattungsformen wie dem Drama. Gegenbewegung zur Moderne (Naturalismus, Impressionismus, Neuromantik)

- *Naturalismus:* Versuch der getreuen Wiedergabe von Wirklichkeit unter Absehung subjektiver Momente
- *Realismus:* Wiedergabe der Erfahrungswirklichkeit, eingebettet in eine subjektiv motivierte Erzählhandlung
- *Décadence:* Orientierung an Untergangsszenarien und antibürgerlichen Themen

■ *Stellen Sie die Ursprünge des Expressionismus heraus.*

**Ursprünge des Expressionismus**

| Ende 19. Jh. | 1901 | 1911 |
|---|---|---|
| Gruppe amerikanischer Schriftsteller | Malerei. Maler Hervé | Malerei. „Fauves" (Picasso), „Brücke", „Blauer Reiter" |
| the expressionists | expressionisme | Expressionismus 1914 |
| | | Literatur, eingeführt von Herbert Bahr |

■ *Klären Sie die Begrifflichkeiten Moderne und Modernismus.*

| **Moderne** | **Modernismus** |
|---|---|
| • Beginn: etwa 16./17. Jahrhundert<br>• wissenschaftsorientiertes, „neuzeitliches" Denken, Abkehr von der Religion | • Beginn: 19. Jahrhundert<br>• Kritik an der Moderne, am Aufklärungsgedanken |

Es sollte im Unterrichtsgespräch explizit darauf hingewiesen werden, dass der Modernismus, die Kritik der Moderne, keine Rückkehr zur Religion meint. Es wird lediglich die unreflektierte Affirmation des Fortschrittsparadigmas kritisiert: Wachsende Rationalität impliziert nicht automatisch eine bessere Welt oder Gesellschaft.

■ *Ordnen Sie den Expressionismus einer der beiden Begrifflichkeiten zu und begründen Sie Ihre Zuordnung.*

Der Expressionismus wendet sich von der überkommenen Tradition ab, sucht neue Wege. Dieser Bruch mit der Tradition erfolgt aus Gründen der Kritik am Bestehenden. Insofern steht der Expressionismus dem Modernismus nahe, der die Kritik an der Moderne betreibt.

## 1.2 Historisch-politischer, gesellschaftlicher Hintergrund

### Zum Vorgehen (Arbeitsblatt 2, Seite 19 f.)

- *Tragen Sie die wichtigsten Daten in einem Schaubild zusammen.*
- *Geben Sie diese in einem Kurzvortrag wieder.*

**Historisch-politischer und gesellschaftlicher Hintergrund**

| | |
|---|---|
| 1871 | Reichsgründung. Militärorientierter Staat |
| 1900 | Jahrhundertwende mit apokalyptischen Vorstellungen |
| 1914 – 1918 | 1. Weltkrieg. Vom „Gesundbrunnen Krieg" zur Niederlage |
| 18. Jh./19. Jh. | • zur Industrienation<br>• Hektik des Großstadtlebens und Überfülle an Reizen<br>• Rationalisierung/Positivismus<br>• fortschreitende Säkularisierung<br>• drei Kränkungserfahrungen, Entzauberung des Menschen, Mensch hat keine Sonderstellung: Nihilismuserfahrung |

- *Stellen Sie heraus, durch welche Haltungen die „Entzauberung der Welt" vorangetrieben worden ist.*

Der feste Glaube an die Möglichkeiten der Vernunft und an die prinzipielle Durchdringbarkeit der Welt drängen den Gottesglauben zurück. Positivismus, Materialismus, Pragmatismus (und eingeschränkt der Utilitarismus) können hier als Stichwörter genannt werden. Nietzsche benennt die Veränderungen in seiner gewohnt klaren Darstellungsweise. Gelegentlich klingt es in der Rezeption von Nietzsche an, als ob dessen These („Gott ist tot") eine Erfindung von ihm sei und diese These, von Nietzsche ausgehend, dann ihren gesellschaftlichen Widerhall gefunden hätte. Das entspricht allerdings nicht der Realität. Vielmehr hat Nietzsche für die statthabenden gesellschaftlichen Strömungen prägnante Worte gefunden. Er erfindet nicht, sondern findet Worte für das, was ist.

# Norbert Schläbitz: Die Moderne, die Jahrhundertwende (1900) und der Expressionismus

In den Jahrzehnten um das Jahr 1900 herum gibt es eine Vielfalt von heterogenen Stilrichtungen in der Literatur. Gesellschaftlich herrscht eine Stimmung des Aufbruchs (Avantgarde) auf der einen wie des Untergangs („fin de siècle“, „décadence“) auf der anderen Seite, was sich im zeitgleichen Nebeneinander unterschiedlicher literarischer Strömungen konkretisiert. Nennen wir einige, die zeitlich parallel sich begaben oder in kurzen Zeitabständen aufeinander folgten. Ohne den Anspruch der Vollständigkeit erheben zu wollen, sind dies in unsortierter Reihenfolge: Impressionismus (Rainer Maria Rilke, Hugo v. Hoffmannsthal etc.), Symbolismus (Stefan George), Jugendstil (Richard Dehmel), Neuromantik (Hermann Hesse), Neuklassik (Stefan Zweig), Naturalismus (Gerhart Hauptmann), Realismus (Gottfried Keller, Theodor Fontane), décadence (Thomas Mann) und eben auch der Expressionismus. Dabei sind die einzelnen Stilrichtungen nicht immer überschneidungsfrei zu denken, und nicht jeder Autor ist einer einzigen Linie zuzuordnen. Gleichwohl weist dieses Bündel von unterschiedlichen Stilen, trotz aller Unterschiede, eine Gemeinsamkeit auf: den Gedanken der Modernität. Aufgrund dessen wird diese Zeit um die Jahrhundertwende auch unter dem Epochenbegriff der „Moderne“ geführt.

Was kann aber der zuletzt nie trennscharf zu definierende Begriff der „Moderne“ umreißen? Allgemein gesprochen ist mit der „Moderne“ das neuzeitliche Denken gemeint, das nicht religiös, sondern rationalistisch motiviert ist. Wissenschaft und die damit einhergehende Säkularisierung beschreiben den Ausgang aus dem Mittelalter. Begreift man Moderne als „Neuzeit“, ist der Beginn der Moderne im 16. Jahrhundert lokalisiert. Andere Datierungen wiederum sehen den Beginn der Moderne mit der sich breit entfaltenden Aufklärung im 17. Jahrhundert verbunden. Wenn man Moderne nicht als „Neuzeit“ in dem genannten Sinne verstehen will, sondern als „Modernismus“, dann ist die Datierung noch wesentlich später anzusetzen: Die Kritik der Moderne, die Kritik am teleologisch motivierten Aufklärungsgedanken und Fortschrittsglauben ist, wird auch „Modernismus“ (vgl. Zima 1997, S. 8 – 18) genannt. Moderne als „Modernismus“ ist die selbstkritisch gewordene Moderne in Philosophie und Kunst im 19. Jahrhundert, auch „Spätmoderne“ genannt. Im Vordergrund der ästhetischen Reflexion steht dabei der Bruch mit der Tradition (vgl. Meid 1999, S. 348), was zuweilen den Begriffszuschreibungen wie z.B. décadence, Expressionismus auch abzulesen ist (vgl. zur Moderne auch Welsch [4]1993, S. 46 – 48).

## Zum Expressionismus (etwa 1910 – 1920)

Wo eine expressive Kunst sich zum ersten Mal den Titel „Expressionismus“ zulegte, ist eine Frage der Betrachtungsweise und nicht genau zu klären. Der Blick nach Amerika lässt den Expressionismus schon Ende des 19. Jahrhunderts verorten und ist mit einer Gruppe von Schriftstellern, die sich „the expressionists“ nennen, verbunden. Der europäische Begriff „Expressionismus“ entstammt der Malerei. So kann man ihn zum einen zurückdatieren auf das Jahr 1901, als der Maler Hervé in Abgrenzung zum Impressionismus vom „expressionisme“ spricht. Hier könnte man auch einen Anfang setzen. Gleichwohl ist mit dem Auftreten eines Begriffes nicht schon eine neue Strömung in der Kunst entstanden. Erst im Nachhinein werden Elemente miteinander zu einer kongruenten Geschichte verknüpft, was auch eine andere Datierung ermöglicht: Der Anfang wäre mit dem Auftreten der Gruppe der „Fauves“ („Wilden“), zu denen auch Picasso gehörte, ebenso im Jahr 1911 zu lokalisieren. Die „Fauves“ suchten nicht mehr abzubilden, sondern vom Gegebenen zu abstrahieren, um über das Verfremden zum „Wesentlichen“ zu kommen. Die Rezensenten einer Ausstellung der „Wilden“ im Jahre 1911 nannten die Kunst dann „Expressionismus“, ein Begriff, der auch den Künstlern des „Blauen Reiters“ (Kandinsky, Marc, Klee etc.) und der „Brücke“ (Kirchner, Nolde etc.) zuteilwurde (vgl. Vietta/Kemper [6]1997, S. 13 und Anz 2002, S. 2 – 5). In die Literatur fand der Begriff 1914 durch Hermann Bahr Eingang. Die Verknüpfung von Malerei und Literatur wird deutlich, wenn nur an die Künstler gedacht wird, die in beiden Künsten zu Hause bzw. malend wie schreibend tätig waren: u. a. Alfred Kubin, Georg Grosz, Paul Klee, Oskar Kokoschka, auch Wassily Kandinsky mit seinen Schriften. Als Hauptpublikationsorgane in Deutschland galten die Zeitschriften „Die Aktion“ und „Der Sturm“. Wenngleich nun die Jahre zwischen 1910 und 1920 als die Hochzeit des Expressionismus betrachtet werden, darf dies nicht übereilt zu dem Schluss führen, jene Jahre wären ein Zeitalter des Expressionismus gewesen. „Das sogenannte ‚expressionistische Jahrzehnt‘ war weit weniger expressionistisch als uns das manche Augenzeugen und spätere Interpreten glauben machen wollen“ (Anz/Stark, zit. nach Leiß/Stadler 1997, S. 309).

Originalbeitrag

**Zitierte Literatur:**

Anz, Thomas: Literatur des Expressionismus. Stuttgart/Weimar: Metzler 2002
Leiß, Ingo/Stadtler, Hermann: Deutsche Literaturgeschichte, Bd. 8. Wege in die Moderne. München: dtv 1997
Meid, Volker: Sachwörterbuch zur deutschen Literatur. Stuttgart: Reclam 1999
Vietta, Silvio/Kemper, Hans Georg: Expressionismus. München: Fink $^{6}$1997
Welsch, Wolfgang: Unsere postmoderne Moderne. Berlin: Akademie $^{4}$1993
Zima, Peter V.: Moderne/Postmoderne. Tübingen/Basel: Francke 1997

- *Nennen Sie die unterschiedlichen literarischen Strömungen und recherchieren Sie, worin diese sich auszeichnen.*
- *Stellen Sie die Ursprünge des Expressionismus heraus.*
- *Klären Sie die Begrifflichkeiten Moderne und Modernität.*
- *Ordnen Sie den Expressionismus einer der beiden Begrifflichkeiten zu und begründen Sie Ihre Zuordnung.*

# Norbert Schläbitz: Gesellschaftlicher und ideengeschichtlicher Hintergrund

1871 wird die Reichsgründung vollzogen. Das Wilhelminische Kaiserreich ist ein militärisch ausgerichteter Obrigkeitsstaat, in dem alte Strukturen dem Parlamentarismus wenig Entfaltungsspielraum lassen. In Zuckmayers „Hauptmann von Köpenick" heißt es nicht von ungefähr: „[V]om Gefreiten aufwärts beginnt der Darwinismus. Aber der Mensch, der Mensch fängt erst beim Leutnant an" – so der Schneider Wormser im Gespräch (Zuckmayer [66]1999, S. 54). Obwohl der Form nach also parlamentarische Strukturen gegeben sind, ist Deutschland weiterhin ein autoritär geführter Staat. Das nationalistisch ausgerichtete Deutschland verfolgt – wie die Nachbarstaaten auch – eine aggressive, imperialistische Machtpolitik. Von 1914 bis 1918 lässt der Erste Weltkrieg die Länder erbeben und eine anfängliche Kriegseuphorie alsbald in Entsetzen umschlagen. Anstatt als „Gesundbrunnen" zu wirken, wie konservative Vertreter glaubten, bei der „[d]er Krieg als Kulturfaktor, als Schöpfer und Erhalter der Staaten" (zit. nach Leiß/Stadler 1997, S. 310) sich zu entfalten vermag, führte der Krieg zu einem Zustand zunehmender Labilität mit später schließlich apokalyptischen Folgen.

Apokalyptische Ahnungen im Übrigen kennzeichnen gerade den Beginn des 20. Jahrhunderts, was nicht verwunderlich ist, da bekanntlich so imposante Zahlensprünge, wie sie Jahrhundertwechsel darstellen, immer von Untergangsprophezeiungen „Sehender" begleitet sind, wie erst jüngst beim Jahrtausendwechsel wieder zu beobachten war. Der Glaube an die Apokalypse im frühen 20. Jahrhundert ist allerdings auch an eine aufsehenerregende Naturerscheinung gekoppelt: Der Halley'sche Komet passiert 1910 die Erde und lädt zu fantasievollen und düsteren Gedankenflügen geradezu ein. Wirtschaftlich nimmt Deutschland im 19. Jahrhundert einen raschen Aufschwung. Binnen kurzer Zeit vollzieht es den Wandel von einer noch weitgehend agrarischen Gesellschaft zu einer der führenden Industrienationen in der Welt (vgl. Ausbüttel u. a. 1994, S. 156, 176). Damit verbunden ist ein Aufblühen und zügelloses Expandieren der Großstädte. Als Beispiel sei Berlin angeführt: 1870 hatte Berlin ca. 830.000 Einwohner, 1920 maß die Einwohnerzahl, trotz des Krieges und des damit verbundenen Einschnittes, schon vier Millionen. 1925 schreibt Kurt Pinthus: „Welch ein Trommelfeuer von bisher ungeahnten Ungeheuerlichkeiten prasselt seit einem Jahrzehnt auf unsere Nerven nieder!" Und er beschreibt, wie die technischen Neuerungen Lebensrhythmen fundamental verändern. So vollzieht sich insgesamt eine technikbedingte Beschleunigung des Lebens, die nicht recht an das Menschenmaß angekoppelt ist und der sich mancher ausgeliefert sieht. Mit dem Aufblühen der Industrie und den Erfolgen der Wissenschaft, die die Religion endgültig infrage stellen und ihrer dominanten Stellung entheben, geht die Entwurzelung der Menschen einher. Ein Grund für diese Entwurzelung liegt darin, dass der zur Ersatzreligion erhobene Glaube an die Wissenschaft (die auch heute noch teilweise unkritisch verehrt wird und manchen Halt gewährt) dem Unfehlbarkeitskriterium nicht standhielt, was Glaubensgemeinschaften immer wieder zum Zweifeln nötigte. Der Untergang der Titanic, deren Name schon Programm war und das neue Glaubensbild spiegelte, erschütterte im Jahr 1912 nachträglich auch den Glauben an die Allmacht der Wissenschaft: Die neue Heimat wird fragwürdig, und doch wird sie – in Ermangelung einer besseren Heimat und ob ihrer unbestreitbaren Erfolge – gegen Zweifler unnachgiebig verteidigt.

## Geistesgeschichtliche Grundlagen (Nietzsche – Darwin – Freud)

Friedrich Nietzsche (1844–1900) ist hier zentral zu nennen. Er propagiert die Umwertung der Werte und spricht von der „Falschheit und Verlogenheit aller christlichen Welt- und Geschichtsdeutung" (Nietzsche 1999a, S. 126). Gott ist eine Erfindung der Menschen und die Religion ist als geschichtliche Erscheinung zu begreifen, die eine gesellschaftliche Funktion erfüllte und nunmehr überflüssig ist. „Gott ist tot." (Nietzsche 1988, S. 481) Der Mensch kreist nicht mehr um den universellen Bezugspunkt „Gott", sondern stellt sich selbst ins Zentrum: „[M]üssen wir nicht selber zu Göttern werden, nur um ihrer würdig zu erscheinen?" (Nietzsche 1988, S. 481) Nietzsche spricht daher vom „Übermenschen", der aus eigener Kraft wertschöpfend auftritt. Wo es keine „Wahrheit", keine „Seele" gibt und die Welt chaotisch zufällig und ohne göttlichen Sinn ist, sind alle Sinngebungen menschengemacht. „Der Übermensch ist der Sinn der Erde" (Nietzsche [3]1993, S. 14) und dieser stellt sich lebensbejahend einer Welt, die prinzipiell unmenschlich und unmoralisch verfährt.

Fassen wir zusammen: Die gottlose Welt kennt (a) keinen absoluten moralischen Wert, sie ist (b) ohne Sinn, und da, wo man adäquate Erkenntnis und Wahrhaftigkeit vermutet, zeigen sich (c) menschliche, triebgesteuerte Interessen, die Wahrnehmungen leiten und verzerren. Wahrheit ist ein menschengemachtes Konstrukt: *„Aufklärung darüber, dass es kein Ding an sich und [d]ie großen Negationen } 1) keine*

*Erkenntnis an sich gibt! 2) kein Gut und Böse an sich! 3) kein Ziel und keine Herkunft!"* (Nietzsche 1999, S. 647) Wo sich alle vermuteten fixen Orientierungspunkte verlieren, bleibt zuletzt nichts. Die Verneinung all dessen, woran der Mensch glaubte, wird „Nihilismus" genannt. Mit Nietzsche: „[D]er Nihilismus als die notwendige Folge von Christentum, Moral und Wahrheitsbegriff der Philosophie" (1999b, S. 594). Auf den Punkt gebracht: „Nihilism[us]: Es fehlt das Ziel. Es fehlt die Antwort auf das ‚Warum?'. Was bedeutet Nihilismus? Dass die obersten Werte sich entwerten." (1999a, S. 350) So beschreibt Nietzsche einerseits den Niedergang der alten Welt wie andererseits den Übergang zu einem neuen, schöpferischen Menschengeschlecht.

Als weitere Bezugsgrößen sind Charles Darwin (1809–1882) und seine Abstammungslehre sowie Sigmund Freuds (1856–1939) Psychoanalyse zu nennen, die ebenfalls das Bild vom Menschen verändern und dem Selbstbild „Kränkungen" zufügen. Der menschliche Narzissmus hat Freud zufolge – beginnend bei Kopernikus und dessen Erkenntnis, dass der Mensch nicht im Zentrum des Universums steht, über Darwin, der den Glauben an eine göttliche Abkunft durch das Herleiten etwas profanerer Familienverhältnisse doch tief erschütterte, bis hin zu Freud selbst, der dokumentierte, dass das Ich nicht Souverän seiner eigenen Entscheidungen ist – „drei schwere Kränkungen" (Freud 1986, S. 3–12, hier 6 f.) erfahren. Der Mensch erscheint nunmehr von den äußeren Umständen determiniert, und das menschliche Bewusstsein ist nicht mehr Herr in seinem eigenen Haus, in dem das Unterbewusstsein regiert. Wie sagte schon einige Jahre zuvor Nietzsche: „Seit Kopernikus scheint der Mensch auf eine schiefe Ebene geraten – er rollt immer schneller nunmehr aus dem Mittelpunkt weg – wohin? ins Nichts." (Nietzsche 1999c, S. 404)

## Gottesbild

Die Verweltlichung schreitet fort. An die Stelle der metaphysischen Spekulationen tritt – wie im „Positivismus" – die empirisch erfahrbare Wirklichkeit. Andere Ideenrichtungen beziehen sich gleichsam auf das Gegebene: der „Materialismus", der der Materie Vorrang vor dem Geist einräumt, der „Utilitarismus", der das Glück der meisten und die Nützlichkeit in den Vordergrund stellt, der „Pragmatismus", der die Wahrheit im Erfolg sucht. Max Weber hat 1917 diesen Prozess der Verwissenschaftlichung, der mit Descartes begonnen hat, die „Entzauberung der Welt" genannt. Und Nietzsche verabschiedet mit den Worten „Gott ist tot" die Transzendenz endgültig.

Originalbeitrag

## Zitierte Literatur:


Freud, Sigmund: Eine Schwierigkeit der Psychoanalyse. In: Ders.: Gesammelte Werke. Frankfurt/M. 1986
Leiß, Ingo/Stadtler, Hermann: Deutsche Literaturgeschichte, Bd. 8. Wege in die Moderne. München: dtv 1997
Meid, Volker: Sachwörterbuch zur deutschen Literatur. Stuttgart: Reclam 1999
Nietzsche, Friedrich: Also sprach Zarathustra I–IV. KSA 4, hg. v. G. Colli und M. Montinari. München: dtv $^{3}$1993
Nietzsche, Friedrich: Die fröhliche Wissenschaft. KSA 3, hg. v. G. Colli und M. Montinari. München: dtv 1988
Nietzsche, Friedrich: Über Wahrheit und Lüge im außermoralischen Sinne 1. In KSA 1. München: dtv 1988a
Nietzsche, Friedrich: Die Geburt der Tragödie. KSA 1 hg. v. G. Colli und M. Montinari. München: dtv 1988a
Nietzsche, Friedrich: Nachlass 1882–1884. KSA 10, hg. v. G. Colli und M. Montinari. München: dtv 1999
Nietzsche, Friedrich: Nachlass 1885–1887. KSA 12, hg. v. G. Colli und M. Montinari. München: dtv 1999a
Nietzsche, Friedrich: Nachlass 1887–1889. KSA 13, hg. v. G. Colli und M. Montinari. München: dtv 1999b
Nietzsche, Friedrich: Zur Genealogie der Moral. KSA 5, hg. v. G. Colli und M. Montinari. München: dtv 1999c
Zuckmayer, Carl: Der Hauptmann von Köpenick. München: Fischer 1999


- *Tragen Sie die wichtigsten Daten in einem Schaubild zusammen.*
- *Geben Sie diese in einem Kurzvortrag wieder.*
- *Stellen Sie heraus, durch welche Haltungen die „Entzauberung der Welt" vorangetrieben worden ist.*

Baustein 2

# Die Lyrik des Expressionismus

## 2.1 Das Motiv der Stadt

Im Zentrum des 1. Bausteins stehen der Mensch und dessen Lebensgefühl im Großstadtgefüge zu Beginn des 20. Jahrhunderts. Im Einzelnen werden dabei folgende Schwerpunkte gesetzt:

- Die Schülerinnen und Schüler sollen die Ambivalenz der Großstadterfahrung zwischen Anonymität und Faszination herausarbeiten.
- Darüber hinaus sollen sie inhaltliche und sprachliche Merkmale des Expressionismus erkennen (Personifikation von Gegenständlichem, Verdinglichung des Menschen, Bruch mit der Tradition, Ambivalenz zwischen strenger Form und Inhalt, rhetorische Mittel, ...)
- Der Gedanke der „Ich-Dissoziation" in der Selbstwahrnehmung und des Nihilismus als allgemein gesellschaftlicher Strömung werden innerhalb des Bausteins anhand von Gedichten herausgearbeitet und mithilfe begleitender Sekundärliteratur vertiefend thematisiert.
- Abschließend wird die Erarbeitung expressionistischen Gedankengutes über die vergleichende Analyse (bildende und literarische Kunst) angeregt.
- Zu einem Großteil werden innerhalb des Bausteins produktionsorientierte Verfahren zur Erschließung thematischer Schwerpunkte angeregt.

### George Grosz: Untitled (1920) (Arbeitsblatt 3, S. 52)

Das Bild von George Grosz wird in der Regel von Schülerinnen und Schülern als trostlos empfunden. Zentral steht die gesichtslose und nahezu auf einen Rumpf reduzierte Figur. Ohne spezifische Gesichtszüge und mit ihren amputierten Extremitäten wirkt sie entindividualisiert und ohnmächtig, unfähig zur Veränderung, der Lebenswelt, in der sie steht, ausgeliefert. Umgeben ist sie von einer Häuserwelt, die nicht mehr Schutz und Sicherheit suggeriert, sondern bedrohlich wirkt. Kennzeichen hierfür sind die das Bild bestimmenden, in trister Gleichmäßigkeit angeordneten, dunklen quadratischen Fenster in Häuserfluchten, die aufragen und allgegenwärtig scheinen. Die nüchterne Geometrie dominiert: Die Welt ist aus rechten Winkeln zusammengesetzt, vernünftig kalkuliert, kühl-funktional, doch offensichtlich bar aller Menschlichkeit. Auch der Rauch, der dem quaderförmigen Schornstein entweicht, hat nichts Heimeliges mehr. Signalträchtig in diesem Zusammenhang ist auch das Fehlen aller Natur. Dagegen steht als alleiniges natürliches bzw. menschliches Motiv nur die geometrische Form des Kreises, ausgedrückt in den menschlichen Körperrundungen. Allerdings dominiert auch hier die Nüchternheit, das Mathematische des Kreises und weniger das individuell Menschliche, das der idealen mathematischen Norm immer wieder widerspricht. Die Rationalität hat die Welt erobert, dem Gefühl keinen Platz mehr gelassen und reglementiert selbst das Körpermaß. Das gilt nicht nur für die Architektur der am Reißbrett und weniger am Lebensbedürfnis entworfenen Straßenfluchten, sondern im übertragenen Sinne auch für die Geisteswelten, die dem Menschen Nahrung sind. Die Rationalität durchdringt alle Sphären – auch und gerade die Sphäre des Geistes, in der die Transzendenz vor den Ergebnissen der Rationalität kapituliert hat: Das Bild spiegelt so insgesamt eine seelenlose, nihilistische Atmosphäre, reduziert die Welt auf eine Materialität, die – obwohl gestaltet – eine wegweisende Fantasie nicht mehr bedient.

Drei Varianten eines möglichen Vorgehens werden vorgestellt.

1. Nach einer Stillarbeitsphase (Arbeitsblatt 3, S. 52) werden in dem nachfolgenden Unterrichtsgespräch die Eindrücke zur Gesamtatmosphäre gesammelt und Bildelemente, die für den konstatierten Eindruck stehen, ebenfalls ausgewiesen. Die verschriftlichten Wahrnehmungen werden ausgetauscht und diskutiert.

## George Grosz: Untitled (1920)

**Atmosphäre (mögl. Antworten):**

- trostlos, einsam
- lebensfeindlich
- unpersönlich
- ...

**Bildelemente:**

- schematisch angeordnete Fenster, die dunklen Höhlen gleichen
- Verzicht auf Natur
- Darstellung der zentralen Person ohne individuelle Züge, amputiert
- ...

**Titelvorschläge:**

1. ...
2. ...

2. Alternativ dazu ist es denkbar, dass die Einzelergebnisse in Partnerarbeit auf Gemeinsamkeiten untersucht und abgeglichen werden. Im Anschluss daran werden die Zweiergruppen im Quartett zusammengeführt und tauschen ihre Ergebnisse in gleicher Weise aus. Abschließend suchen jeweils zwei Quartette den Ergebnisabgleich. Die so gefundenen Großgruppenergebnisse werden im Plenum diskutiert.

3. Ein anderer Zugang ist über das folgende Verfahren möglich:

- Im Klassenraum werden Bilder zum Expressionismus (**Arbeitsblätter 3, 4 und 5**, S. 52 ff.) – gegebenenfalls ergänzt um ein, zwei weitere – zur Unterrichtsthematik aufgestellt.
- Auf jedem Tisch liegen ein großes Plakat und ein Schreibstift. (Dieses Bild erinnert mich an ... Wenn ich dieses Bild sehe, dann kommen mir folgende Gedanken ...)
- Die Schülerinnen und Schüler gehen reihum und schreiben auf, welche Gedanken ihnen beim Anblick der Bilder kommen.
- Auf ein verabredetes Zeichen werden die Stationen gewechselt.
- Mit dem Wechsel der Station können – neben eigenen neuen Ideen – auch die Gedanken des Vorgängers ergänzt und fortgeführt werden.

Nach Abschluss dieser Phase werden die Plakate auf Gemeinsamkeiten geprüft und die Ergebnisse reflexiv unter Bezug auf die Bilder im Plenum erörtert. Mit diesen ersten Eindrücken, Erfahrungen und ermittelten Ergebnissen wird der Schritt zu **Arbeitsblatt 6** (S. 55) „Großstadtgedicht – verzettelt“ vollzogen.

## Alfred Wolfenstein: Städter (Arbeitsblatt 6, S. 55)

Bei diesem Erstzugang zu expressionistischer Lyrik, dem eine Bildanalyse allerdings vorangestellt sein sollte, wird vorgeschlagen, ein in seine Einzelteile zerlegtes Gedicht (Wolfenstein: Städter) von den Schülerinnen und Schülern in Gruppenarbeit zusammensetzen zu lassen. Wie die eigene Anschauung unschwer erkennen lassen wird, ist das Reorganisieren keine einfache Sache, benötigt also Zeit (ca. 45–60 min.), bietet aber den Vorteil, dass sich den Schülerinnen und Schülern expressionistische Stilmerkmale auf induktivem Wege erschließen: beispielsweise der Gebrauch des Enjambements oder auch die Kombination von Gegenständlichem mit Verben, die ansonsten dem Lebendigen vorbehalten sind. Das lässt sich zwar auch anders erschließen, allerdings erfährt diese Erkenntnis durch die eigene Erschließung eine nicht unerhebliche Prägnanz und Dauerhaftigkeit. Das **Arbeitsblatt 7**, S. 56, „Alfred Wolfenstein – Städter", kann später ergänzend oder auch alternativ eingesetzt werden.

Innerhalb des Modells wird das **Zusatzmaterial 7**, S. 172, zur Erarbeitung von Lyrik angeboten, das für das Anfertigen von Gedichtinterpretationen gedacht ist und den Schülerinnen und Schülern zugänglich gemacht werden sollte. Eine Kurzinterpretation im Sinne des Zusatzmaterials folgt im weiteren Verlauf.

Für die Bearbeitung der Aufgaben ist Partnerarbeit vorgesehen.

- *Geben Sie von jeder Strophe den Inhalt wieder und jeder Strophe eine eigene Überschrift.*
- *Arbeiten Sie heraus, mit welchen Ausdrücken die Stadt einerseits und die Menschen in der Stadt andererseits beschrieben werden.*
- *Beurteilen Sie, wie Stadt und Menschen jeweils dem Leser erscheinen.*
- *Das Los der Menschen und die Stadt scheinen symbiotisch verflochten. Arbeiten Sie mithilfe Ihrer Ergebnisse eine begründete Hypothese für die Darstellung der einen (Stadt) wie der anderen Seite (Menschen) heraus.*
- *Stellen Sie sich vor, Sie leben hinter der „dünnen Haut". Schreiben Sie Ihre Gefühle und Gedanken nieder.*

Die in Stichworten notierte Interpretation des Gedichtes „Städter" von Alfred Wolfenstein nach Vorlage des **Zusatzmaterials 7**, S. 172, „Analyse von Gedichten", liefert die Ergebnisse zu den gestellten Aufgaben:

1. Bei dem Gedicht „Städter" aus dem Jahre 1914 von Alfred Wolfenstein handelt es sich um ein Sonett – eine typische Gedichtform für die Lyrik des Expressionismus.
2. Es behandelt den Menschen in der Anonymität. Das Stichwort Vedinglichung steht hier Pate.
3. Strophe 1 gibt eine Beschreibung der Stadt, die Strophe 2 nimmt den Menschen in der Stadt in den Blick, fortgesetzt wird dies in Strophe 3, bei der der öffentlich gewordene Mensch angesprochen wird und doch, wie in Strophe 4 geschildert, in Einsamkeit verharrt.
4. Gattung: Sonett; Vers 1 + 2 umarmender Reim, Vers 3 + 4: abc cab, Mischform von umarmendem und verschränktem Reim, Ansammlung von Enjambements (Zeilensprung) zum fast durchgängig eingehaltenen Hakenstil (Ausnahme: Vers 11), Vers 4: Alliteration („grau geschwollen [...] Gewürgte"). Aneinanderreihung von Großstadtbeobachtungen; Besonderheiten in der Wortwahl: ungewöhnliche Kombination von Verben und Substantiven (Fenster – stehn; Häuser – fassen, Straßen – sehen), Stadt wird mit menschlichen Attributen ausgestattet (Wände – Haut), Menschen sind gesichtslos: Fassadenmenschen

5. Thema: Der Mensch in der Anonymität der Großstadt. Die gewählten Bilder (Kombination von Gegenständen mit „Verben des Lebens“) sprechen für die Personifikation/Vermenschlichung der Stadt = die Stadt lebt. Mensch scheint verdinglicht (Fassadenmenschen): typisch für die Großstadtlyrik des Expressionismus, Stadt wirkt bedrückend, erdrückend („drängend fassen Häuser sich so dicht an, ...“) (siehe auch nachstehendes Tafelbild)
6. Der Titel „Städter“: spiegelt den Inhalt, typisches Motiv für die Zeit
7. Fortschreitende Industrialisierung: Der Mensch lebt in Funktion der Maschine, Beschleunigung durch Technik, alles wird schneller: Fortbewegung, Kommunikation (Telegraf), Produktion, rasches Wachstum der Städte, das Maß des Menschen wird gesprengt, Folge: Verelendung, Vereinsamung, Verlust des sozialen Halts; „vernünftiger“ Fortschritt führt zum Gedanken des Nihilismus (Welt ist ohne Sinn), Verlust der geistigen Heimstatt (wie die Städter)
8. Typisches Gedicht des Expressionismus: formale Strenge, die dem Chaos der Zeit eine Ordnung zu geben versucht: Sonettform, Thema: Großstadt – Anonymität, Verdinglichung des Menschen, Vermenschlichung der Stadt

Im Tafelbild können folgende Stichworte notiert werden:

**Alfred Wolfenstein: Städter**

| Dinge | Menschen |
|---|---|
| • Fenster stehn (V. 1 f.)<br>• Häuser fassen (V. 2 f.)<br>• Straßen sehn (V. 3 f.)<br>• Wände dünn wie Haut (V. 9 f.) | • Fassadenleute (V. 6 f.), gesichtslos, anonym<br>• Blicke baden ohne Scheu (V. 7 f.), Mangel an Distanz<br>• der öffentliche Mensch (V. 10 f.)<br>• Isolation (V. 13 f.) |
| ⇓<br>Personifikation | ⇓<br>Verdinglichung |

Stadt lebt auf/Mensch verkümmert

## Georg Trakl: An die Verstummten (Arbeitsblatt 8, S. 57) und Alfred Lichtenstein: Die Stadt (Arbeitsblatt 15, Seite 64 f.)

- *Das erste Gedicht gleicht einer einzigen Anklage. Übersetzen Sie die Bilder in konkrete Sachverhalte und Anklagepunkte.*
- *Das „Aber“ in Zeile 10 signalisiert Hoffnung. Worin gründet diese?*
- *Vergleichen Sie die beiden Gedichte und arbeiten Sie Gemeinsamkeiten und Unterschiede heraus.*

Ungewöhnlich ist der Aufbau des Gedichtes mit seinen drei Strophen zu fünf, vier und zwei Versen. Es macht beinahe den Eindruck, dass schon die äußere Form in dieser Reduzierung eine zunehmende Verdichtung erfährt. Ein Reimschema existiert nicht. Die Kritik an der

„Stadt“ wird zum Thema erhoben. In der Einflusssphäre der Stadt sind ihrer Lebenskraft beraubte „verkrüppelte Bäume“ (V. 2), die für das Leben symbolhaft stehen, zu einem siechenden Dasein verdammt. Die Bäume selber, die personifiziert erscheinen, vermögen nur noch zu „starren“ (V. 2), und die Assoziation zu einem Kaninchen, das der Gefahr nicht entflieht, sondern vor ihr erstarrt, liegt nahe. Nichts Anheimelndes hat diese Stadt mit ihrem gleißenden Licht, das nicht einmal der Nacht die Ruhe lässt („Licht mit magnetischer Geißel die steinerne Nacht verdrängt“, V. 4). Die Stadt mit ihren leuchtenden Helfershelfern durchdringt alle Schichten der Lebenswelt. Das Mauerwerk ist „schwarz“ (V. 2) und dem Tode anverwandt. Diese Nähe färbt auf alles Umstehende ab. Das religiöse Motiv in der zweiten Strophe ist evident: Gottes Geburt erscheint im Angesicht des „Geistes des Bösen“ (V. 3) – ggf. verstanden als die Ratio, die die Stadt im geschilderten Sinne auf den Plan rief, verstanden als eine Welt, die sich des Nachts den oberflächlichen Vergnügungen hingibt – nur noch als Totgeburt, eine Erlösung ist kaum mehr in Sicht. Was allein zählt, ist der materielle Geist („Gold“, V. 9).

Durch die mehrfache Verwendung der Interjektion „O“ (V. 1, 5, 9) erscheint das ganze Gedicht wie ein Klageruf, gerichtet an die in der letzten Strophe Angesprochenen. Vers 10 f. mit dem einführenden „Aber“ ist ein Indiz der Hoffnung. Diese Hoffnung erwächst aus dem Leiden der Menschheit an der Stadt („dunkler Höhle“, V. 10, „harten Metallen“, V. 11), das zuletzt, an seine Grenze geführt, etwas Neues gebiert – gleich Phönix aus der Asche, ein „erlösende[s] Haupt“ (V. 11). Es gibt also doch noch Hoffnung durch die, welche das Leid stumm ertragen, die den Auswüchsen des modernen Stadtlebens widerstehen und den rechten Glauben noch pflegen. Das Christusmotiv am Kreuze steht hier Pate. So endet das Gedicht mit einem Anflug von Hoffnung, wo trotz aller Umstände „das erlösende Haupt“ (V. 11) sich abzeichnet.

Während das erste Gedicht „An die Verstummten“ eine durchgängige Thematik behandelt, benutzt das zweite Gedicht „Vorstadt im Föhn“ den Zeilenstil: Fast in jeder Zeile wird ein neues Thema benannt. Ein Kaleidoskop von Themen wird ausgebreitet. Kurt Pinthus' Überfülle des Erlebens findet hier sein Pendant bei Lichtenstein. Der kritische Impetus allerdings ist – gleich dem Gedicht „An die Verstummten“ – unüberhörbar. Der Allgegenwart des städtischen Treibens, das Ungemach gebiert, ist nicht zu entkommen, wo die „Luft“ (V. 2), „von gräuliche[m] Gestank durchzogen“ (V. 2), eingeatmet werden muss, des Kindes Kleid „fliegt“ (V. 8), der „warme[...] Wind steigt und sinkt“ (V. 20) und hoch in den Wolken „schimmernde Alleen“ auftauchen (vgl. V. 21). Die Vorstadt ist vom Föhn umfänglich eingenommen.

**An die Verstummten**

| | | |
|---|---|---|
| **Einflusssphäre der Stadt** | • Bäume verkümmern<br>• grelles Licht der Stadt erfasst alles<br>• Gottes Sohn als Totgeburt | → Vernunft, Ratio, materielle Dinge regieren, überdecken metaphysische Heimstatt |
| **Verstummte** | • das erlösende Haupt | → stille Hoffnung auf Erlösung |

Es ließe sich zum Gedicht „Vorstadt im Föhn“ ergänzend oder alternativ das Gedicht „Die Stadt“ von Alfred Lichtenstein lesen (**Arbeitsblatt 15**, S. 64 f.), das ebenfalls im Zeilenstil geschrieben ist und dabei ungewöhnliche inhaltliche Verbindungen schafft.

- *Arbeiten Sie die sprachlichen, stilistischen und formalen Mittel heraus, die federführend zur Gesamtstimmung beitragen. Begründen Sie Ihre Ansicht.*
- *Versuchen Sie, die Grundstimmung in diesem Gedicht symbolisch mit einem Standbild auszudrücken.*
- *Erörtern Sie Ihre Ergebnisse unter Berücksichtigung der geistigen Strömungen und gesamtgesellschaftlichen Entwicklungen des frühen 20. Jahrhunderts (siehe Text von Pinthus, S. 64).*
- *Sammeln Sie im Internet Informationen zum Dichter und erstellen Sie ein Plakat zu Werk und Biografie.*

Einige Anmerkungen zum Gedicht von Lichtenstein: Es handelt sich dabei um ein Gedicht, das in vier Strophen zu je drei Versen gegliedert ist. Es weist ein verschränktes Reimschema auf (abc abc). Vom Metrum her ist es jambisch gehalten. Bis auf wenige Ausnahmen (V. 7 f., 11 f.) ist das Gedicht im Zeilenstil geschrieben.

**Zu den sprachlichen und stilistischen Mitteln:**
Winde, deren „Häute" „quietschen" (V. 5 f.), zeigen eine Verdichtung an. Überdies spielt auch bei Lichtenstein die Personalisierung von Dinglichem (eine Stadt „stiert" (V. 2), Häuser, beschrieben als „halbtote Leute" (V. 3)) wie in so vielen expressionistischen Gedichten eine Rolle. Der Mensch wiederum, als „klein" beschrieben (V. 10) oder namenlos als „Haufen" (V. 9), wenn nicht gleich als „Irrer" (V. 7), geht unter im Raum der Großstadt. Schnelligkeit, Überfluss und Technisierung sehen ein namenloses Ich, das sich den Veränderungen nicht gewachsen zeigt und ihnen doch erliegt. Jegliche Orientierung ist verloren gegangen.
Die Allgegenwart technischer Errungenschaften und die daraus resultierende Hektik, die im Text von Kurt Pinthus sehr anschaulich beschrieben werden, lassen sich ohne größere Schwierigkeiten übertragen. Ebenfalls wird bei Pinthus der Verlust von Orientierungen offenbar, wo der Krieg alte Ordnungen hinwegschwemmte und nicht einmal das Geld als zeitenüberdauernder Wert Verlässlichkeit in sich trägt. Es, so steht es bei Pinthus, „verlor seinen Wert" (V. 43), „eroberte" (V. 45) ihn aber wieder. Es ist ein Zeitalter, in dem selbst die Zeit ihre Verdichtung erfährt. In zwei Jahrzehnten geschieht mehr als alles, was frühere Gesellschaften in zwei Jahrtausenden zuvor erlebten (V. 50 f.). Die Zukunft erscheint ungewiss angesichts der Veränderungen.

## Georg Heym: Der Gott der Stadt (Arbeitsblatt 9, S. 58)

- *Geben Sie jeder Strophe einen inhaltlichen Schwerpunkt.*
- *Was für ein Bild von Stadt wird hier gezeichnet?*
- *Erarbeiten Sie die „Beziehung" zwischen den Städten und „Baal". Berücksichtigen Sie in diesem Zusammenhang auch das Bild von Kley.*
- *Analysieren Sie die Funktion der Farbadjektive.*
- *Erarbeiten Sie eine Hypothese für die am Ende geschilderte Katastrophe.*

- **Form:** 5 Strophen zu jeweils 4 Versen, kreuzweise gereimt, jambisch, Enjambements
- **sprachlich-stilistische Mittel:** Motiv der Stadt, Farbsymbolik, Personifikation, Allegorie

Der Sprachstil im Expressionismus ist gekennzeichnet von sprachlicher Wucht, ist provokant, dynamisch und aggressiv. Begrifflichkeiten werden im Zusammenhang genutzt, die sonst unverbunden stehen. So sitzt er (Baal) „breit" (V. 1), Winde „lagern" (V. 2) und Häuser

„verirrn“ (V. 4). Solche ungewöhnlichen Kopplungen sind typisch. Die Sprache erscheint insgesamt bewusst polyvalent und nutzt, wie auch hier, ausgefallene Bilder. Georg Heyms Gedicht „Der Gott der Stadt“ befasst sich mit dem Motiv der Stadt. Sie erscheint hier beherrscht durch den dämonischen Baal, der als Allegorie auf die Großstadtgewalt zu denken ist. Baal wird als totalitär und alles beherrschend dargestellt und in fünf Strophen im Bild detailliert beschrieben. Unversöhnlich in seiner Wut kann Baal nicht besänftigt werden: Weder durch gebetsähnliche Ergebenheit noch durch dargebotene Weihrauchopfer einer Kultgemeinde. Diese betet Baal in einer sinnlichen, düster-prachtvollen Zeremonie an, wobei insbesondere durch kraftvolle Bilder und eine starke Farbsymbolik der überwältigende sinnliche Eindruck verstärkt wird. Das Gedicht endet mit der Schilderung der Gewalt des Gottes, der die Stadt mithilfe eines Feuers der Zerstörung preisgibt. Die Entwicklung wird durch die Zeitangaben markiert (Z. 14, 15, 20), wobei diese auch symbolisch zu verstehen sind. Es gibt keinen richtigen Gott, der eingreift, um die Städte wegen ihrer Huldigung des Baal zu korrigieren. Die Übergewalt des Gottes entspricht der Orientierungs- und Hilflosigkeit der Stadt. Die Häuser „verirren“ (V. 4) sich, die „wie Korybanten-Tanz“ (V. 9) dröhnende Musik dient auch der Selbstbetäubung. Nirgends zeigt sich ein Mensch als Gegenspieler oder Opfer in diesem Szenarium. Naturerscheinungen erhalten animalisches Leben, Gegenständliches wird personifiziert. Der Standpunkt des lyrischen Ichs ist außerhalb der Gemeinschaft und der Aufbau zeigt dramatische Züge. Die dämonisierenden Metaphern, zum Teil aus der griechischen Mythologie, versinnbildlichen die Übergewalt und das Drohende der Großstadt. Letztlich konzentrieren sich in der personalen Allegorie des Baal die unheimlichen Energien moderner Zivilisation und Großstadtwelt: latente Brutalität, Aggression und Gewalt als Zeitgefühl/Lebensgefühl des Vorkriegsdeutschland. Bedrohung und Faszination, Abstoßung und Anziehungskraft, zwei polare Elemente, ausgedrückt durch die überwältigende Sinnlichkeit des Gedichts und daraus entworfen. In diesem polaren Geflecht und dem gegebenen Dualismus von Faszination und Bedrohung zeichnet sich eine widersprüchliche, mit Hass durchsetzte Liebe zur Großstadt ab, die von Erfahrungen des sinnlichen Genusses, der Orientierungslosigkeit, Ohnmacht und Angst durchsetzt ist. Andere hier wiederzufindende Aspekte sind das Aufzeigen des Krisenhaften in der Zeit und die untergründig mitlaufende Idee einer bevorstehenden Apokalypse und eines nahenden Weltendes. Menschen tauchen nicht als Personen mit individuellen Zügen auf, sondern nur als anonyme Masse, was die Thematik des Identitätsverlusts anspricht. Vorherrschende geistige Grundverfassung ist der Nihilismus. Damit im Einklang steht wiederum die Aufbruchstimmung, die aus der Apokalypse entspringt. Wo Gott tot ist, ist der Mensch allein auf sich selbst geworfen, gleichwohl als schöpferisches Element erkannt. Ein ambivalentes Verhältnis also, das währt. Das von Menschenhand Geschaffene aber geht seine eigenen Wege, mit der Folge: Wo auf der einen Seite die Masse und zuletzt die Verdinglichung des Lebendigen stehen, steht auf der anderen Seite die Personifikation des Dinglichen, wie hier beispielsweise die verirrenden Häuser und natürlich Baal. Ganz ähnlich zu dem im letzten Abschnitt Gesagten operiert das Bild: Die Bedrohung dürfte zentral herausgestellt werden und der Verlust der Ich-Persönlichkeit vor dem Hintergrund der sich Bahn brechenden Technisierung und Industrialisierung, vor der der Mensch nur ohnmächtig stehen und bestenfalls fliehen kann (vgl. Meurer 1988, S. 51–59).

**Zum Bild:**
Der zentral gestellte Dämon kann als die Personifikation der Fabrik betrachtet werden, der er entsteigt, dem die anonyme Masse – klein bis zur Unkenntlichkeit – zu entkommen sucht. Der entfernt stehende rauchende Kamin zeigt die Allgegenwart der Industrie, sodass der Versuch zur Flucht doch nur als ebenso hilfloser wie zweckloser Impuls stattfinden kann. Dem vom Menschen in Gang gesetzten Dämon ist nicht zu entkommen und so auch dem drohenden Untergang nicht, denn dieser scheint gewiss: Der Dämon selbst hält den rauchenden Schlot zu und setzt so die Katastrophe in einem selbstreferenziellen Prozess in Gang.

### Georg Heym: Der Gott der Stadt

1. Strophe: Einführung des „Gottes der Stadt"
2. Strophe: Verhältnis zwischen Gott und Städten wird geklärt
3. Strophe: Stadtleben wird geschildert
4. Strophe: Heraufziehen des Ungemachs
5. Strophe: Der „Gott der Stadt" zieht eine Spur der Verwüstung durch die Stadt

→ Thematisierung der destruktiven Gewalt des modernen technisierten Lebens (Isolierung, Anonymität, technische Überformung des Lebens)

→ im „Gott der Stadt" erscheinen die negativen Folgen des Großstadtlebens, das zurückschlägt auf das Leben in der Stadt

■ *Aktualisieren Sie die Vorstellung von Baal als einem Dämon, den die Gesellschaft nicht mehr zu bändigen weiß.*

Parallelen zur Gegenwart dürften nicht schwer zu ziehen sein, da der dem Gedicht zugrunde liegende Kerngedanke („Die Geister, die man rief, wird man nicht wieder los") und so die Angst vor neuen Entwicklungen in vielen Bereichen auch heute stark verbreitet sind: Die Angst vor den Neuen Medien, die nach Ansicht mancher das menschliche Moment ausklammern, die zunehmende Beschleunigung aller gesellschaftlichen Prozesse, die nicht mehr dem Menschenmaß angepasst sind, die Globalisierung, die der menschlichen Kontrolle entzogen ist, der Eingriff in die Genstruktur des Menschen und die damit verbundenen Befürchtungen. Sogar die BSE-Krise (Industrialisierung der Landwirtschaft) kann problemlos in Einklang gebracht werden mit der Geisteshaltung zu Beginn des 20. Jahrhunderts.
Eine Aktualisierung kann entweder so geschehen, dass zentrale Begriffe wie die zuvor genannten an Schülerinnen und Schüler in Gruppenstärke vergeben werden und diese eine Sammlung bedenkenswerter Aspekte dazu erarbeiten. Präsentiert werden die Ergebnisse auf einem Plakat. Die Plakate werden im Kursraum aufgehängt. Bei einem Rundgang können die Ergebnisse von anderen Schülerinnen und Schülern ergänzt und kommentiert werden. Eine Plenumsdiskussion mit angeschlossener Still- oder Hausarbeit, bei der eines der Themen schriftlich erörtert werden soll, beschließt die Aktualisierung. Bei diesem Vorgehen sind spezifische Perspektiven schon vorgegeben.
Etwas offener, aber auch langwieriger ist der alternative Vorschlag, bei dem die Schülerinnen und Schüler die häusliche Tageszeitung auf mögliche Themen, die parallele Ereignisse signalisieren, untersuchen, Themen demnach selbst erschließen und Informationen sammeln sollen. Auch hier wird eine schriftliche Erörterung zu dem jeweils recherchierten Thema angeschlossen.

### Georg Heym: Die Stadt (Arbeitsblatt 10, S. 59)

Das Gedicht „Die Stadt" von Georg Heym zeigt Parallelen auf zum Gedicht „Gott der Stadt" vom selben Autor. Das vorliegende Gedicht wird weniger genutzt, um es zu analysieren, als vielmehr, um es im Kontext einer kreativen Schreibaufgabe zu verwenden. Diese Ergebnisse dienen sodann der inhaltlichen Erschließung des Gedichtes. Dieser Weg wird auch deshalb vorgeschlagen, weil die Vielzahl ähnlicher Gedichte mit vergleichbaren formalen Elementen eine Analyse hinfällig werden lässt: Orientierungslosigkeit, Personifikation, Verdinglichung wären die Schlagworte, die zur Analyse wieder herangezogen werden könnten.
Auch das Gedicht „Die Stadt" spiegelt die typischen Merkmale von Personifizierung und Ver-

dinglichung wider. Daher wird an dieser Stelle, um Redundanzen nicht unnötig auszubauen, auf kreative Schreibaufgaben gesetzt, die wiederum das im Kontext der Gedichtinterpretationen Angeeignete aufnehmen können.

- *Wir schreiben das Jahr 1912. Sie sitzen am späten Abend im Café und warten auf Ihre Freunde. Vor Ihnen liegt Gebäck, ein Kaffee dampft, die flüchtig studierte Zeitung liegt zerfleddert auf dem Nachbarstuhl. Schon seit dem Vormittag sitzen Sie hier, lesend, hin und wieder den Blick wandern lassend, das Treiben im und vor dem Café beobachtend. Schreiben Sie eine Tagebuchaufzeichnung, die die Bilder des Gedichtes in Prosa übersetzt.*
- *Setzen Sie die Tagebuchaufzeichnung von Heym in Beziehung zum Inhalt des Gedichtes.*
- *Lassen Sie das Aderwerk Straße und die klein und rot blinzelnden Fenster zu Wort kommen und diese ein Gespräch darüber führen, was sie tagtäglich erleben. Tragen Sie dieses Gespräch anschaulich vor.*

Erwartet wird, dass die Merkmale expressionistischer Lyrik in den kreativen Schreibergebnissen sich spiegeln. Bei der Präsentation der Ergebnisse kann der Fokus darauf gerichtet werden.

Zu den inhaltlich-analytischen Erwägungen siehe die Ausführungen von René Schmidt:

„Interessant sind die Metaphern, diese semantischen Anomalien, […], diese ‚stehenden Fenster', die ‚mit den Lidern blinzeln', also mit menschlichen Merkmalen versehen sind; die Stadt, deren ‚Straßen' mit einem ‚Aderwerk' identifiziert werden, und im Gegensatz dazu die ‚Menschen', die wie bloße Gegenstände ‚aus- und einschwemmen'. Dann die Begriffe, die benutzt werden, um die Lebensart der Menschen in den Städten zu kennzeichnen, wie ‚stumpf', was x-mal in abgewandelter Form wiederholt wird (‚stumpfer Ton', ‚stumpfes Sein', ‚eintönig', ‚matt', ‚Einerlei', in der vorletzten Strophe ‚blinder Wechsel', ‚dumpf' usw.). Durch die Wortkombination ‚blinder Wechsel' wird der Inhalt des Begriffs ‚Wechsel' völlig relativiert bzw. neutralisiert. Wenn dieser Wechsel blind ist, dann handelt es sich nicht eigentlich um Wechsel und Erneuerung, sondern um Eintönigkeit und, wie Musil sagen würde, ‚seinesgleichen geschieht'. Wichtig ist auch in diesem Zusammenhang wie in anderen Texten Georg Heyms die kreisförmige Bewegung, die sinnlose, sich wiederholende Bewegung der Großstädter. Charakteristisch für Heym ist auch, was wir in Gedichten wie ‚Der Krieg', ‚Der Gott der Stadt', ‚Verfluchung der Städte' finden: in der letzten Strophe ein Ausblick auf eine Apokalypse, auf eine Zerstörung dieser städtischen Welt, und man könnte sogar sagen, statt ‚städtisch': eine Zerstörung dieser Welt überhaupt. […] Hier denkt man in mancher Hinsicht auch an Nietzsche, einerseits, was diese Symbolik betrifft, andererseits ganz konkret, weil die Darstellung der Großstadt in Nietzsches ‚Zarathustra', im Kapitel ‚Vom Vorübergehen', mit diesem Wunsch Zarathustras endete, die Großstadt möge durch Feuer zerstört werden (‚Ich wollte, ich sähe schon die Feuersäule, in der sie verbrannt wird!'). […] Was die Syntax des vorliegenden Gedichts betrifft, fallen einem insbesondere diese kurzen Sätze auf, die jedes Mal bloß durch ‚und' miteinander verbunden sind. ‚Sehr weit ist die Nacht. Und Wolkenschein' usw. ‚Untergang. Und 1 000 Fenster.' ‚Und blinzeln.' Interessant ist hier die Tatsache, dass die eigentlich verbindende Funktion der Konjunktion ‚und' zerstört wird durch die Anwesenheit eines Punktes davor. In dem Gedicht ‚Halber Schlaf' stellt man zwischen der vorletzten und der letzten Strophe eine ähnliche Trennung fest, einerseits durch einen Punkt konkretisiert, andererseits durch die Strophentrennung, die letzte Strophe beginnt dann mit ‚und'. Wo ist da die verbindende Funktion der Konjunktion ‚und'? Sie wird hier ausgehöhlt und neutralisiert. Es ist ein Beispiel der vorher erwähnten syntaktischen Erneuerungen, Verstöße usw."

Aus: René Schmidt: Expressionismus und Literatur. In: Dominique, Tetzlaff/Jeanpierre, Guindon (Hg.): An die Verstummten. Frankfurt/M: Athenäum 1988, S. 51 – 53

## Oskar Loerke: Blauer Abend in Berlin – Zum Vorgehen (Arbeitsblatt 11, S. 60)

Auch das Gedicht „Blauer Abend in Berlin“ ermöglicht, neben der formalen Analyse, den Zugang über eine kreative Schreibaufgabe:

- *Welchen Bereichen entstammen die Vergleiche?*
- *Welche Wirkung wird durch den gewählten bildhaften Vergleich verstärkt bzw. welche Interpretationsthese wird verstärkt?*

Oskar Loerke zieht in seinem Gedicht als zentrales Vergleichsmotiv das Wasser heran. Wasser als eines der Elemente der Erde geht aller Zähmungsbemühungen zum Trotz seinen eigenen Weg. Das Wassermotiv bietet die Möglichkeit, den Menschen in einem Strom treibend zu zeichnen, der ihn, ohne zu fragen, mit sich fortreißt. Der Einzelne geht dabei unter, erscheint nur im Strom der namenlos dahintreibenden Menschen. Das Schicksal nimmt seinen Lauf.

### Oskar Loerke: Blauer Abend in Berlin

| Großstadt | Motiv |
|---|---|
| • Straßen | • Kanäle |
| • Kuppeln | • Bojen |
| • Schlote | • Pfähle |
| • Essensdämpfe | • Wasserpflanzen |
| etc. | |

→ Mensch, passiv, treibend, im Element des Wassers: „Im Dünen, Kommen, Gehen, Gleiten, Ziehen“ (V. 12)

→ Mensch, namenlos und nichtig, „grober, bunter Sand“ (V. 13)

→ Motiv des Wassers in Vertretung der Stadt als Sinnbild einer alles vereinnahmenden Kraft

Zwar erscheint es recht trivial, Wirklichkeit und Bild aufeinander zu beziehen, doch wird trotzdem angeregt, eine solche Gegenüberstellung im Tafelbild festzuhalten, da man bei der eigenen Motivsuche leichter Anhaltspunkte geliefert bekommt, was alles der Umsetzung in ein Bild bedarf und wie groß der Spielraum sein kann, inwieweit Wirklichkeit und Bild aufeinander bezogen sein müssen. Gerade die Idee, Wasserpflanzen und Essensdämpfe bildhaft miteinander zu koppeln, verdeutlicht dies und kann ggf. die eigene Gedankenarbeit bereichern, sodass nicht nur auf naheliegende Analogien gesetzt wird, wie das Beispiel Straße und Kanal (als Wasserstraße) dies zunächst suggerieren könnte.
Die Arbeitsaufgaben zu Loerke sind für die Einzelarbeit konzipiert. Allerdings eignet sich, um den methodischen Gang zu modifizieren, die Aufgabe zur Erstellung einer Mindmap auch als Gruppenarbeit, wie weiter unten noch genauer ausgeführt wird.

- *Erstellen Sie eine Mindmap zum Thema „Abend in der Großstadt der Gegenwart“. Untersuchen Sie Ihre Mindmap auf ein zentrales Vergleichsmotiv, wobei Sie sich ganz auf einen der folgenden Schwerpunkte konzentrieren:*
    - *die Großstadt und ihre Gerüche (Geruchssinn)*
    - *die Großstadt und ihre Geräusche (Hörsinn)*

- *die Großstadt und das Tastgefühl*
- *die Großstadt und der Geschmackssinn*
- *die Großstadt und ihre Bilder (Augensinn)*

- *Erarbeiten Sie anschließend eine variantenreiche Vergleichsmotivik, ganz im Sinne von Loerke, der das Element Wasser entsprechend differenziert hat.*
- *Erstellen Sie – unter Berücksichtigung Ihrer Ergebnisse – ein Gedicht, möglicherweise ein Sonett.*

Für den Fall, dass die Form des Sonetts den Schülerinnen und Schülern noch unbekannt ist, sollte das **Zusatzmaterial** 2 (S. 161) zum Sonett im Unterricht vorgeschaltet werden.

Die Aufgabe zur Mindmap kann weiter ausdifferenziert werden, indem die Schülerinnen und Schüler in Gruppen aufgeteilt werden. Als Aufgabe wird den einzelnen Gruppen aufgetragen, eine Sammlung von Begriffen zum Thema Großstadt aufzustellen, wobei die einzelnen Gruppen sich verstärkt entweder auf die Gerüche, die Hör- oder Seheindrücke oder auch auf den Tast- und Geschmackssinn konzentrieren. Aus der jeweiligen Eindruckswelt soll sodann das Vergleichsmotiv für das Schreiben des Sonetts gezogen werden.
Denkbar wäre es allerdings auch, in Anlehnung an Loerke anstelle des Elements Wasser die weiteren Elemente Feuer, Luft und Erde zentral zu setzen und dann entsprechend den unten gestellten Aufgaben zu verfahren.

## Paul Boldt: Auf der Terrasse des Café Josty (Arbeitsblatt 12, S. 61)

- *Versuchen Sie, das Bild von Stadt, das Boldt hier einfängt – möglichst mit einem Foto, ggf. einer kleinen Fotoserie, das/die Sie anfertigen, oder alternativ dazu mit einer Fotomontage –, aus vorgefundenem Material einzufangen.*
- *Mögliche Alternative: Fertigen Sie eine Zeichnung an, die dem Bild von Stadt im Sinne Boldts entspricht.*
- *Lassen Sie eine Mitschülerin/einen Mitschüler die Stimmung Ihres Fotos, Ihrer Montage oder Ihres Bildes beschreiben.*
- *Schreiben Sie eine Begründung, worin Sie die Nähe Ihres Produktes zum Gedicht ausgedrückt sehen.*

Auch dieses Gedicht wird nach den bisherigen formal-analytischen Erschließungen zur kreativen Auseinandersetzung genutzt.

Für eine formale Analyse, sofern eine solche angestrebt wird, dienen die nachfolgenden Ausführungen. Das Stadtleben von Berlin in seiner Dynamik, Hektik, seiner Überfülle an Reizen wird beschrieben. Die kaum mehr zu bewältigende Reizfülle ist so Thema dieses Gedichtes, das als Sonett verfasst ist. Kombiniert werden dabei Bilder aus der Natur mit denen der Stadt („[v]ergletschert [...] Lawinen", V. 2, vgl. weiter V. 1, 9, 10, 11, 13). Auch die Menschen als Teil der Stadt werden mit Vergleichen zur Natur bedacht: „ameisenemsig", V. 6, vgl. weiter V. 8). Die Öle ähneln „lila Quallen" (V. 11).
Der Mensch erscheint nicht als Individuum, sondern nur als Masse, was sich ausdrückt im Bild von namenlosen Ameisen. Die negative Konnotation, die den Menschen begleitet, wird durch die Zuschreibung „Menschenmüll" (V. 4) deutlich. Mit den Menschen geschieht etwas, wenn sie „rinnen" (V. 5). Umgekehrt ist durch den Vers „schwimmen wie Sonnenlicht in einem dunklen Wald" (V. 8) doch noch etwas Menschliches, das Stadt-Tohuwabohu Durchdringendes zu verzeichnen, wo ein helles Licht den dunklen Wald durchbricht.

Im Unterschied zur Stadt, die mithilfe der Naturmetaphern als Akteur beschrieben wird, verhält es sich so umgekehrt mit dem Menschen/den Menschen. Abermals (wie in so vielen anderen Gedichten) ist die Verdinglichung, die der Mensch durchläuft, zu konstatieren. Grundsätzlich erscheint die Stadt – trotz aller Kakophonie von Klang (V. 1) – am Tage reizvoll schön („des Tages glitzernd Nest" (V. 13)), doch des Nachts zeigt sich die andere Seite. Was am Tag so schön „aufspritzt", sich verteilt auf ungesteuerte Weise, wird des Nachts zum „Eiter einer Pest" (V. 14). Die Ambivalenz der Stadt wird aufgezeigt, wobei die Haltung zum Treiben in der Stadt grundsätzlich eine kritische ist, zu negativ sind die aufgemachten Konnotationen. Der Mensch, so mag als Kritik herausgestellt sein, ist der Vielfalt an Eindrücken, der Überflutung an Reizen, auch den Verlockungen, die die Stadt bietet, nicht gewachsen. Interessant dabei ist, dass das lyrische Ich ganz offenkundig unbeeindruckt bleibt von den so negativen Einflüssen, denen der Mensch unterworfen scheint. Das lyrische Ich beschreibt die Auswüchse metapherngewaltig, aber doch kritisch distanziert, scheint ihnen demnach nicht unterworfen. Nur die anderen, der „Menschmüll" (V. 4), scheint hilflos ausgeliefert dem ganzen Treiben drum herum.

**Paul Boldt: Auf der Terrasse des Café Josty**

| | |
|---|---|
| **Bilder der Natur für die Stadt** | • Gebrüll, V. 1<br>• Vergletschert, hallende Lawinen, V. 2<br>• Höhle, V. 9<br>• Fledermäuse, Flügel, V. 10<br>• Nest, V. 13<br>→ aktiv |
| **Bilder der Natur für den Menschen** | • Ameisenemsig, Eidechsen, V. 6<br>• Schwimmen wie Sonnenlicht durch den dunklen Wald, V. 8<br>→ namenlos, Ich-Zerfall, passiv |

→ Stadt nimmt den Menschen in Gänze gefangen, zwingt ihm mit Macht seinen Willen auf

## Paul Zech: Fabrikstraße tags (Arbeitsblatt 13, S. 62) und Paul Zech: Pumpwerk (Arbeitsblatt 14, S. 63)

- *Überlegen Sie zu jeder Strophe einen inhaltlichen Schwerpunkt.*
- *Erstellen Sie eine Liste mit den Formulierungen und Bildern, mit denen die Stimmung ausgedrückt wird. Leiten Sie aus den Bildern eine Wirkungsabsicht ab.*

**Fabrikstraße tags**

| | |
|---|---|
| **1. Strophe**<br>„Nichts als Mauern. Ohne Gras und Glas“ (V. 1) | • Allgegenwart der Fabrik |
| **2. Strophe**<br>„Streift ein Mensch dich, trifft sein Blick dich kalt“ (V. 5) | • (innerliche Kälte, Leere) Wirkung auf den Menschen ... |
| **3. Strophe**<br>„Keine Zuchthauszelle klemmt in ein Eis das Denken wie dies Gehn“ (V. 9 f.) | • ... verdeutlicht im Vergleich |
| **4. Strophe**<br>„uhrenlose Schicht“ (V. 14) | • Ausbruch aus diesem Einflussbereich ist nicht möglich |

Leben im Takt der Maschine

- *Erstellen Sie ein Standbild, das das Menschendasein in der Fabrik symbolisch spiegelt. Arbeiten Sie die zentralen Aussagen aus dem Text von Nipperdey heraus.*
- *Sammeln Sie im Internet Informationen zu Zechs Berufsleben sowie zur Arbeitswirklichkeit im beginnenden 20. Jahrhundert und setzen Sie diese in Beziehung zu Ihren Ergebnissen. Entscheiden Sie sich anschließend für eine der beiden folgenden Aufgaben:*
  - *Aufgabe A: Interpretieren Sie das Gedicht unter Berücksichtigung des vorgelegten Textausschnittes von Thomas Nipperdey.*
  - *Aufgabe B: Stellen Sie sich vor, Sie sind Arbeiter. Nehmen Sie die inhaltlichen Aussagen und Bildmotive von Gedicht und Text zum Anlass und schreiben Sie einen inneren Monolog.*

## Interpretation zu Paul Zech: Fabrikstraße tags

Es handelt sich um ein Sonett, dessen erste beiden Strophen durch den umarmenden Reim und dessen letzte beiden Strophen durch den Gebrauch des Schweifreims gekennzeichnet sind. Das Arbeitsleben und die maschinengemäße Taktung des Menschen, der keine Aussicht hat, dieser Maschinenwelt zu entkommen, werden thematisiert. Damit ist auch in diesem Gedicht die Verdinglichung des Menschen angesprochen. Beschreibt die erste Strophe ein Arbeitsumfeld, aus dem alles Natürliche und der Blick auf die Außenwelt völlig ausgegrenzt wurden („Nichts als Mauern. Ohne Gras und Glas“ (V. 1), so beschreibt die zweite Strophe die Wirkung desselben auf den Menschen: Kälte macht sich breit, innerlich wie äußerlich („trifft dein Blick dich kalt“ (V. 5), „noch sein kurzes Atmen wolkt geballt“ (V. 8), die pure Funktionalität steht im Vordergrund, der sich der Mensch zu unterwerfen hat. Überhaupt ist das ganze Gedicht von Motiven der Kälte durchzogen, die die Allgegenwart des unmenschlich wirkenden Maschinenmaßes verdeutlichen. Das Zuchthaus gleicht dagegen noch einem Idyll, da die Freiheit der Gedanken dort noch unbeschnitten scheint, wie die 3. Strophe bekennt. Der Gang der Maschinen hingegen legt den Menschen in Ketten. Die Strophen drei und vier bieten die Reflexion zum vorher Geschilderten und seine Einbettung in einen größeren Zusammenhang. Einen Ausweg aus dieser Maschinenwelt gibt es nicht:

„uhrenlose Schicht“ (V. 14) heißt es am Ende, was verdeutlicht, dass der Verlust aller Menschlichkeit und Wärme noch den Alltag außerhalb der Fabrikmauern bestimmt. Trost ist nicht zu erwarten: Der neue Gott ist rational, maschinengemäß und hat den „alten“ Gott mit vernünftigen Argumenten hinweggefegt.

### Interpretation zu Paul Zech: Pumpwerk

Bezüglich des Gedichtes „Pumpwerk“ vom selben Autor aus dem Jahre 1922 lässt sich beinahe eine inhaltsgleiche Interpretation anfertigen. Der Fabrik, hier ein Pumpwerk, werden menschliche Attribute und Eigenschaften zugeschrieben („auf weißer Fliesen Haut geschraubt“ (V. 1, vgl. weiter 4f., 8). Der Mensch erscheint umgekehrt der Macht der Maschine nicht gewachsen („[w]inziger Mensch“, V. 9, 12). Es ist nicht ganz ausgemacht, ob mit dem Griff nach dem Hebel die Dynamik der Maschine noch zu beherrschen ist; die Möglichkeit, ihr unterworfen zu sein, ist augenscheinlich.

## 2.2 Das Motiv des Krieges

Den Krieg als eine zu begrüßende Tatsache, gar als einen „Gesundbrunnen“ wahrzunehmen, erscheint heute den meisten Menschen fremd. Umso mehr setzt eine Beschäftigung mit der Kriegslyrik zum Ersten Weltkrieg eine Kenntnisnahme der atmosphärischen Strömungen voraus, wie sie zu der Zeit des beginnenden 20. Jahrhunderts in Europa herrschten.

Es wird vorgeschlagen, dass aus zeitökonomischen Gründen die Arbeitsblätter 16 und 17 (S. 65ff.) arbeitsteilig bearbeitet werden. Je eine Hälfte des Kurses bearbeitet eines der beiden Arbeitsblätter. Dabei werden die Aufgaben, bis auf die 1. Aufgabe von Arbeitsblatt 16 (Diskussion im Plenum) und bis auf die Aufgabe, die zur Präsentation auffordert, in Partnerarbeit bearbeitet. Nach Bewältigung der Aufgaben wird von jeder Großgruppe zu den Ergebnissen ihres Arbeitsblattes gemeinsam eine Präsentation erarbeitet. In der Diskussion zu den Ergebnissen werden sich einander ergänzende Tendenzen herausschälen.

### Norbert Schläbitz: Der Krieg als Gesundbrunnen (Arbeitsblatt 16, S. 65f.)

Aufgrund dieser Tatsache, dass Kriegsbegeisterung heute weitestgehend Befremden auslöst, wird zunächst das **Arbeitsblatt 16**, Norbert Schläbitz: „Der Krieg als Gesundbrunnen“, besprochen. Erst im Anschluss, nach Bearbeitung der Arbeitsblätter 16 und 17, sollen die Gedichte besprochen werden.

Folgende Aufgabe wird im Plenum diskutiert:

- *Formulieren Sie Ihre Erwartung an eine Vorstellung, dass der Krieg als Gesundbrunnen zu betrachten ist.*

Die Vorstellungen, die gegeben werden, können sehr weitläufig sein. Wie immer eine solche Konkretisierung aussehen wird, aller Voraussicht nach wird eine gesellschaftliche Fehlentwicklung diagnostiziert werden, aus der heraus entsprechende Vorstellungen entwickelt werden. Es mag sein, dass eine Gesellschaft gezeichnet wird, in der eine Diktatur herrscht, die nur durch Gewalt abgelöst werden kann. Es mag auch sein, dass ins Blickfeld religiöse Tendenzen rücken, ausgehend von den gegenwärtigen Kriegen, die religiöser Natur sind. Dort, wo Religion herrscht, waltet in der Regel ein rücksichtsloses und mörderisches Diktat. Nur durch kriegerische Einflussnahme mag man den Menschenrechten wieder Geltung verleihen. Solche und andere Überlegungen können formuliert werden.

In der Folge wird der Text in Partnerarbeit gelesen und bearbeitet.

- *Markieren Sie im Text Schlüsselwörter, die eine Haltung vom Krieg als Gesundbrunnen wiedergeben.*
- *Halten Sie fest, inwieweit Ihre Vorstellungen mit den geschilderten kongruent sind oder davon abweichen.*

Die vorab geleisteten Vorstellungen werden aller Voraussicht nach nicht deckungsgleich sein mit denen, die im Unterrichtsgespräch herausgearbeitet wurden. Dass die Demokratie als Übel betrachtet wird und zu bekämpfen ist, mag mit Erstaunen zur Kenntnis genommen werden. Bei der späteren Besprechung des Textes im Unterricht kann die Diskussion in die Richtung gehen oder auch gelenkt werden, dass die Vorstellungen vom Krieg als „Gesundbrunnen" von dem von Ideologie getragenen Gedanken unterfüttert sind, dass Menschen grundsätzlich nicht gleich sind und auch nicht die gleichen Recht haben. Jeder, so der Glaube, hat seinen Platz in der Gesellschaft, der ihm gegeben scheint. Eine dezidierte Schichtzugehörigkeit und der Glaube, dass eine Durchlässigkeit nur sehr bedingt möglich ist, werden proklamiert.

- *Wie erklären Sie es sich, dass dem Krieg eine solche „therapeutische" Wirkung zugeschrieben wird?*
- *Nehmen Sie Stellung zum Krieg als „Gesundbrunnen".*

Der Krieg als Gesundbrunnen mag aus der Zeit heraus begründet werden. Eine von oben nach unten hierarchisch gegliederte Gesellschaft, die zudem militärisch ausgelegt ist und überdies zur nationalistischen Überhöhung neigt, dabei die eigenen Leistungen in Wissenschaft und vor allen Dingen Kultur privilegiert sieht, tendiert zu radikalen Ansichten insbesondere dann, wenn sie ethische Grundhaltungen (z. B. neu-humanistische Bildung) exklusiv für sich selbst reklamiert.
Ein Krieg nun führt zusammen, eint – so die Vorstellung – die Volksschichten, stellt zugleich das eigene System nicht (mehr) infrage. Die innere Zerrissenheit Deutschlands lässt so die Idee vom „Gesundbrunnen", „Jungbrunnen", „reinigendem Stahlbad" formulieren. Das sind Stichpunkte, aus denen heraus eine solche Sichtweise begründet werden mag.
Als Erwartung zur Stellungnahme wird hier eine kritische Haltung formuliert. Aus heutiger Sicht liegt ein solcher Gedankengang fern.

- *Präsentieren Sie Ihre Ergebnisse mit einer Präsentationssoftware, als Portfolio oder auch als Wandzeitung.*

## Norbert Schläbitz: Krieg der Geister (Arbeitsblatt 17, S. 67 ff.)

Interessant für die Schülerinnen und Schüler dürfte sein, dass die Begeisterung für den Krieg beinahe die gesamte intellektuelle Elite erfasst hatte. Überdies waren aber auch breite Bevölkerungsschichten der Kriegsbegeisterung anheimgefallen. Die auf dem Arbeitsblatt grafisch hervorgehobenen Zitate (entsprechend gekennzeichnet als Tagebucheintrag) sind Originalzitate des einfachen Landsers „Walters" (siehe Foto dazu auf dem Arbeitsblatt) aus dem 1. Weltkrieg.
Die weiteren Ausführungen zeigen den allgemeinen Enthusiasmus, von dem gerade auch die intellektuelle Elite getragen wurde. Fraglos gehörten neben allen kulturpolitischen Äußerungen, mit denen der Krieg gerechtfertigt wurde, auch wirtschaftliche Interessen dazu, das hegemoniale Streben, das im Krieg ein legitimes Mittel zur Durchsetzung eigener Interessen sah. Vor dem 1. Weltkrieg gehörten kriegerische Auseinandersetzungen beinahe zur Tagesordnung. Man denke 1904 an den „Krieg zwischen Russland und Japan oder nach 1912 auf dem Balkan" (Hirschfeld/Krumeich 2013, S. 11). Auch die vielfältigen kriegerischen Scharmützel in den Kolonien gehören in dieses Umfeld. Das Recht des Stärkeren waltete fast ungehemmt.

Krieg ließ sich, Darwin missverstehend, zu Beginn des 20. Jahrhunderts insbesondere auch evolutionsbedingt begründen („survival oft he fittest“ (Darwin)) und wurde auch so legitimiert. Der Stärkere setzt sich durch, das Kranke, Schwache muss weichen (vgl. ebd., S. 11 f.). Die Ideologie des „Sozialdarwinismus“ lieferte Gründe für das eigene Streben.
Deutschland hatte in Sachen „Weltgeltung“ zudem Nachholbedarf, gab es das Deutsche Reich doch erst seit 1871, und so fielen solche Ansichten gerade im Wilhelminischen Kaiserreich auf fruchtbaren Boden. Es galt, sich zu positionieren in einer schon verteilten Welt der Kolonien und den anderen europäischen Großmächten, von denen man sich umzingelt wähnte, Einfluss und Macht abzutrotzen. In Summa war die Folge eine aggressive Politik.
Große Teile der Bildungselite unterstützten diese Bestrebungen und bedienten die Kriegsrhetorik so nicht erst im Krieg, sondern schon Jahrzehnte zuvor. Dass Dichter wie Georg Heym schon vor dem Krieg sich einen solchen erträumen, nimmt so nicht wunder. Gekoppelt waren solche Überlegungen aber auch an die Hoffnung, die auseinanderdriftenden gesellschaftlichen Schichten wieder zusammenzuführen. Die Kritik an den Verhältnissen, die die Zugehörigkeit zu einer gesellschaftlichen Schicht klar regelten, nahm stetig zu. Es sind konservative, restaurative Hoffnungen, denn erhalten bleiben sollte das alte hierarchische Ordnungssystem. Der Ökonom Werner Sombart schrieb nicht von ungefähr vom „Wunder, der Krieg kam“, vom „Wunder des August 1914“ (zit. n. Böhme 2014, S. 12). Die Einlassungen und Aufrufe zum Krieg stellen Äußerungen dar, die nach außen wie innen wirken sollten. Nach außen sollten sie die Lesart über das kriegerische Geschehen bestimmen, wobei es sich selbst zu positionieren galt, nach innen sollten sie Zusammenhalt stiften.
Zur Verdeutlichung wird das **Arbeitsblatt 17** (S. 67 ff.) in Partnerarbeit bearbeitet.

- *Fassen Sie mit eigenen Worten zusammen, worin der „Krieg der Geister“ sich ausdrückt und welches Selbstverständnis sich darin zeigt.*
- *Das Foto zeigt den Kriegsteilnehmer Walter. Die Zitate in den weiteren Bildern sind Originalzitate, die den Tagebüchern von Walter entnommen sind. Wie ordnen Sie die Positionen vor dem Hintergrund der gegebenen Informationen ein?*

Die allgemeine Kriegsbegeisterung ist auch vor dem Hintergrund einer solchen verbalen Mobilmachung zu sehen, insbesondere wenn die „Obrigkeit“ beinahe unisono Entsprechendes verlautbart.

- *Recherchieren Sie Daten und Fakten zu den Thesen im „Aufruf an die Kulturwelt“.*

Die Recherche wird zum Ergebnis haben, dass im Wesentlichen die Vorwürfe, gegen die man sich verwahrt, ihre Berechtigung hatten. Deutschland hat die Neutralität Belgiens verletzt, es hat das Völkerrecht gebrochen, das Militär hat Leib und Leben von Zivilisten geopfert, es hat unter der Einwohnerschaft Löwens gewütet und Kulturgüter in Löwen vernichtet.

- *Recherchieren Sie Aspekte zur allgemeinen Kriegsbegeisterung.*

Der Nationalstolz und die Überhöhung der eigenen Kultur und Werte haben im Wesentlichen dazu beigetragen, Ressentiments anderen gegenüber zu hegen, aus denen heraus man glaubte, einen Führungsanspruch mit Gewalt durchsetzen zu können. Die Positionen von Döblin, Hauptmann oder auch die von Berg und Schönberg können herangezogen werden.

- *Nehmen Sie kritisch Stellung zum Gesagten.*

Auch wenn aus heutiger Sicht eine Stellungnahme schwierig ist, zu anders sind dankenswerterweise heute Gedanken zu Gewalt und Krieg, kann kritisch gleichwohl die völlige Undifferenziertheit der Aussagen angemerkt werden, bei denen das Eigene absolut gesetzt wird und bei denen der andere, der Feind, prinzipiell als defizitär beschrieben wird. Der *Aufruf an*

*die Kulturwelt* versucht, dem deutschen Soldaten eine ethische Gesinnung anzudichten und begangenen Bruch des Völkerrechts zurückzuweisen u. a. Der Komponist Schönberg spricht von mediokren, also der Mittelmäßigkeit verhafteten Kitschisten und meint die Kultur anderer Völker. Alban Berg, sein kongenialer Schüler, oder auch der Literaturnobelpreisträger Gerhart Hauptmann sehen in der deutschen Kultur *die* Kultur.
Kritisch angemerkt werden kann des Weiteren, auch vor dem Hintergrund der Kenntnis von Arbeitsblatt 16, dass die Bildungselite (und hier die Professorenschaft) den Krieg als Mittel nimmt, um Einigkeit im deutschen Volk zu schaffen.
Kritisch aus heutiger Sicht erscheint zudem, dass der Militarismus zur Grundlage genommen wird, damit der wahrhaft freie Mann, wie die Hochschullehrerschaft es formuliert, sich entwickle, der in einem Volkskörper aufzugehen habe und dort die Aufgabe erfülle, die ihm zugewiesen sei.

- *Präsentieren Sie Ihre Ergebnisse mit einer Präsentationssoftware, als Portfolio oder auch als Wandzeitung.*

## Georg Trakl: Gródek: Zum Vorgehen (Arbeitsblatt 18, S. 70)

Georg Trakl verarbeitet in dem Gedicht „Gródek" Kriegserfahrungen, insbesondere die, die er bei der Schlacht bei Gródek zwischen Österreichern und Russen gemacht hat. Gródek ist ein Ort in der heutigen Ukraine und Kriegsschauplatz während des 1. Weltkrieges gewesen. Die von Gerd Buelens auf dem **Arbeitsblatt 18**, S. 70, gegebenen Informationen bieten kurzgefasst die Rahmenbedingungen zur Schlacht bei Gródek.
Das Gedicht ist keiner gängigen Form zuzuordnen, erscheint formlos. Es hat 17 Verse ohne Reim und bedient sich mancher Alliterationen und Assonanzen.
Die Kriegsbeschreibungen sind eingebettet in die Natur, die den Krieg in sich aufnimmt. „Am Abend tönen die herbstlichen Wälder/von tödlichen Waffen" (V. 1 f.). Obgleich die Schilderung einen schönen Herbsttag erahnen lässt („goldnen Ebenen", „blaue[...] Seen" (V. 2 f.), erscheint die Welt von Dunkelheit umwölkt, die selbst das Sonnenlicht erfasst (V. 3 f.). Nichts an Wärme, Schönheit, Licht bleibt im Angesicht des Krieges, was insbesondere im Oxymoron der düsteren Sonne (V. 3 f.) sich ausdrückt. Es kehrt die Nacht ein, die sowohl als reales Naturphänomen betrachtet werden kann als auch als Bild, sodass angesichts des Geschehens die dunkle, Tod verkörpernde Nacht eingekehrt ist („alle Straßen münden in schwarze Verwesung" (V. 10, vgl. w. V. 4 – 6)).
Elliptisch sind die Verse gebaut, wie dahingeworfen erscheinen die geschilderten Eindrücke. Und selbst der elliptische Bau wird nochmals durchbrochen durch die Vielzahl der verwendeten Enjambements. Allein Informationsfragmente bleiben, in sich zerrissen und zerfetzt, die zerstörerischen Momente des Krieges auch auf diese Weise wiedergebend. Es macht den Eindruck, als ob das lyrische Ich punktuell Eindrücke wiedergibt, auswählt aus der Summe der einströmenden, mannigfaltigen Impulse, die es nicht verarbeiten kann.
Die losgelassenen Gewalten („Rotes Gewölk, darin ein zürnender Gott" (V. 8)) sind nicht mehr zu bändigen. Das gewählte Bild gleicht dem „Gott der Stadt" bei Georg Heym und verweist auf die entfesselten Gewalten. Als Antipode wird der „Schwester Schatten" (V. 12) herausgestellt, die nach der Schlacht die Ruhe abbildet, ohne allerdings wirklich Trost spenden zu können. Zu sehr wirken „rotes Gewölk" (V. 8) und der „zürnende Gott" (V. 8) nach. Es ist eine Schwester, die „schwankt" (V. 12). Die Ruhe beschreibt sowohl das Ende der Schlacht als auch den allgegenwärtigen Tod („Geister der Helden, die blutenden Häupter", V. 14 f.). Wenn denn überhaupt von Trost die Rede sein kann, dann ist es, nach all dem Schmerz und Leid, der Eintritt in den der Qual ein Ende machender Tod.
Die ausgedrückte Trauer wird durch den verwendeten Komparativ beim Adjektiv stolz (V. 18) überhöht. Das Adjektiv erscheint dabei unpassend, mag aber implizit auf den Stolz verweisen, mit dem man in den Krieg gezogen ist, und der nun in Trauer mündet. Die „ehernen Altäre" können Hinweis sein auf das Blut, das – gleich auf den Opferaltären vergangener Zeiten – nun ver-

gossen wurde auf dem Schlachtfeld. Die Soldaten erscheinen als Opfer, die dem zürnenden Gott zugeführt wurden. Nicht Armeen sind es, die den todbringenden Krieg gebracht haben, sondern die „heiße Flamme des Geistes“ (V. 19), die im entfesselten Zustand Tod, Vernichtung, Schmerz gebracht hat. Sie „nährt den Schmerz“ (V. 19f.). Sie weist über sich hinaus in die Zukunft („die ungeborenen Enkel“, V. 21). Noch unter ihnen wird wüten, was losgetreten wurde.

In Stillarbeit wird das Gedicht gelesen. Alternativ dazu ist es aber auch möglich, in Gruppen einen gemeinsamen Gedichtvortrag zu erarbeiten, der den Eindruck zum Gedicht spiegelt.

■ *Schildern Sie Ihren Eindruck nach dem ersten Lesen des Gedichtes.*

Es lässt sich schwerlich prognostizieren, was an Ergebnissen hier erwartet werden kann, aber die bilder- oder auch chiffrenreiche Sprache kann hervorgehoben und die Untergangsmetaphorik kann genannt werden. Möglicherweise wird auch das heute etwas seltsam anmutende Pathos in den Blickpunkt gerückt.

Die weiteren Arbeitsschritte sind für die Stillarbeit vorgesehen. Die Auswertung erfolgt im Unterrichtsgespräch.

■ *Gliedern Sie das Gedicht in Sinnabschnitte.*

**Georg Trakl: Gródek – Sinnabschnitte**

V. 1 – V. 6: Die Schlacht
V. 7 – V. 10: Entfesselte Gewalten mit ihren Folgen
V. 11 – V. 18: Nach der Schlacht: Tod, Trauer, Trost (?)
V. 19 – V. 21: Die Klage, auf Generationen ausgerichtet

■ *Untersuchen Sie die gewählten Bilder.*

**Georg Trakl: Gródek – Bilder**

| | | |
|---|---|---|
| V. 1 – V. 6: Die Schlacht | Kontrastierung: Idylle der Natur und Schlacht der Menschen<br>Oxymoron: düster dahinrollende Sonne | Kritik an menschlichen Taten<br>Menschlicher Eingriff wirkt sich umfassend aus |
| V. 7 – V. 10: Entfesselte Gewalten mit ihren Folgen | Metapher: rotes Gewölk, zürnender Gott<br>Schwarze Verwesung | Gewalten sind nicht zu bändigen<br>todbringende Folgen menschlicher Gewalt |
| V. 11 – V. 18: Nach der Schlacht: Tod, Trauer, Trost (?) | Alliteration: schwankt/ Schwester/Schatten/ schweigend<br>Metapher: dunkle Flöten | umgreifender Tod, mangelnder Trost<br>Lied des Todes |
| V. 19 – V. 21: Die Klage, auf Generationen ausgerichtet | Metapher: eherne Altäre, ungeborene Enkel | Soldaten als Opfer der entfesselten Gewalt, Ausblick auf zukünftige Generationen |

■ *Inwieweit spiegelt der Inhalt des Gedichts reales Geschehen?*

Zur Beantwortung dieser Frage wird die Lektüre des auf dem Arbeitsblatt 18, S. 71, beigefügten Textes empfohlen. Es wird dabei deutlich, dass die Schlacht Teil eines umfassenden Massakers gewesen ist, bei dem viele Hunderttausend Soldaten ihr Leben gelassen haben. Das immense Leid der Soldaten, die wie geschlachtet erscheinen, sodass nur der Tod noch Trost bringen mag, kann ins Verhältnis gesetzt werden zu den entfesselten Gewalten und zum Schatten der Schwester, deren Trost nur noch im Tod zu verzeichnen ist.

■ *Informieren Sie sich über die Schlacht bei Gródek.*

Ein Schülerreferat kann hier vertiefende Informationen bieten.

## Wilhelm Klemm: An der Front u. Alfred Lichtenstein: Sommerfrische (Arbeitsblatt 19, S. 71)

Einzelne Schüler oder Schülerinnen lesen, nach vorhergehender Lektüre, die Gedichte im Plenum.

■ *Lesen Sie die Gedichte und tauschen Sie sich über Ihre Eindrücke aus.*

Während das Gedicht von Lichtenstein von Aufbruchsstimmung bestimmt ist, ist das Gedicht von Klemm von Resignation geprägt.
In Partnerarbeit werden die folgende Aufgabe bearbeitet, wobei jeweils einer ein Gedicht bearbeitet. Gemeinsam wird dann der Vergleich geleistet.

■ *Gliedern Sie die Gedichte nach inhaltlichen Gesichtspunkten.*

Die Gedichte sind relativ ähnlich aufgebaut. Aus örtlich lokalen Schilderungen erwächst ein lyrisches Ich, das von Beschreibungen von Landschaft hin zu Beschreibungen eigener psychischer Befindlichkeit schreitet, die auf alle Menschen übertragen werden. Zuletzt wird die lokal begrenzte Welt des lyrischen Ichs verlassen und der überregionale Übertrag geleistet.

Aus dem anschließenden Unterrichtsgespräch heraus wird folgendes Tafelbild entworfen:

### Wilhelm Klemm: An der Front/Alfred Lichtenstein: Sommerfrische

| Gliederung | |
|---|---|
| • Vers 1 – 9: lokal begrenzte Betrachtungen | • Vers 1 f.: lokal begrenzte Betrachtung |
| • Vers 9 – 11 f.: lyrisches Ich tritt auf | • Vers 3 f.: lyrisches Ich tritt auf |
| • Vers 11 f.: reflexive Betrachtung, Übertragung eigener psychischer Befindlichkeit auf die Allgemeinheit „Wen kümmert noch ...“ (V. 12) | • Vers 4 – 8: reflexive Betrachtung, Übertragung eigener psychischer Befindlichkeit auf die Allgemeinheit: „Man“ (V. 5) |
| • Vers 13 – 16: Transfer: Beschreibung der zerstörten Welt in Europa | • Vers 9 – 12: Illusion: Formulierung der Sehnsucht nach Zerstörung der Welt, wie sie ist, nach einer anderen Welt |

■ *Vergleichen Sie das Gedicht von Klemm mit dem von Lichtenstein. Zeigen Sie auf, wie Landschaft und Menschendasein beschrieben werden.*

Die typischen Merkmale expressionistischer Gedichte sind Verdinglichung des Menschen und Personalisierung von Dingen/Natur. Beides ist allein im Gedicht von Klemm zu finden, was nicht wundern mag. Bei Klemm ist der Mensch in das Räderwerk des Krieges geraten und nicht mehr Herr seiner selbst. Selbst die Kräfte der Natur scheinen sich gegen den Menschen zu wenden. Mit den Menschen geschieht etwas, er ist nicht mehr Herr des Geschehens (Verdinglichung). Die Natur erscheint als Akteur (Personalisierung). Alles ist vom Virus des Krieges befallen. Ein Entkommen erscheint unmöglich.
Bei Lichtenstein wähnt sich der Mensch von Kraft erfüllt, die ihr Ziel sucht. Er erscheint aktiv, beinahe als Initiator von Veränderung.

**Vergleich „An der Front"/„Sommerfrische"**

| „An der Front" | „Sommerfrische" |
|---|---|
| • Landschaftsschilderung: Krieg, Zerstörung | • Landschaftsschilderung: Friedliche Idylle |
| • lyrisches Ich: innere Leere, Gleichgültigkeit | • lyrisches Ich: Unausgeglichenheit, Übermut |
| • Mensch ... geht zugrunde, Aussichtslosigkeit, innere Leere | • Mensch ... geht es zu gut, latente Unzufriedenheit, ungenutzte Energie |
| • Folge von: Verwüstungen, Tod | • Folge von: Langeweile, Überfluss |
| ⇓ | ⇓ |
| Konklusion: Endzeit – Europäische Katastrophe | Konklusion: Aufbruch – Sehnsucht nach Veränderung, Krieg |

→ Sommerfrische findet nicht statt, Sehnsucht endet in der Katastrophe

**Interpretation zu Wilhelm Klemm: An der Front**
Das Gedicht hat vier Strophen zu je vier Versen. Ein Reimschema liegt nicht vor. Abgesehen von Vers 1 (zwei kurze Hauptsätze) und Vers 9 – 10 (Enjambement) liegt im Gedicht der Zeilenstil vor. Jede Zeile liefert zudem eine neue Beobachtung.
Die Gedichte, die Wilhelm Klemm während des 1. Weltkrieges schreibt, sind bar jeder Illusion und bar jeden Hurra-Patriotismus. Kurz nach Beginn des Krieges, noch im August 1914, hat dies noch ganz anders geklungen, aber innerhalb weniger Wochen hat ihn der Krieg mit seinen Gräueln eines Besseren belehrt. Fortan regiert das Grauen in einer beinahe lakonischen, emotionsfreien Betrachtung.
Auch das Gedicht „An der Front" fügt sich ein in diese Reihe. Der erste Satz im ersten Vers ist beinahe Programm für alles, was folgt: „Das Land ist öde." (V. 1) Das, was folgt, erscheint wie eine Bestätigung dessen, was gleich zu Beginn herausgestellt wird. Es ist die Rede von verweinten Feldern, grauen Wagen, einem heruntergerutschten Dach. Das alles ist im nüchternen Stil gehalten, wenngleich auf Bewertungen nicht ganz verzichtet wird. So ist von der „böse[n] Straße" (V. 2) die Rede, die ganz offenkundig das Unheil in Form neuer Soldaten herbeibringt, auch im am Horizont gemächlich brennenden Hof schwingt eine Wertzuschreibung mit. Es klingt darin etwas alltäglich Gewordenes an. Das lyrische Ich betreibt sein Geschäft als nüchterner Registrator des Geschehens.
Wie im Expressionismus nicht unüblich, werden vereinzelt Personifizierungen verwendet. So werden der Straße Charaktereigenschaften zugebilligt. Dass ein Hof gemächlich brennt, drückt eine Form von personaler Aktivität aus, denn es schwingt darin die Option mit, es auch weniger gemächlich angehen zu lassen, wobei der Hof verantwortlich zeichnet für die

eine wie andere Entscheidung. In den schlafenden Forts ist eine weitere Personifizierung zu finden. Weitet man den Interpretationsspielraum aus, so lässt sich auch im gleichgültigen Tod oder auch im Regen ein personales Moment ausmachen. Grundsätzlich sind der Tod und auch der Regen von prinzipieller Indifferenz gekennzeichnet, da deren Existenz von keinerlei Motiven ausgezeichnet ist. Die besondere Betonung ihrer Gleichgültigkeit allerdings kann als charakterliche Zuschreibung gewertet werden, die auf eine Personifizierung hindeutet.
Wo auf der einen Seite gemeinhin toten Dingen personales Leben eingehaucht wird, ist auf der anderen Seite im Expressionismus jene immer wieder zu beobachtende Verdinglichung des Menschen zu finden. Menschen sind nicht Akteure, mit ihnen geschieht etwas. Ansatzweise ist auch dies im vorliegenden Gedicht zu beobachten. Die in Zeile 8 angesprochenen Reiter verschwinden einfach, und das lyrische Ich, das im „uns" von Zeile 10 ausgedrückt wird, wird aufgenommen vom Hohlweg. Auch erscheint die Individualität aufgehoben, denn das lyrische Ich ist kein Mensch mit Namen, sondern Teil der Infanterie. Das inaktive oder passive Moment sticht in beiden Fällen hervor. Zuletzt erscheint der Mensch in seinem Denken ohne jegliches Wollen („Wen kümmert das Gestern, das Heute, das Morgen?" (Z. 12)) und zuletzt nur noch als tote Materie, wenn von den Toten die Rede ist, die wie Puppen zwischen den Fronten liegen.
Der Mensch wird abschließend mit toten Dingen wie Puppen (letzte Zeile) verglichen, während das motivlose Sein mit menschlichen Attributen versehen wird wie in der ersten Zeile, wenn die Felder wie verweint erscheinen.
Das lyrische Ich, eingebunden in das Szenario, nimmt teil als teilnahmsloser Registrator, den ebenso wenig das Gestern, Heute und Morgen zu kümmern scheint, so nüchtern sind seine Schilderungen. Es beschreibt, was er sehen kann, bis es am Horizont entschwindet. In der letzten Strophe weicht das lyrische Ich ab von der örtlichen Begrenzung, die ihm auferlegt ist. Es erweitert den Blickwinkel auf ganz Europa, das vom Tod umfangen ist und darin versinkt. So spiegelt sich in der Schilderung einer lokalen Tragödie das Schicksal von ganz Europa.

**Interpretation zu Alfred Lichtenstein: Sommerfrische**
Es liegen drei Strophen zu vier Versen vor. Des Weiteren können als stilistische Merkmale der Jambus, der durchgehaltene Kreuzreim und die Verwendung von Enjambements in Z. 9f. u. 11f. beobachtet werden.
Das Gedicht von Lichtenstein gliedert sich inhaltlich durch seine Anlage in drei Strophen. Strophe 1 drückt die Unzufriedenheit des lyrischen Ichs mit den Verhältnissen aus und die Sehnsucht nach Veränderung. Strophe 2 benennt die Gründe für diese Unzufriedenheit, während Strophe 3 die Umstände beschreibt, unter denen sich Veränderung einstellte.
Die Zielrichtung ist eindeutig: So, wie es ist, eine friedliche Welt, in (vermeintlicher) sattsamer Zufriedenheit verfangen, soll es nicht bleiben. Das Ziel ist Umwälzung durch Gewalt und Krieg. Beklagt wird eine dekadente Lebensform („würfelt", „säuft", „schwatzt" (Z. 5)), wobei herausgestellt werden muss, dass die Behaglich- oder Behäbigkeit, die zum Klagen Anlass gibt, nur für wenige gilt. Sie gilt für das etablierte Bürgertum, für die breite Arbeitnehmerschaft aber gilt sie nicht. Das lyrische Ich gehört allerdings zu den wenigen, die sich die beschriebenen Verhaltensweisen offenkundig leisten können. Für die große Masse ist das Leben kein Sonntagsbraten, der „hübsch eingetunkt in süße Sonnensauce" (Z. 8) ist. Für die große Masse ist das Leben Überlebenskampf. Die Klage, die vom lyrischen Ich geführt ist, ist demnach selbst Ausdruck von allzu großer Selbstzufriedenheit, mithin selbst Ausdruck von gelebter Dekadenz.
Inhaltlich erinnern die Zeilen an einen Tagebucheintrag von Georg Heym, der lautet: „Es ist immer das Gleiche, so langweilig, langweilig, langweilig. Es geschieht nichts, nichts, nichts. Wenn doch einmal was geschehen wollte, was nicht diesen faden Geschmack von Alltäglichkeit hinterlässt. Würden einmal wieder Barrikaden gebaut. Ich wäre der Erste, der sich darauf stellte, ich wollte noch mit der Kugel im Herzen den Rausch der Begeisterung spüren. Oder

sei es auch nur, dass man einen Krieg begänne, er kann ungerecht sein." Wer täglich kämpfen muss um Lohn und Brot, der erträumt sich gemeinhin keinen Krieg.
Das lyrische Ich kümmert *die* Menschen nicht. Es zielt ab auf eine Idee vom Menschen, der idealisierten Vorstellungen nachhängt und diese zum Ziel erhebt. Es reicht nicht das „Schwatzen" von „Zukunftsstaaten" (Z. 6). Es gilt, tätig zu werden. Das lyrische Ich drückt seine Abscheu vor den gefälligen Zuständen aus. Der blaue Himmel wird gleichgesetzt mit einer „Qualle" (Z. 1), die dem ästhetisch Schönen, das einen blauen Himmel in der Regel ausmacht, zuwiderläuft. Die weiteren Beschreibungen einer schön beschriebenen Welt verjüngen sich zur Mausefalle und zum Ausruf, entkommen zu wollen dieser Welt. Am „fette[n] Sonntagsbraten", zugekleistert mit der „süße[n] Sonnensauce", der satt und zufrieden macht, kann man sich zuletzt nur den Magen verderben. Die Assonanz und Alliteration in „süßer Sonnensauce" dokumentierten allein klanglich ein Zuviel.
Interessant erscheint zuletzt, dass alles, was auf Veränderung abzielt und eingefordert wird, im Konjunktiv gehalten bleibt (Z. 4, Z. 9 – 11). Das lyrische Ich ist selbst eingebunden in die so übermäßig nährende Welt. Es schwatzt selbst nur, anstatt zu handeln. Der Wind, den es sich ersehnt, soll von anderer Stelle wehen. Das lyrische Ich selbst ist nicht Initiator von Wind und Sturm. Es wartet, schwatzt und schwadroniert von einer anderen Welt, in der es auch selbst fortgerissen, zum Handeln gezwungen wird.

## 2.3 Nihilismus – Ich-Dissoziation und das Ende der Welt

Die Verdinglichung stand im Vorangegangenen im Zentrum der Auseinandersetzung. Darüber hinaus spielte aber auch da schon implizit wie explizit die geistige Grundlage, auf der diese Zeit fußte, eine Rolle. Um diese soll es im Folgenden gehen: den Verlust der Transzendenz, bedingt durch eine Rationalität, die kaum mehr Platz für den Glauben ließ, weil er vernünftigen Erklärungen entgegensteht.

### Alfred Lichtenstein: Die Dämmerung – Zum Vorgehen (Arbeitsblätter 20 und 21, S. 72 und 73)

Bevor die Schülerinnen und Schüler das Gedicht von Lichtenstein bzw. auch das Aufgabenblatt mit der produktiven Schreibaufgabe ausgehändigt bekommen, sollte zunächst der Titel des Gedichtes genannt und es sollten Assoziationen dazu gesammelt werden. Erwartet wird eine eher romantisch-verklärte Dämmerungs-Idylle.
Die daran angeschlossene produktive Schreibaufgabe wiederum wird die Schülerinnen und Schüler im Wesentlichen dazu veranlassen, sinnzusammenhängend zum Dämmerungsmotiv zu schreiben, selbst wenn die bisherigen Erfahrungen mit expressionistischer Lyrik vielleicht an ein romantisch verklärtes Idyll nicht mehr glauben lassen: Der Schreibfluss wird so linear – sprich: eins greift ins andere – gestaltet sein. Wird wahrscheinlich die erste Strophe den Jungen und das Spiel zentral beleuchten und die zweite Strophe die zwei Lahmen thematisieren, dürfte die dritte Strophe von dem Mann und seinen sexuellen Bedürfnissen handeln.
Im Vergleich der Schülerergebnisse mit dem tatsächlichen Gedicht von Lichtenstein wird die Nicht-Linearität des Schreibflusses bei Lichtenstein überdeutlich hervortreten. Der Schreibfluss ist von Brüchen durchsetzt, nichts scheint aufeinander aufzubauen. Schon im Vergleich mit der eigenen Gedichtanlage dürfte das Unkonventionelle beim Gedicht von Lichtenstein deutlich werden. Im Tafelbild sollte diese Form des Schreibens festgehalten werden:

### Einige typische Merkmale im Gedicht „Die Dämmerung“

- Zeilenstil
- Reihungsstil, Simultantechnik
- Deformation des Menschen
- 
- 
- Personifikation von Natur

→ das Zusammenfallen von Vers- und Satzschluss

→ Nichtzusammenhängendes parallel (simultan) darstellen

→ ironische Brechung durch Verwendung der Simultantechnik (vgl. V. 1, 9, 11)

→ Natur mit menschlichen Attributen versehen (vgl. V. 3 f.)

Verdichtung von Geschehen
Bruch mit der Tradition
Gleichstellung von Wahrgenommenen
Abschied von Metaphysik

Um herauszuarbeiten, warum Sprachzertrümmerung oder das Erfinden neuer Sprachmittel als Mittel zur Neuinterpretation von Wirklichkeit verstanden wird, wird das **Arbeitsblatt 39**, „Nietzsche: Zur Wahrheit“ (S. 121 f.), herangezogen.

■ *Die Expressionisten verstanden sich als Sprachzertrümmerer, damit eine neue Gesellschaft aus den Trümmern erwachse. Bearbeiten Sie das Arbeitsblatt „Nietzsche: Zur Wahrheit“ und erörtern Sie unter Bezugnahme Ihrer dort ermittelten Ergebnisse die Relevanz dieser Idee des Expressionismus.*

Die vorab gestellte Aufgabe kann auch in Kombination mit anderen Gedichten behandelt werden. Beispielsweise ist es lohnenswert, wenn das Gedicht „Form ist Wollust“ von Stadler (Gedicht am Anfang des Modells, S. 9) hieran anschließt. Die Idee der Sprachzertrümmerung zwecks Erneuerung kann in folgende produktive Schreibaufgaben münden:

■ *In einer Selbstinterpretation des Gedichtes „Die Dämmerung“ schreibt Alfred Lichtenstein, dass er die Menschen auffordert, „die Dinge unmittelbar – ohne überflüssige Reflexionen wahr(zu)nehmen“. Wolfgang Max Faust deutet diese Aussage wie folgt: „Wenn ich mich meinem unmittelbaren Sehen anvertraue, dann schreit – weil ich das schreiende Baby nicht wahrnehme – der Kinderwagen.“ Verfassen Sie ein Gedicht (vielleicht ein Sonett), das der Aufforderung von Lichtenstein nachkommt, die Dinge unmittelbar aufnimmt und überflüssige Reflexionen meidet.*

■ *Alternative Aufgabe: „Pausensekunde“ – Schreiben Sie ein Gedicht im Stile Lichtensteins. Halten Sie dazu in lediglich vierzehn Versen das vielfältige Geschehen einer Sekunde während der nächsten großen Pause fest.*

Dem „unmittelbaren Sehen“ ohne „überflüssige Reflexionen“ liegt eine Gleichbehandlung aller Wahrnehmungen zugrunde. Es wird nicht mehr geforscht, was hinter den Dingen noch liegen könnte. Anstatt Heilsversprechen aus metaphysischem Grund sich zu erhoffen, erscheint der Himmel „verbummelt“ und bleich“ (V. 3). Ihm ist die „Schminke ausgegangen“ (V. 4), man könnte auch sagen, das Gottesversprechen ist Geschichte. Transzendenz hat ausgedient. Die Folge: Es wird beschrieben, was ist. Das Eigentliche ist sichtbar. Durch die Parallelisierung der unterschiedlichsten Wahrnehmungen ohne Stufung wird das Sinnlose im Sein herausgestellt.

## Gottfried Benn: Kleine Aster; Schöne Jugend (Arbeitsblätter 22 und 23, S. 74 f.)

Auch hier werden zunächst Assoziationen zum Titel „Kleine Aster" an der Tafel gesammelt. Das schöngeistige Moment dürfte dabei hervortreten. In einem zweiten Schritt werden Vermutungen angestellt, in welcher Form die „Kleine Aster" expressionistisch verarbeitet sein könnte. Da dies schwerfallen dürfte und die bisherigen Auseinandersetzungen mit der Lyrik des Expressionismus deutlich gemacht haben, dass der Konvention in expressionistischer Lyrik wesentlich widersprochen wird, werden in einem nächsten Schritt die Assoziationsergebnisse – wo dies möglich ist – in ihr Gegenteil verkehrt. Das kann sowohl im Unterrichtsgespräch als auch in Gruppenarbeit geschehen. Vorgeschlagen wird hier allerdings Letzteres, da die Ideenvielfalt wachsen dürfte.
Wo konventionell die Blumenwelt eher romantisch verklärt und in den Kontext geglückter oder weniger geglückter Liebeserlebnisse gerückt sein dürfte, darf in der Verkehrung die expressionistische Darstellung eines Inhalts (welches auch immer) erwartet werden, der von aller Romantik absieht und womöglich rüde in der Sprache ist. Die Vermutung einer „Ästhetik des Hässlichen" ist durch die Verkehrung nahegelegt.

### Kleine Aster

| Assoziationen | Assoziationsumkehrung |
|---|---|
| • in herbstlicher Sonne schimmernde Blumenwiese<br>• Hauch von Abendrot und Melancholie<br>• … | → in einer Geröllwüste wachsende, halb verdorrte, verkrüppelte Blume<br>→ Isolation, Untergangsstimmung, resignativ<br>→ … |
| • schöngeistige Lyrik | → expressionistische Verarbeitung |

Im Anschluss wird das Gedicht verlesen und in einem ersten Schritt werden Vermutungen (Tafelbild) bestätigt oder begründet revidiert. Auf der einen Seite wird die Emotionslosigkeit, mit der vom Tod und von Zerstückelung die Rede ist, herausgestellt werden, auf der anderen Seite wird die Zärtlichkeit, mit der von der kleinen Aster die Rede ist, irritieren. Begleitend kann das **Arbeitsblatt 26**, „Nietzsche: Nihilismus" (S. 78), eingebracht werden.
Der Tod des Menschen betrübt nicht. Der Mensch ist nicht mehr als eine weiche Masse, vom Geist ist keine Rede, vom Gehirn, herausgelöst aus dem Schädelknochen, nur in einem Nebensatz. Benn schildert, teilt emotionslos mit. Der Tod eines Menschen wird zum x- beliebigen Ereignis: „ein" besoffener Bierfahrer eben. Als Individuum spielt der Mensch keine Rolle und die persönliche Tragik des „ersoffene(n)" (V. 1) Menschen ebenso nicht. Nüchtern kalt ist der Blick und folgt dem Seziermesser, wie es den Körper zerteilt. Er durchleuchtet und lässt sich nicht von geistigen Glaubensgeboten oder metaphysischen Sinnangeboten blenden. Er reduziert den Menschen auf das, was er im Tode ist: eine Leiche, Aas und kurzfristiger Lebensspender einer ebenso zum Tode verurteilten Blume. Darin spiegelt sich der Radarblick Benns. Zuletzt wird alles Aufgerissene ausgestopft und zugenäht und erfüllt seinen neuen Zweck als Nährboden für jenes, das auch dem Tode geweiht ist. „Trinke dich satt in deiner Vase! Ruhe sanft, kleine Aster!" (V. 13 ff.) Die Zukunft des Menschen liegt nicht im Jenseits, sondern im diesseitigen Verrotten. Das genügt, um dem Leben Sinn zu geben, wenn in dem sinnentleerten Kreislauf von Werden und Vergehen noch ein Sinn gesehen werden soll. Die „Sach" (V. 2, Zitat von Lütkehaus) oder der Wesenskern liegt im Bereich des Metaphysischen,

entbehrt daher jeder wissenschaftlichen Grundlage und wird verabschiedet. Was bleibt, ist das bloße „Nichts". Mit Bezug auf die Aster aber verliert sich der radartechnische Blick dann doch ein wenig. So etwas wie Mitleid oder auch Melancholie wird gezeigt: „Ruhe sanft, kleine Aster!" (V. 14 f.) „Der von dem medizinischen Rollen-Ich erweckte Eindruck, es walte hier nur die Kühle der sezierenden Hand und des Blicks, ist vordergründig. Die parodistisch eingesetzte Schlussformel verrät die geheime Verletzung der Sensibilität durch die Leichenöffnung und die Flucht zu einem letzten ästhetischen Objekt, das allerdings vom selben Lebensgesetz ereilt wird wie der tote Körper" (zit. nach Wilhelm Große 2002, S. 31).

Der Titel „Schöne Jugend" lässt eigentlich an ein harmonisches Stimmungsbild denken. Vor der Begegnung mit dem Gedicht soll eine Sammlung zum Thema „Schöne Jugend" erstellt werden. Die Schülerinnen und Schüler dürften allerdings durch ihre bisherigen Auseinandersetzungen mit der Lyrik des Expressionismus wahrscheinlich schon den Verdacht einer anderen Kontextuierung gedanklich vertreten, sodass die Aufgabe weiter präzisiert werden kann:

- *Um eine „schöne Jugend" zu haben, sind bestimmte Grundbedürfnisse zu erfüllen. Sammeln Sie einige davon.*
- *Prüfen Sie in einem zweiten Durchgang, inwiefern die ausgearbeiteten Ideen mit ihren bisherigen Arbeitsergebnissen zum Expressionismus korrespondieren oder ihnen widersprechen.*
- *Wo Sie einen Widerspruch erkennen, versuchen Sie, Ihre Ergebnisse expressionistisch zu wenden und dabei eine möglicherweise alternative Form von „Schöner Jugend" plausibel zu machen.*
- *Verdeutlichen Sie auch hier, wo vom Ich-Zerfall, der Verdinglichung die Rede sein kann und wo eine Vermenschlichung vorliegen könnte.*

Harmonie, Leben ohne Angst, Erfolg in Schule und Hobby, geglückte Beziehung und anderes mehr dürften eine „schöne Jugend" allgemein bedingen. Dass sich daraus nicht gerade eine expressionistische Haltung ableiten lässt, dürfte offenbar werden. Schwierig und daher sehr anspruchsvoll ist es, Informationssammlungen zu einer „schönen Jugend" expressionistisch zu wenden, denn das heißt, das Prinzip von Geborgenheit und das von heiler Welt aufzulösen: Eine „schöne Jugend" expressionistisch gewendet kann daher auch eine zerrüttete Welt sein, die ein willkommenes „Auf zu neuen Ufern" erzwingt. Um die letzte vorbereitende Aufgabe erfolgreich zu gestalten, sollte sie vom jeweiligen Banknachbarn ausgeführt werden, da dieser zwar vielleicht ähnliche Ergebnisse erarbeitet hat, aber letztendlich doch nicht in den Gedankengängen des anderen gefangen ist, sodass ein expressionistisches „Querdenken" leichter möglich ist.
Mit diesen Ergebnissen einer expressionistisch gewendeten „schönen Jugend" wird im Folgenden das **Arbeitsblatt 23**, S. 75, „Gottfried Benn: Schöne Jugend", ausgeteilt und es werden die Aufgaben in Einzelarbeit bearbeitet.
Die ersten drei Aufgaben des Arbeitsblattes zielen darauf ab, zu verdeutlichen, dass hier eine „Ästhetik des Hässlichen" vertreten wird. Eine befremdliche, paradox anmutende „abstoßende Anziehungskraft" geht vom Gedicht aus. Das Gedicht erzeugt eher unangenehme Gefühle, das Beschriebene stößt ab, erscheint widerlich und macht aufgrund der ungewöhnlichen Kontextuierungen trotzdem neugierig. Es bietet weniger hinlänglich Bekanntes und somit Redundanz, sondern echte Information. Die eher verniedlichenden Begriffe „angeknabbert", „Laube", „Nest", „schöne Jugend" (V. 3, 6, 7, 11) verstärken den Eindruck von Befremden (Anziehung und Abstoßung) noch, wenn im Zusammenhang mit einer Wasserleiche an angenehme Kontextwelten erinnert wird. Die Tote ist ein Hort für eine ganze Rattenfamilie. Auch hier wird wie in dem Gedicht „Kleine Aster" der tote Leib zu Nahrung für anderes. Und auch unter diesen sich Nährenden waltet unvermeidlich und als absoluter Endpunkt der Tod.

### Gottfried Benn: Schöne Jugend

| Das Mädchen | Die jungen Ratten |
|---|---|
| „angeknabbert“ (V. 3)<br>„löcherig“ (V. 5)<br>„Laube“ (V. 6) | „Schwesterchen“ (V. 8)<br>„schöne Jugend“ (V. 11)<br>„Laube“ (V. 6) |
| ⬇ | ⬇ |
| Ich-Zerfall, Verdinglichung | Vermenschlichung |

⬇

**Nihilismus**
**Verabschiedung aller Metaphysik**

## Jakob van Hoddis: Weltende (Arbeitsblatt 24, S. 76)

Das Gedicht „Weltende“ von Jakob van Hoddis ist im wesentlichen Maße zur kreativen Auseinandersetzung vorgesehen. Wesentlich Neues im Vergleich zu den schon behandelten Gedichten bietet es nämlich nicht mehr, auch wenn diese acht Zeilen als fast paradigmatisch für die gesamte expressionistische Lyrik erachtet werden.

- *„Vervollständigen“ Sie die beiden Vierzeiler von van Hoddis zu einem Sonett.*
- *Alternativ dazu: Schreiben Sie ein Sonett im Stile des Dichters: Nehmen Sie dazu eine Tageszeitung und dort die erste Seite. Entnehmen Sie den dort gedruckten Meldungen Ihre Informationen. Keine Meldung darf unberücksichtigt bleiben, auch keine ggf. auf der Titelseite präsente Werbeanzeige. Versuchen Sie, trotz der Unterschiedlichkeit der Meldungen, ein alle Verse umfassendes Thema aus den Informationen abzuleiten. Jede Sinneinheit soll mit dem Ende der Zeile enden. Als Versmaß ist der Jambus vorgeschlagen. Vergleichen Sie Ihr Ergebnis mit dem Gedicht von van Hoddis.*
- *Erörtern Sie, ob sich in der Anlage des Gedichtes eine nihilistische Haltung ausdrückt.*

Wer auf eine formale Analyse nicht verzichten möchte, kann folgende Aufgabe in den Unterricht einbringen:

- *Untersuchen Sie die formalen Merkmale des Gedichtes und deuten Sie diese.*

In der von Vietta und Kemper verfassten und wohl meistzitierten Sekundärliteratur zum Expressionismus wird die Bedeutung, die dieses Gedicht für die Lyriker gehabt hat, entsprechend gewürdigt. Nicht von ungefähr beginnt die Sammlung von Pinthus „Menschheitsdämmerung“ mit eben diesem Gedicht. Das „Neuartige [zeigt sich] in seiner Bildstruktur, sowohl dem Charakter der einzelnen Bilder als auch ihrer Verknüpfung“ (Vietta/Kemper $^{6}$1997, S. 31). Da wird Unverbundenes verbunden, Profanes als bedeutend herausgestellt und persifliert, das Bedeutende mit nichtigen Worten beschrieben.

Das Gedicht von van Hoddis ist mit seinen zwei Strophen à vier Versen (jambisch), umarmend und kreuzweise gereimt. Bis auf Vers 5 und 6 (Enjambement) wird der Zeilenstil verwendet. Zentrales Thema ist das Weltende, was sich schon in der Überschrift spiegelt. Das

Weltende, das hier beschrieben wird, wirkt allerdings sonderbar verzerrt und gebrochen, da Sachverhalte, die bei einem nahenden Weltende kaum der Rede wert sind, ausdrücklich erwähnt werden, bspw. dass der Bürger einen spitzen Kopf hat und des Weiteren seinen Hut verliert oder auch dass die Menschen einen Schnupfen haben. Eine mögliche Erklärung für das Sonderbare der Auswahl mag die Absicht sein, die Irrelevanz bürgerlicher Nöte und Ängste zu thematisieren (vgl. Hoffmann 2001, S. 296 f.). Dass Menschen entzweigehen beim Fall vom Dach, rückt sie in die Nähe der Gegenständlichkeit.
Durch den Gebrauch des Verbs „entzweigehen" und der Assoziation Gegenstand verliert der Sturz – immerhin zum Tod – viel von der Dramatik, die das Geschehen eigentlich verkörpert. Auch die hupfenden Meere lassen die Sturmflut zum eher lässlichen Ereignis geraten. „Wenn das ‚Weltende' als Ende der bürgerlichen Welt in derart verfremdeten Einzelbildern erscheint, wenn der Reihungsstil die Katastrophen der bürgerlichen Welt – von herabfallenden Hüten, Dachdeckern über Naturkatastrophen, Schnupfen, bis zu herunterpolternden Zivilisationsprodukten – so trocken und unterschiedslos aufzählt, dann wird dieses ‚Weltende' durch die Darstellung zugleich ironisch auf Distanz gesetzt" (Vietta/Kemper [6]1997, S. 31). Wird die – reale oder auch nur in Szene gesetzte und massenmedial verbreitete – Katastrophe aus der Distanz heraus beobachtet, kann der Mensch an ihr Gefallen finden, ja sie sogar goutieren. Statt zu sterben, geht etwas zu Bruch – nicht so tragisch eben. Nicht von ungefähr ist die Distanz ausgedrückt durch das unpersönliche „liest man" (V. 4), was persönliche Betroffenheit ausschließt und den so anonymisierten Leser außerhalb des Geschehens stellt.
Es ist im Grunde genommen eine typisch fernsehgerechte Haltung, wie sie heute gepflegt wird, wenn zum Abendessen die Katastrophe am anderen Ende der Welt interessiert beschaut und alsbald mit bekundetem Mitgefühl oder leichtem Nervenkitzel weggezappt oder schon ganz vergessen ist. Sie besagt: Es geht mich nichts an – und in der Tat geht den Zuschauer der gezeigte Schrecken in der Regel tatsächlich nichts an –, aber ein wohliger Schauer und Unterhaltung für eine Viertelstunde sind garantiert „Fernsehen, Radio und Printmedien kultivieren ein unbetroffenes Miterleben der Weltereignisse, also prinzipielle Zugänglichkeit vor allem bei technisch sichergestellter Passivität des Zuschauers Sensationslust. Neugier und die Lust an der Entlarvung sind hier auf Dauer gestellt" (Bolz 2001, S. 208). Hoddis' Weltende verdeutlicht eine ähnliche Medienrezeption hier der Zeitung, die schon damals offenbar nicht wirklich mehr gelesen, sondern nach Sensationen flüchtig durchblättert wurde, und es blieb – was auch immer – hängen, was die Aufmerksamkeit für den Augenblick erregte und dann – wie im Gedicht – eklektisch zu Zeilen gefügt wurde. Die „zerstreute Aufmerksamkeit" Benjamins, die dieser am Beispiel der Rezeption von Fotografie und Film herausarbeitete und als in der Zeit sich Weg bahnende, allgemeine Rezeptionsform 1936 nachzeichnete, wird in der lyrischen Verarbeitung dokumentiert. „Das Publikum ist ein Examinator, doch ein zerstreuter" (Benjamin 1977, S. 41).
Die Verniedlichungen „hupfen" etc. von van Hoddis mögen dann auch im Kontext des Halley'schen Kometen zu lesen sein, der seinerzeit die Zeitungen mit hysterischen Untergangsszenarien füllte und dem Publikum den täglichen Lesestoff bescherte, an dem man sich leicht gruselnd erfreuen konnte. Verschiedene Interpretationen zum „Weltende" spielen explizit auf dieses Ereignis an, was ja im Grunde kein des Menschen Leben wirklich berührendes Ereignis war, sondern nur ein fantasieanreichernder Blickfang. Der Konjunktiv und die Vorsicht, mit der Hypothesen in diesem Zusammenhang formuliert werden (vgl. Hoffmann 2001, S. 297), sind obligatorisch. Man bewegt sich also bei der Interpretation dieses Gedichtes stets eher im Reich der Spekulation, weniger im Bereich der wirklich begründeten Argumentation.

Nach Behandlung dieses Gedichtes bietet es sich an, in Form eines Vergleiches das mit dem gleichen Titel versehene Gedicht von Else Lasker-Schüler anzusprechen.

**Weltende**

- „Geschrei“ (V. 2)
- „Dachdecker stürzen ab“ (V. 3)
- „Flut“ (V. 4)
- „Sturm“ (V. 5)
- „wilden Meere“ (V. 5)
- herabfallende Eisenbahnen (V. 8)

⇓

**Katastrophe**

- spitzer Kopf des Bürgers (V. 1), Deformation
- „Dachdecker [...] gehn entzwei“ (V. 3), Verdinglichung
- „Meere hupfen“ (V. 5), Personifikation

⇓

**Banalitäten**

**Ironische Brechung**

## Else Lasker-Schüler: Weltende (Arbeitsblatt 25, S. 78)

- *Arbeiten Sie die inhaltlichen und formal-ästhetischen Unterschiede zwischen den gleichnamigen Gedichten (van Hoddis und Lasker-Schüler) heraus.*
- *Von welchem der beiden Gedichte fühlen Sie sich persönlich eher angesprochen? Begründen Sie Ihre Entscheidung.*
- *Erörtern Sie das Gedicht im Fokus des Nihilismus. Ziehen Sie in diesem Zusammenhang das Arbeitsblatt „Nietzsche: Nihilismus“ (S. 79) heran.*

„Während van Hoddis die befreiende Wirkung hervorhebt, die sich aus dem Untergang der alten Strukturen – der als Voraussetzung für die Etablierung neuer Strukturen erscheint – ergeben könnte, stellt Lasker-Schülers Gedicht das Gefühl der Erstarrung (des „bleiernen Schattens“, der auf dem Leben „lastet“, V. 3/4) in den Vordergrund, das der Eindruck der Unüberwindbarkeit des Bestehenden in vielen Dichtern der Zeit ausgelöst hatte.
Die Verse entfalten sich vor dem Hintergrund eines doppelten Gestorbenseins, das sich zum einen aus dem Tod Gottes (vgl. V. 2) – d.h. aus dem Verlust der alten Orientierungsmuster – und zum anderen aus der Unfähigkeit der Menschen, neue Sinnstrukturen zu schaffen, ergibt. Das insgesamt viermal (vgl. V. 2, 4, 7 und 10) angesprochene Gefühl des Gestorbenseins erscheint dementsprechend in Strophe 1 in dem Niedergang der alten Deutungsmuster begründet, während es sich in der zweiten Strophe auf die gegenwärtige Erstarrung des Lebens und in der letzten Strophe schließlich auf die Zukunft bezieht. Hierin lässt sich auch ein möglicher dialektischer Umschlag des Motivs sehen, da das „Sterben“ an der *„Sehnsucht“* nach einer besseren Welt ja auch in dem Sinne verstanden werden kann, dass das Alte überwunden wird, um das Neue entstehen zu lassen. Darauf verweist auch der *„tiefe“* Kuss in Vers 8, der auf die expressionistische Hoffnung auf eine „tiefere“, wesenhaftere Verbindung der Menschen miteinander vorausdeutet. Als emotionale „Grundfarbe“ des Gedichts erweist sich jedoch zweifellos das melancholische Gefühl von Niedergang und Ausweglosigkeit, dem eine in ihrem Ziel unbestimmte Sehnsucht entgegengesetzt wird. Dagegen deutet sich in van Hoddis’ Gedicht bereits der später von den Dadaisten aufgegriffene revolutionäre Schwung und Umgestaltungswille an. Dies macht auch die euphorisierende Wirkung verständlich, die seinerzeit in expressionistischen Kreisen von diesen Versen ausging (Hoffmann 2001, S. 298).

**Else Lasker-Schüler: Weltende**

| | |
|---|---|
| • „liebe Gott gestorben wär“ (V. 2)<br>• „lastet grabesschwer“ (V. 4)<br>• „wie in Särgen“ (V. 7)<br>• „wir sterben müssen“ (V. 10) | 1. Strophe „Es“ (V. 1)<br>2. Strophe „wir“ (V. 5)<br>3. Strophe „Du“ (V. 8) |
| ⇓ | ⇓ |
| Metapher des Todes<br>Verlust metaphysischer Heimstatt<br>Orientierungslosigkeit, Niedergang | Engführung vom unpersönlichen Subjekt zur persönlichen Ansprache<br>Orientierung in dieser Welt<br>unbestimmte Sehnsucht |

Der Konjunktiv, „als ob der liebe Gott gestorben wär“ (V. 2), wird im Zuge des Gedichtes zunehmend aufgehoben, indem die Orientierung fort von Metaphysik hin zum „Du“, zum fasslichen Gegenüber, gelenkt wird. Die Sinnlosigkeit des Daseins, von dem Nietzsche spricht, nachdem die Gottesvorstellung samt ihres Wertekosmos sich als schön erfundene Illusion herauskristallisiert hat, kann nur durch ein Leben in dieser Welt aufgehoben werden. Es bleibt aber gleichwohl die Sehnsucht nach einer metaphysischen Heimstatt. Das „Du“ ist ein Trost, das die Sinnlosigkeit, Nietzsches „Umsonst“, nicht mit neuem Sinn zu füllen versteht.

## Zu Friedrich Nietzsche: Nihilismus (Arbeitsblatt 26, S. 78)

Das Arbeitsblatt 26, „Nietzsche: Nihilismus“, sollte, was gleichermaßen für die Arbeitsblätter 27 und 28 gilt, im Kontext einer Gedichtinterpretation behandelt werden. Insbesondere die Arbeitsblätter 22 und 23 zu Gottfried Benn, aber auch die Arbeitsblätter 24 und 25 bieten sich an, den Nihilismus aufzuarbeiten. Als Sozialform wird Einzelarbeit vorgeschlagen. Ein mögliches Tafelbild zur ersten Aufgabe (Gegenüberstellung von Moral und Nihilismus) könnte wie folgt aussehen:

| Moral | Nihilismus |
|---|---|
| • erscheint gottgegeben, weist daraus abgeleitet dem Menschen Wert zu.<br>• ermöglicht, den Gedanken der Vollkommenheit in einer leidvollen Welt zu pflegen. Das Leid macht sogar „Sinn“, ist Prüfstein.<br>• orientiert sich am Menschen und setzt den menschlichen Maßstab absolut.<br>• gebietet Orientierung und Halt, auch wenn Menschen Fehler begehen.<br>• gibt dem Menschen trotz seiner fehlerhaften Natur Selbstachtung. | • offenbart, dass die Welt der Moral nicht gottgegeben ist, sondern eine menschliche Geschichte hat; Verlust der Transzendenz, die Moral legitimiert, und damit Verlust der Wahrhaftigkeit.<br>• offenbart, dass Moralgebote aus menschlichen Bedürfnissen geboren sind, obwohl diesen Bedürfnissen an göttlicher Orientierung gelegen ist; Folge: unauflöslicher Antagonismus.<br>• Das Leben erscheint ohne Sinn. |

Die Ergebnisse von Aufgabe 1 des Arbeitsblattes 26, „Nietzsche: Nihilismus", werden im Tafelbild gesammelt. Die weiteren Aufgaben werden sukzessiv im Unterrichtsgespräch behandelt, wobei verschiedene Definitionen zum Nihilismus ebenfalls an der Tafel festgehalten werden.

Die Aufgabe, eine Definition zum Nihilismus zu geben, ist in der Regel recht leicht zu erarbeiten und Definitionen von Schülerinnen und Schülern sind weitgehend ähnlich formuliert. Der Weltenlauf ist ohne Sinn, kein Wert ist an einer göttlichen Autorität orientiert, sondern jeder Wert ein selbst gemachter.

Dass die Wahrhaftigkeit Zögling der Moral ist und dieser zugleich dabei den Todesstoß versetzte, ist leicht einzusehen, wenn an die unermüdlichen Bestrebungen in der christlichen und philosophischen Tradition gedacht ist, die Bibel „wahrhaftig" auszulegen, im Raum scholastischen Denkens die Vernunft zu privilegieren und/oder den Gottesbeweis zu führen. Gerade über die Auseinandersetzung mit dem letzten Punkt hat ja Descartes die Prinzipien wissenschaftlichen Arbeitens mit der Zielrichtung, wahrheitsgemäß und zweifelsfrei zu operieren, auf den Weg gebracht. Über den Weg, den Zweifel auszuräumen und den wahren Kern freizulegen, sind göttliche Autorität und gottgegebene Moralität zunehmend zweifelhaft geworden. Das grundsätzliche menschliche Bedürfnis nach Orientierung, Halt und nach nicht mehr zu hinterfragenden Gewissheiten, angelehnt an eine transzendente Größe, hat unbewusst schöpferisch, konstruktiv die Idee Gott erst in Szene gesetzt, sodass das Bedürfnis Befriedigung erfahren konnte. Die Wahrheiten der Moral sind interessengeleitete, in diesem menschlichen Bedürfnis gründende Wahrheiten; ihr Richtmaß ist nicht Gott, sondern das Bedürfnis, an diesen zu glauben. Daher gründet der Glaube eigentlich im unwahren menschlich Ambivalenten.

## Zum Text von Silvio Vietta: Gesellschaft im Umbruch (Arbeitsblatt 27, S. 79)

Stichworte für die Kernthesen des Textes von Vietta dürften lauten: Ich-Dissoziation und Verdinglichung des Menschen ...

- als Folge einer Großstadtwelt mit ihren Anonymisierungstendenzen,
- als Folge einer zunehmend medial vermittelten Wirklichkeit mit ihrer Überfülle an Information,
- als Folge der Industrialisierung und modernen Wirtschaftswelt, die Geldflüsse und Optimierung von Arbeitsprozessen mehr interessiert als das menschliche Einzelschicksal,
- als Folge von sich rasant verändernden Lebensbedingungen (Unvereinbarkeit von Land- und Stadtleben) und der Auflösung von gewachsenen Gemeinschaftsstrukturen,
- als Folge einer Grundhaltung, die aus dem Geist des Nihilismus geboren ist.

## Zum Text von Pinthus: Die Überfülle des Erlebens (Arbeitsblatt 29, S. 81)

Maßgeblich verantwortlich für die beschriebenen Veränderungen waren die Dampfmaschine und die Elektrizität. Die Dampfmaschine selber wird nicht explizit angeführt, sollte aber (Lehrerinformation) mit im Tafelbild erscheinen.

## Technologische Umwälzungen

| damals | heute |
| --- | --- |
| **Ursache:** „Maschinen erobern unsere Planetenkruste“ (Pinthus)<br>• Elektrizität, Dampfmaschine<br>• Verkehrsformen: Eisenbahn, Autos, Luftschiffe, Flugzeuge, Schnelldampfer<br>• Kommunikations- und Unterhaltungsmedien: Telefon, bunte Reklamewelten<br>• Kino, Radio, Grammofon, Funktelegrafie | **Ursache:** Computer erobern unsere Welt.<br>• Digitalität<br>• Verkehrsformen: ...<br>• Kommunikations-, Informations- und Unterhaltungsmedien: ... |
| **Wirkung:** Das Menschenmaß hat ausgedient.<br>• Schnelllebigkeit<br>• pulsierende Vielfalt<br>• Informationsüberflutung | **Wirkung:**<br>• ... |

Notizen

# George Grosz: Untitled (1920)

- *Beschreiben Sie das Bild und die einzelnen Bildelemente und geben Sie die Atmosphäre wieder.*
- *Geben Sie dem Bild einen Titel. Begründen Sie Ihre Wahl.*
- *Begeben Sie sich in das Bild. Welche Wahrnehmungen machen Sie, was denken und empfinden Sie?*

# Jacob Steinhardt: Die Stadt (1913)

- *Beschreiben Sie das Bild und die einzelnen Bildelemente und geben Sie die Atmosphäre wieder.*
- *Geben Sie dem Bild einen Titel. Begründen Sie Ihre Wahl.*
- *Versetzen Sie sich in eine der Personen, formulieren Sie, was sie denkt und fühlt.*

# Ludwig Meidner: Ich und die Stadt (1913)

- *Beschreiben Sie das Bild und die einzelnen Bildelemente und geben Sie die Atmosphäre wieder.*
- *Geben Sie dem Bild einen Titel. Begründen Sie Ihre Wahl.*
- *Versetzen Sie sich in die Person, formulieren Sie, was sie denkt und fühlt.*

# Großstadtgedicht – verzettelt

... weine.

Steht ein jeder fern und fühlt: ...
Vers 14

... Haut,

Fenster beieinander, drängend ...
Vers 2

... befragt.

Grau geschwollen wie Gewürgte ...

Ineinander, ohne Scheu ...

ALFRED WOLFENSTEIN

Dicht wie Löcher eines Siebes ...

... hineingehakt

... Straßen

Unser Flüstern, Denken ... wird ...

Sitzen in den Trams die zwei ...
Vers 6

Leute, ihre nahen Blicke ...

– Und wie still in dick verschlossner ...

Dass ein jeder teilnimmt, wenn ich ...

... stehn

... Gegröle ...

... fassen

STÄDTER (1914)

... alleine.

... baden

... sehn.

Ineinander dicht ...

... ungeschaut

Unsre Wände sind so dünn wie ...
Vers 9

Ganz unangerührt und ...

Häuser sich so dicht an, dass die ...

... Fassaden

... Höhle

- *Dieses Gedicht besteht aus 14 Versen (2 Strophen à 4 Verse und 2 Strophen à 3 Verse). Schneiden Sie die Einzelteile aus und bringen Sie sie in eine nachvollziehbare Ordnung.*
- *Das letzte Wort eines jeden Verses ist abgetrennt und muss zudem durch ein entsprechendes Teilstück ergänzt werden.*
- *Tipp: Ob ein Anschluss am Anfang oder Ende gefunden werden muss, ist durch die Auslassungspunkte markiert (XXXXXX ... – ... XXX).*

# Alfred Wolfenstein: Städter (1914)

Dicht wie Löcher eines Siebes stehn
Fenster beieinander, drängend fassen
Häuser sich so dicht an, dass die Straßen
Grau geschwollen wie Gewürgte sehn.

Ineinander dicht hineingehakt
Sitzen in den Trams die zwei Fassaden
Leute, ihre nahen Blicke baden
Ineinander, ohne Scheu befragt.

Unsre Wände sind so dünn wie Haut,
Dass ein jeder teilnimmt, wenn ich weine.
Unser Flüstern, Denken ... wird Gegröle ...

– Und wie still in dick verschlossner Höhle
Ganz unangerührt und ungeschaut
Steht ein jeder fern und fühlt: alleine.

Aus: Silvio Vietta (Hg.): Lyrik des Expressionismus. Tübingen: Niemeyer $^{3}$1990, S. 46

Jacob Steinhardt: Die Stadt (1913)

1883 wurde Alfred Wolfenstein in Halle an der Saale geboren. Sein Studium in Berlin, wo er auch seine Jugendjahre verlebte, beendete er mit der Promotion. Von 1912 an veröffentlichte er Gedichte und Kritiken in der Zeitschrift „Sturm“. Über München und nach seiner Emigration nach Prag im Jahre 1933 kam er 1938 nach Paris. Nach kurzer Gefangenschaft durch die Deutschen lebte er fortan unter falschem Namen und befand sich ständig auf der Flucht. Anfang 1945 nahm er sich krank und nervlich zerrüttet in Paris das Leben.

Alfred Wolfenstein, gezeichnet von Ludwig Meidner

- *Geben Sie von jeder Strophe den Inhalt wieder und jeder Strophe eine eigene Überschrift.*
- *Arbeiten Sie heraus, mit welchen Ausdrücken die Stadt einerseits und die Menschen in der Stadt andererseits beschrieben werden.*
- *Beurteilen Sie, wie Stadt und Menschen jeweils dem Leser erscheinen.*
- *Das Los der Menschen und die Stadt scheinen symbiotisch verflochten. Arbeiten Sie mithilfe Ihrer Ergebnisse eine begründete Hypothese für die Darstellung der einen (Stadt) wie der anderen Seite (Menschen) heraus.*
- *Stellen Sie sich vor, Sie leben hinter der „dünnen Haut“. Schreiben Sie Ihre Gefühle und Gedanken nieder.*

# Georg Trakl: An die Verstummten; Vorstadt im Föhn

## An die Verstummten (1913/14)

O, der Wahnsinn der großen Stadt, da am Abend
An schwarzer Mauer verkrüppelte Bäume starren,
Aus silberner Maske der Geist des Bösen schaut;
Licht mit magnetischer Geißel die steinerne Nacht verdrängt.
O, das versunkene Läuten der Abendglocken.

Hure, die in eisigen Schauern ein totes Kindlein gebärt.
Rasend peitscht Gottes Zorn die Stirne des Besessenen,
Purpurne Seuche, Hunger, der grüne Augen zerbricht.
O, das grässliche Lachen des Golds.

Aber stille blutet in dunkler Höhle stummere Menschheit,
Fügt aus harten Metallen das erlösende Haupt.

## Vorstadt im Föhn (1911/12)

Am Abend liegt die Stätte öd und braun,
Die Luft von gräulichem Gestank durchzogen.
Das Donnern eines Zugs vom Brückenbogen –
Und Spatzen flattern über Busch und Zaun.

Geduckte Hütten, Pfade wirr verstreut,
In Gärten Durcheinander und Bewegung,
Bisweilen schwillt Geheul aus dumpfer Regung,
In einer Kinderschar fliegt rot ein Kleid.

Am Kehricht pfeift verliebt ein Rattenchor.
In Körben tragen Frauen Eingeweide,
Ein ekelhafter Zug voll Schmutz und Räude,
Kommen sie aus der Dämmerung hervor.

Und ein Kanal speit plötzlich feistes Blut
Vom Schlachthaus in den stillen Fluss hinunter,
Die Föhne färben karge Stauden bunter
Und langsam kriecht die Röte in die Flut.

Ein Flüstern, das in trübem Schlaf ertrinkt.
Gebilde gaukeln auf aus Wassergräben,
Vielleicht Erinnerung an ein früheres Leben,
Die mit den warmen Winden steigt und sinkt.

Aus Wolken tauchen schimmernde Alleen,
Erfüllt von schönen Wägen, kühnen Reitern.
Dann sieht man auch ein Schiff auf Klippen scheitern
Und manchmal rosenfarbene Moscheen.

Beide Gedichte aus: Silvio Vietta (Hg.): Lyrik des Expressionismus. Tübingen: Niemeyer 1990, S. 67

## Georg Trakl

Am 3.2.1887 in Salzburg als Sohn eines Eisenhändlers geboren. 1897 Einschulung in das humanistische Staatsgymnasium in Salzburg, das Trakl jedoch wegen ungenügender Leistungen in den Fächern Latein, Griechisch, Mathematik 1905 verlassen musste. […] Nach dem Abbruch der Gymnasialzeit begann Trakl eine Apothekerlehre und studierte, nach einer dreijährigen Praktikantenzeit, 1908 – 1910 Pharmazie in Wien. Im Herbst 1910 trat er als Einjähriger in die k.u.k. Sanitätsabteilung ein und diente 1912 im Garnisonsspital in Innsbruck, wo er Ludwig von Ficker, den Herausgeber der Zeitschrift „Der Brenner" kennenlernte, seinen wohl wichtigsten Förderer. […] Schon seit seinem Pharmaziestudium war Trakl an den Drogengenuss gewöhnt gewesen und geriet nun, unfähig einen bürgerlich geregelten Lebensstil zu finden und häufig von Depressionen heimgesucht, in zunehmende Abhängigkeit von Alkohol und Drogen. Bei Kriegsausbruch rückte Trakl mit einer Sanitätskolonne nach Galizien ein. Nach der Schlacht von Grodek musste er, ohne nennenswerte Hilfe leisten zu können, neunzig Schwerverwundete in einer Scheune betreuen. Sein Selbstmordversuch wurde zunächst vereitelt. Zur Überprüfung seines Geisteszustandes in das Garnisonsspital von Krakau eingeliefert, starb Trakl an einer Überdosis Kokain.

Ebd., S. 271

- *Das erste Gedicht gleicht einer einzigen Anklage. Übersetzen Sie die Bilder in konkrete Sachverhalte und Anklagepunkte.*
- *Das „Aber" in Zeile 10 signalisiert Hoffnung. Worin gründet diese?*
- *Vergleichen Sie die beiden Gedichte und arbeiten Sie Gemeinsamkeiten und Unterschiede heraus.*

# Georg Heym: Der Gott der Stadt (1910)

Auf einem Häuserblocke sitzt er breit.
Die Winde lagern schwarz um seine Stirn.
Er schaut voll Wut, wo fern in Einsamkeit
Die letzten Häuser in das Land verirrn.

Vom Abend glänzt der rote Bauch dem Baal[1],
Die großen Städte knien um ihn her.
Der Kirchenglocken ungeheure Zahl
Wogt auf zu ihm aus schwarzer Türme Meer.

Wie Korybanten-Tanz[2] dröhnt die Musik
Der Millionen durch die Straßen laut.
Der Schlote Rauch, die Wolken der Fabrik
Ziehn auf zu ihm, wie Duft von Weihrauch blaut.

Das Wetter schwelt in seinen Augenbrauen.
Der dunkle Abend wird in Nacht betäubt.
Die Stürme flattern, die wie Geier schauen
Von seinem Haupthaar, das im Zorne sträubt.

Er streckt ins Dunkel seine Fleischerfaust.
Er schüttelt sie. Ein Meer von Feuer jagt
Durch eine Straße. Und der Glutqualm braust
Und frisst sie auf, bis spät der Morgen tagt.

Aus: Georg Heym: Dichtungen. Stuttgart: Reclam 1969

Federzeichnung von Heinrich Kley (1909)

Georg Heym

**Georg Heym** wurde am 30.10.1887 in Hirschberg, Schlesien, geboren. In seinem Wesen prägte sich früh Abneigung, ja Hass gegen Traditionen und Konventionen jedweder Art aus. [...] Widerwillig studierte er Jura in Würzburg, Jena und Berlin, widerwillig unterwarf er sich der unmittelbaren Berufsvorbereitung als Gerichtsreferendar. Er fühlte sich als Dichter berufen. Seine Vorbilder waren Kleist, Hölderlin, Büchner, vor allem aber die französischen Symbolisten Rimbaud und Baudelaire. Er wandte sich neuen Themen zu und bediente sich ungewöhnlicher, kühner Metaphern. Seine radikal negierende Grundeinstellung ließ ihn immer neue Visionen einer von Katastrophen bestimmten Welt hervorbringen. [...] In Berlin schloss sich Heym einem Kreis junger, fortschrittlicher Literaten („Neuer Club") an, die ihn entschieden förderten. [...] Am 16.1.1912 kam Heym bei dem Versuch, einem beim Schlittschuhlaufen eingebrochenen Freund zu helfen, ums Leben.

Aus: Kurt Pinthus, „Menschheitsdämmerung. Ein Dokument des Expressionismus".  S. 42 und 318

- *Was für ein Bild von Stadt wird hier gezeichnet?*
- *Erarbeiten Sie die „Beziehung" zwischen den Städten und „Baal". Berücksichtigen Sie in diesem Zusammenhang auch das Bild von Kley.*
- *Analysieren Sie die Funktion der Farbadjektive.*
- *Erarbeiten Sie eine Hypothese für die am Ende geschilderte Katastrophe.*

1 Bezeichnung vieler syrisch-palästinensischer Götter. Hier Bezeichnung eines seminitischen Sturm- und Fruchtbarkeitsgottes. Durch Menschenopfer versuchte man, Baal gnädig zu stimmen.

2 In der griechischen Mythologie Vegetationsdämone und orgiastische Ritualtänzer aus dem Gefolge der Kybele (Spenderin von Leben und Fruchtbarkeit, daher auch als Große Mutter der Natur, der Götter, Menschen und Tiere verehrt).

# Georg Heym: Die Stadt (1911)

Sehr weit ist diese Nacht. Und Wolkenschein
Zerreißet vor des Mondes Untergang.
Und tausend Fenster stehn die Nacht entlang
Und blinzeln mit den Lidern, rot und klein.

Wie Aderwerk gehn Straßen durch die Stadt,
Unzählig Menschen schwemmen aus und ein.
Und ewig stumpfer Ton von stumpfem Sein
Eintönig kommt heraus in Stille matt.

Gebären, Tod, gewirktes Einerlei,
Lallen der Wehen, langer Sterbeschrei,
Im blinden Wechsel geht es dumpf vorbei.

Und Schein und Feuer, Fackeln rot und Brand,
Die drohn im Weiten mit gezückter Hand
Und scheinen hoch von dunkler Wolkenwand.

Aus: Georg Heym: Das lyrische Werk. München 1977

Georg Heym, Scherenschnitt von Ernst Moritz Engert

„Nahezu ausnahmslos entstammten die jungen Gewitterkundler des literarischen Expressionismus jenem [...] Mittelstand, für die Entfremdung eigentlich gar kein Thema war und die wieder und wieder angezeigte Depersonalisation noch nicht einmal vom Hörensagen her hätten kennen dürfen."

Aus: Peter Rühmkorf: Expressionistische Gedichte. Berlin: Wagenbach 1976

„Mein Gott – ich ersticke noch mit meinem brachliegenden Enthusiasmus in dieser banalen Zeit. Denn ich bedarf gewaltiger äußerer Emotionen, um glücklich zu sein. Ich sehe mich in meinen wachen Fantasien immer als ein Danton[1], oder einen Mann auf der Barrikade, ohne meine Jakobinermütze[2] kann ich mich eigentlich gar nicht denken. Ich hoffe jetzt wenigstens auf einen Krieg. Auch das ist nichts."

Georg Heym – Tagebucheintrag (1911)

„Es ist immer das Gleiche, so langweilig, langweilig, langweilig. Es geschieht nichts, nichts, nichts. Wenn doch einmal was geschehen wollte, was nicht diesen faden Geschmack von Alltäglichkeit hinterlässt. Würden einmal wieder Barrikaden gebaut. Ich wäre der Erste, der sich darauf stellte, ich wollte noch mit der Kugel im Herzen den Rausch der Begeisterung spüren. Oder sei es auch nur, dass man einen Krieg begänne, er kann ungerecht sein."

Georg Heym – Tagebucheintrag (1910)

Beide Tagebucheinträge zitiert nach: Thomas Anz: Literatur des Expressionismus. Stuttgart: Metzler 2002, S. 134

- *Wir schreiben das Jahr 1912. Sie sitzen am späten Abend im Café und warten auf Ihre Freunde. Vor Ihnen liegt Gebäck, ein Kaffee dampft, die flüchtig studierte Zeitung liegt zerfleddert auf dem Nachbarstuhl. Schon seit dem Vormittag sitzen Sie hier, lesend, hin und wieder den Blick wandern lassend, das Treiben im und vor dem Café beobachtend. Schreiben Sie eine Tagebuchaufzeichnung, die die Bilder des Gedichtes in Prosa übersetzt.*
- *Setzen Sie die Tagebuchaufzeichnung von Heym in Beziehung zum Inhalt des Gedichtes.*
- *Lassen Sie das Aderwerk Straße und die klein und rot blinzelnden Fenster zu Wort kommen und diese ein Gespräch darüber führen, was sie tagtäglich erleben.*

1 einer der maßgeblichen Anführer in der Französischen Revolution
2 in der Französischen Revolution getragene rote Mütze, diente als Freiheitssymbol

# Oskar Loerke: Blauer Abend in Berlin (1911)

Der Himmel fließt in steinernen Kanälen;
Denn zu Kanälen steilrecht ausgehauen
Sind alle Straßen, voll vom Himmelblauen.
Und Kuppeln gleichen Bojen, Schlote Pfählen

Im Wasser. Schwarze Essendämpfe schwelen
Und sind wie Wasserpflanzen anzuschauen.
Die Leben, die sich ganz am Grunde stauen,
Beginnen sacht vom Himmel zu erzählen,

Gemengt, entwirrt nach blauen Melodien.
Wie eines Wassers Bodensatz und Tand
Regt sie des Wassers Wille und Verstand

Im Dünen, Kommen, Gehen, Gleiten, Ziehen.
Die Menschen sind wie grober bunter Sand
Im linden Spiel der großen Wellenhand.

Aus: Oskar Loerke: Die Gedichte. 

**Oskar Loerke** „wuchs in Graudenz auf, studierte in Berlin und wurde freier Schriftsteller und Verlagslektor. Seit 1907 schrieb er Romane über sonderbare Menschen, etwa im Stil des frühen Hesse oder Emil Strauß. Loerkes Gedichte beruhen auf dem Monismus. Die Welt ist ein großes Du, mit dem das Ich sich im künstlerisch inspirierten Zuschauen vereinigt, was in melancholischer Stimmung geschieht."

Aus: Herbert Lehnert: Geschichte der deutschen Literatur vom Jugendstil bis zum Expressionismus. Stuttgart: Reclam 1978, S. 725

Oskar Loerke

- *Welchen Bereichen entstammen die Vergleiche?*
- *Welche Wirkung wird durch den gewählten bildhaften Vergleich verstärkt bzw. welche Interpretationsthese wird verstärkt?*
- *Erstellen Sie eine Mindmap zum Thema „Abend in der Großstadt der Gegenwart". Untersuchen Sie Ihre Mindmap auf ein zentrales Vergleichsmotiv, das sich aus der Summe der Einzelfacetten ableiten lässt, oder arbeiten Sie ein solches heraus.*

- *Schreiben Sie anschließend – unter Zuhilfenahme Ihrer Gliederung – ein Gedicht, das auf Ihrem zentralen Vergleichsbild aufbaut.*

# Paul Boldt: Auf der Terrasse des Café Josty (1912)

Der Potsdamer Platz in ewigem Gebrüll
Vergletschert alle hallenden Lawinen
Der Straßentrakte: Trams auf Eisenschienen,
Automobile und Menschenmüll.

Die Menschen rinnen über den Asphalt,
Ameisenemsig, wie Eidechsen flink.
Stirne und Hände, von Gedanken blink,
Schwimmen wie Sonnenlicht durch dunklen Wald.

Nachtregen hüllt den Platz in eine Höhle,
Wo Fledermäuse, weiß, mit Flügeln schlagen
Und lila Quallen liegen – bunte Öle;

Die mehren sich, zerschnitten von den Wagen. –
Aufspritzt Berlin, des Tages glitzernd Nest,
Vom Rausch der Nacht wie Eiter einer Pest.

Aus: Silvio Vietta (Hg.): Lyrik des Expressionismus. Tübingen: Niemeyer 1990, S. 53

Über Paul Boldts Leben ist wenig bekannt. Er wurde 1886 in Ostpreußen geboren, lebte offenbar längere Zeit in Berlin und starb vermutlich 1918/19. Boldt gehört zu den rätselhaften Figuren des Frühexpressionismus. Er zählte zu den engsten Mitarbeitern Pfemferts[1]: der von Paul Raabe herausgegebene Index verzeichnet 74 Gedichtpublikationen in der „Aktion". Obwohl ihm einige gute Gedichte [...] gelangen, ist Boldt auch in der Forschung bisher wenig beachtet worden.

Aus: Silvio Vietta (Hg.): Lyrik des Expressionismus. Tübingen: Niemeyer 1990, S. 253

- *Versuchen Sie, das Bild von Stadt, das Boldt hier einfängt – möglichst mit einem Foto, ggf. einer kleiner Fotoserie, das/die Sie anfertigen, oder alternativ dazu mit einer Fotomontage, aus vorgefundenem Material einzufangen.*
- *Mögliche Alternative: Fertigen Sie eine Zeichnung an, die dem Bild von Stadt im Sinne Boldts entspricht.*
- *Lassen Sie eine Mitschülerin/einen Mitschüler die Stimmung Ihres Fotos, Ihrer Montage oder Ihres Bildes beschreiben.*
- *Schreiben Sie eine Begründung, worin Sie die Nähe Ihres Produktes zum Gedicht ausgedrückt sehen. (Siehe auch Paul Boldt-Archiv: www.paul-boldt.de)*

[1] Franz Pfemfert (1879 – 1954): Herausgeber der Zeitschrift „Die Aktion", die 1911 gegründet wurde. Engagierte sich sehr für moderne Literatur zum einen und in der Politik zum anderen. Die politischen Verhältnisse wurden in der Zeitschrift sehr kritisch verfolgt und kommentiert.

# Paul Zech: Fabrikstraße tags (1911)

Nichts als Mauern. Ohne Gras und Glas
zieht die Straße den gescheckten Gurt
der Fassaden. Keine Bahnspur surrt.
Immer glänzt das Pflaster wassernass.

Streift ein Mensch dich, trifft sein Blick dich kalt
bis ins Mark; die harten Schritte haun
Feuer aus dem turmhoch steilen Zaun,
noch sein kurzes Atmen wolkt geballt.

Keine Zuchthauszelle klemmt
in ein Eis das Denken wie dies Gehn
zwischen Mauern, die nur sich besehn.

Trägst du Purpur oder Büßerhemd -:
immer drückt mit riesigem Gewicht
Gottes Bannfluch: uhrenlose Schicht.

Aus: Kurt Pinthus (Hg.): Menschheitsdämmerung. Ein Dokument des Expressionismus. © 1955 by Rowohlt Taschenbuch Verlag GmbH, Reinbek bei Hamburg

Paul Zech, Zeichnung von Ludwig Meidner

Die Fabrik hat auf revolutionäre Weise das Verhältnis des Menschen zur Zeit geändert. In der vorindustriellen Zeit gilt die naturale Zeit: Tages- und Jahrszeiten, Wetter und ‚natürliche' Aufgaben: die Ernte, das Melken der Kühe, das Bewachen des Kohlenmeilers gliedern sie, geben ihr einen Rhythmus. [...] Das Vordringen der Uhr in der frühen Neuzeit [...] sind Anzeichen für eine Änderung. Aber es ist die Maschine, die eine neue Zeit schafft. Sie läuft regelmäßig, sie erfordert Teilung und Synchronisation, [...]. [...] Arbeitszeit wird etwas ganz anderes als gelebte Zeit. Die Zeit wird rationalisiert – in der Fabrik [...]. Solche neue Zeitdisziplin – die von der Fabrik, vom Büro, der Schule aus die ganze Welt durchdringt – hat den Menschen verändert. Die Fabrikarbeit impliziert [...] eine Teilung der Arbeit und gleichzeitig ihre Synchronisation; der Arbeitsgang des Einzelnen und das Produkt, das Ergebnis des gesamten Prozesses, werden voneinander getrennt, und man vermutet, dass diese Ablösung des Arbeiters von dem sichtbaren Werk, dem Endprodukt, einen Verlust an Befriedigung, eine Entfremdung im Verhältnis von Mensch, Arbeit und Werk bedeutet. [...] Diese Ersetzbarkeit des Arbeiters, die Entpersonalisierung der Arbeit sind eine neue Arbeitswirklichkeit, eine neue Erfahrung.

Aus: Thomas Nipperdey: Die Fabrikarbeit und der neue Umgang mit der Zeit. In: Wolfgang Piereth/Wolfram Siemann (Hg.): Das 19. Jahrhundert. Ein Lesebuch zur deutschen Geschichte. 1815–1918. München: Beck [2]1997, S. 312–315

- *Erstellen Sie eine Liste mit den Formulierungen und Bildern, mit denen die Stimmung ausgedrückt wird. Leiten Sie aus den Bildern eine Wirkungsabsicht ab.*
- *Erstellen Sie ein Standbild, das das Menschendasein in der Fabrik symbolisch spiegelt.*
- *Arbeiten Sie die zentralen Aussagen aus dem Text von Nipperdey heraus.*
- *Sammeln Sie im Internet Informationen zu Zechs Berufsleben sowie zur Arbeitswirklichkeit im beginnenden 20. Jahrhundert und setzen Sie diese in Beziehung zu Ihren Ergebnissen.*
- *Entscheiden Sie sich anschließend für eine der beiden folgenden Aufgaben:*
  - *Aufgabe A: Interpretieren Sie das Gedicht unter Berücksichtigung des vorgelegten Textausschnittes von Thomas Nipperdey.*
  - *Aufgabe B: Stellen Sie sich vor, Sie sind Arbeiter. Nehmen Sie die inhaltlichen Aussagen und Bildmotive von Gedicht und Text zum Anlass und schreiben Sie einen inneren Monolog.*

# Paul Zech: Pumpwerk (1922)

Der Dynamo, auf weißer Fliesen Haut geschraubt,
heult dumpf wie Brandung. An den Manometerskalen
vibrieren Zeiger, doppelzüngige Spiralen
von Zahl zu Zahl. Das Kolbenungeheuer schnaubt

durch Bäche Öl, tobt ichlos, wutgeschwellt
wie heiße Pantherläufe hinter einem Gitter.
Der Räderberge fernher schwingendes Gewitter
bläst auf den Pistons Nervenarien, blitzbegrellte.

... Winziger Mensch du, der den Hebel packt:
Der Kolben Anarchie mit einem Griff zu zähmen,
der Mühlen mahlendes Gewicht zu lähmen,

winziger Mensch: wie deine Lippen spielend
Gedanken ziehn das Luftreich zu durchkielen!
Du stöhnst! ... Tief tobt der Schacht, ein roter Katarakt.

Aus: Markus Krause: Poesie & Maschine. Köln: Kösler 1988, S. 83

Szenenbild aus dem Film „Metropolis"

In Briesen bei Thorn in Westpreußen ist er geboren, wuchs jedoch bei Verwandten in Elberfeld auf. Seine Schulausbildung schloss er nicht ab, sondern ging in den Bergbau, vielleicht, um Bauingenieur zu werden [...] Ehe und Familie, besonders die Verwandten seiner Frau, empfand er bald als Last und Hemmung seines dichterischen Talentes. Er schrieb zuerst Naturgedichte und plante Dramen. Seit 1911 verfasste er Gedichte und Novellen über die Arbeitswelt. Else Lasker-Schüler, mit der er in Verbindung stand, ermutigte ihn, nach Berlin überzusiedeln, was er 1912 tat. Als freier Mitarbeiter von Zeitungen schlug er sich durch. Er übersetzte aus dem Französischen. 1913 gab er mit anderen die Zeitschrift Das neue Pathos heraus. Er nahm am Weltkrieg teil, lebte dann wieder als Schriftsteller in Berlin. 1933 emigrierte er nach Südamerika, ob aus privaten oder politischen Gründen, ist umstritten. Er starb in Buenos Aires.

Aus: Herbert Lehnert: Geschichte der deutschen Literatur vom Jugendstil bis zum Expressionismus. Stuttgart: Reclam 1978, S. 720

Neben dem trivialen Plot steht, [...], die bildgewaltige Regieschöpfung Langs, seine und seiner Kameramänner und Architekten Visualisierungen einer utopischen Welt, die sicher teilweise geschmacklos und eklektisch [collagenhaft, patchworkmäßig zusammengesetzt; Anm. N.S.] sind [...], teils aber von großem und originalem ästhetischen Reiz im Zeichen einer letzten Nachwirkung des Expressionismus."

Aus: Günther Dahlke/Günter Karl (Hg.): Deutsche Spielfilme von den Anfängen bis 1933. Berlin: Henschel Verlag 1993, S. 144 f.

- *Vergleichen Sie das Gedicht von Zech mit Ihnen schon bekannten Gedichten aus dem Expressionismus und arbeiten Sie verwandte Aussagen sowie formale und sprachliche Ähnlichkeiten heraus.*
- *Informieren Sie sich über die Arbeitsbedingungen zu Beginn des 20. Jahrhunderts und setzen Sie diese in Beziehung zu den zentralen Aussagen des Gedichtes und zum Aussagegehalt des Szenenbildes.*
- *Untersuchen Sie das Szenenbild aus dem Film „Metropolis" auf mögliche expressionistische Anleihen.*
- *Ersinnen Sie einen Traum, in dem das Szenenbild eine Rolle spielt und in den Sie Wort- und Satzfragmente aus dem Gedicht integrieren.*

# Alfred Lichtenstein: Die Stadt (1913)

Ein weißer Vogel ist der große Himmel.
Hart unter ihn geduckt stiert eine Stadt.
Die Häuser sind halbtote alte Leute.

Griesgrämig glotzt ein dünner Droschkenschimmel.
Und Winde, magre Hunde, rennen matt.
An scharfen Ecken quietschen ihre Häute.

In einer Straße stöhnt ein Irrer: Du, ach, du –
Wenn ich dich endlich, o Geliebte, fände ...
Ein Haufen um ihn staunt und grinst voll Spott.

Drei kleine Menschen spielen Blindekuh –
Auf alles legt die grauen Puderhände
Der Nachmittag, ein sanft verweinter Gott.

Aus: Waltraud Wende (Hg.): Großstadtlyrik. Stuttgart: Reclam 1999, S. 84f.

Alfred Lichtenstein, Zeichnung von Max Oppenheimer

### Kurt Pinthus: Die Überfülle des Erlebens

Welch ein Trommelfeuer von bisher ungeahnten Ungeheuerlichkeiten prasselt seit einem Jahrzehnt auf unsere Nerven nieder! [...] Man male sich zum Vergleich nur aus, wie ein Zeitgenosse Goethes oder ein Mensch des Biedermeier seinen Tag in Stille verbrachte, und durch welche Mengen von Lärm, Erregungen, Anregungen heute jeder Durchschnittsmensch täglich sich durchzukämpfen hat, mit der Hin- und Rückfahrt zur Arbeitsstätte, mit dem gefährlichen Tumult der von Verkehrsmitteln wimmelnden Straßen, mit Telefon, Lichtreklame, tausendfachen Geräuschen und Aufmerksamkeitsablenkungen. Wer heute zwischen dreißig und vierzig Jahre alt ist, hat noch gesehen, wie die ersten elektrischen Bahnen zu fahren begannen, hat die ersten Autos erblickt, hat die jahrtausendelang für unmöglich gehaltene Eroberung der Luft in rascher Folge mitgemacht, hat die sich rapid übersteigernden Schnelligkeitsrekorde all dieser Entfernungsüberwinder, Eisenbahnen, Riesendampfer, Luftschiffe, Aeroplane miterlebt. ... Wie ungeheuer hat sich der Bewusstseinskreis jedes Einzelnen erweitert durch die Erschließung der Erdoberfläche und die neuen Mitteilungsmöglichkeiten: Schnellpresse, Kino, Radio, Grammofon, Funktelegrafie. Stimmen längst Verstorbener erklingen; Länder, die wir kaum dem Namen nach kennen, rauschen an uns vorbei, als ob wir selbst sie durchschweiften [...] Der Krieg begann sich über Erde, Luft und Wasser zu verbreiten, mit Vernichtungsmöglichkeiten, die die Fantasie auch der exzentrischsten Dichter zu ersinnen nicht imstande gewesen war. Unsere Heere überfluteten Europa; Dutzende von Millionen Menschen hungerten jahrelang; aus Siegesbewusstsein stürzten wir in Niederlage und Revolution; Kaiser, Könige und Fürsten wurden dutzendweise entthront. Wer soll noch durch Menschenunglück erschüttert werden, der erlebte, dass vier Millionen Menschen durch Menschenhand im Krieg umgebracht wurden? Die Länder erbebten von Attentaten und Revolten; politische und soziale Ideen, von denen unsere Großeltern noch nichts ahnten, wuchsen über die Menschheit und veränderten das Antlitz der Völker und der Erde. Das Geld, einziger Maßstab realen Besitzes, verlor seinen Wert und eroberte ihn wieder. Staatengebilde brachen zusammen [...] ... und Maschinen, Maschinen erobern unsere Planetenkruste. Zusammengeballt in zwei Jahrzehnte erlebten wir mehr als zwei Jahrtausende vor uns. Was haben wir noch zu erwarten, zu erleben? Vermögen wir uns noch zu wundern?

Aus: Silvio Vietta (Hg.): Lyrik des Expressionismus. Tübingen: Niemeyer 1990, S. 9

- *Arbeiten Sie die sprachlichen, stilistischen und formalen Mittel heraus.*
- *Welche der gewählten Stilmittel tragen federführend zur Gesamtstimmung bei? Begründen Sie Ihre Ansicht.*
- *Versuchen Sie, die Grundstimmung in diesem Gedicht mit einem Standbild auszudrücken.*
- *Erörtern Sie Ihre Ergebnisse unter Berücksichtigung der geistigen Strömungen und gesamtgesellschaftlichen Entwicklungen des frühen 20. Jahrhunderts (siehe Text von Pinthus).*
- *Sammeln Sie im Internet Informationen zum Dichter und erstellen Sie ein Papier zu Werk und Biografie.*

BS 2

# Norbert Schläbitz: Der Krieg als Gesundbrunnen

Zu Beginn des 20. Jahrhunderts stehen sich in Europa Nationen gegenüber, die von dem Glauben beseelt sind, die eigene Nation stünde anderen bevorzugt vor, und es gelte, diesen Vorrang unter allen Umständen zu behaupten, wenn nötig mit Gewalt durchzusetzen. Das ist die außenpolitische Dimension. Zu ihr gesellt sich noch eine innenpolitische, die ebenfalls im Kontext des herannahenden Krieges zu sehen ist. In gesellschaftlichen Veränderungen, wie sie in jener Zeit zum Beispiel in Deutschland in der Tendenz zur Demokratisierung zu beobachten sind, sieht das Establishment und so das Gros der Elite einen Niedergang, sieht darin ein Geschwür, das es herauszunehmen gelte, damit die Nation gesunde. Der Krieg gilt als ein geeignetes Mittel hierfür. Insofern erhoffte man sich von einem Krieg eine „Gesundung“ von solchen „ungesunden“ Strömungen oder defätistischen Gedanken, denn im Krieg gilt es, einen äußeren Feind zu bekämpfen. Hierzu müssen die verschiedenen Bevölkerungsschichten, zwar hierarchisch unterschiedlich sortiert, aber doch zusammenstehen.

Paradigmatisch soll dies an dem Literaten Thomas Mann veranschaulicht werden, der sich in den frühen Jahren einerseits gegen jede Form von Demokratisierung stellte und andererseits auch deshalb als großer Befürworter für den Krieg sich hervortat. In der Demokratie – so Thomas Mann – vereinigen „sich viele Stimmen der Zeit; – vereinigen sich zum Lärm und nicht zur Musik, denn sie wissen nichts voneinander“ (Mann 2009, S. 247.) Ein „Ereignis Goethe“ wäre – so behauptet der Literat – unter demokratischen Bedingungen nicht möglich gewesen (ebd.). Auch drücke sich der „Wille eines Volkes“ mitnichten in der „‚Summe‘ der Masse“ aus, die sich qua Abstimmung artikuliert (ebd., S. 281). Ließe man, wie Mann beispielhaft anführt, im dritten Kriegsjahr des I. Weltkrieges die Masse der Deutschen abstimmen über Krieg und Frieden, würde sich eine „erdrückende Majorität“ für den von Mann als abwegig betrachteten Frieden entscheiden (ebd.). In dieser Willensbekundung der Masse wäre nach Thomas Mann keineswegs der Wille des Volkes ausgedrückt, der „ein anderer sein kann“ (ebd.). Und den macht er an anderer Stelle aus: „Der Wille eines historisch aufsteigenden Volkes ist eins mit seinem Schicksal“ (ebd.).

Die Demokratie, so weiß der Literat zu berichten, wäre dem Deutschen „landfremd“ und kann „niemals deutsches Leben und deutsche Wahrheit werden“ (ebd., S. 290). Die Bevölkerung – nach Mann: die Masse – weiß nicht um ihren eigenen Willen, die Einzelperson Thomas Mann gibt vor, um den eigentlichen Volkswillen zu wissen. Als Konklusion kann nach Mann nur gelten: „Fort also mit dem landfremden und abstoßenden Schlagwort ‚demokratisch‘!“ (ebd., S. 291) Die Führung obliegt allein ausgewählten Persönlichkeiten in ihrem Sagen und ihrer Vorbildlichkeit. „[M]an hole die Pfitzner und Strauß über ihr Wohlverhalten zur Demokratie und zum ‚gleichen‘ Stimmrecht aus, [...]. Einen berühmten Kapellmeister höre ich ausrufen: ‚Es wird dahin kommen, dass das Orchester darüber abstimmt, ob eine Stelle piano zu spielen sei oder mezzo-forte!“ (ebd., S. 281) Eine Gleichheitsvorstellung oder demokratisches Bewusstsein bewegt Thomas Mann nicht, wo von einer gestaffelten Verteilung der Geistesgaben ausgegangen wird und von einer rigorosen Führungsstruktur.

Der 1. Weltkrieg wird von Thomas Mann als Möglichkeit gesehen, dieses Geschwür herauszuschneiden. Der beginnende Krieg ist von Thomas Mann mit Freude und erwartungsvoll begrüßt worden. „Es war Reinigung, Befreiung, was wir empfanden, und eine ungeheure Hoffnung“ (ebd., S. 193), die Hoffnung zum „gewaltige[n] und schwärmerische[n] Zusammenschluss der Nation in der Bereitschaft zu tiefster Prüfung“. Der „Soldat im Künstler“ möge doch „Gott loben für den Zusammenbruch einer Friedenswelt, die er so satt, so überaus satt hatte“ (ebd.).

Dass Kunst und Gewalt einander nicht ausschließen, sondern bedingen, dafür findet Thomas Mann ein Begründungsmuster. Seine Gedanken zum Kriege aus dem Jahre 1914 verdeutlichen, so lässt sich das bisher Gesagte zusammenfassen, dass Kunst und Kultur wenig zu einem humanen Wesen beitragen, das für den anderen Sorge trägt. Thomas Mann führt aus, dass Kultur nicht das „Gegenteil von Barbarei“ sei (Mann 1993, S. 188). Wolfgang Martynkewicz kommentiert: „Anders gesagt: Kulturbürger und Gewaltmensch schließen sich nicht aus, sie sind vielmehr, wie Mann an der Beziehung von Kunst und Krieg demonstriert, schöpferisch aufeinander bezogen“ (Martynkewics 2009, S. 225). Der Künstler wäre despotisch und autoritativ seine Kunst. Und Thomas Mann fragt nach den „gleichnishafte[n] Beziehungen, welche Kunst und Krieg miteinander verbinden“ (Mann 1993, S. 190), und findet in der „Organisation“ das erste Prinzip, das beide Welten auszeichnet, und er zählt auf eine große Zahl von Eigenschaften, die die Kunst und den Krieg einander ähnlich machen, über die Tapferkeit, dem Entsagen von Sicherheiten, der Standfestigkeit, dem Ertragen von Strapazen und

Niederlagen, der Hingabe, zu einem moralischen Radikalismus u.a.m. (ebd., S. 190) „Mit großem Recht hat man die Kunst einen Krieg genannt, einen aufreibenden Kampf: schöner noch steht ihr das deutscheste Wort, das Wort ‚Dienst' zu Gesicht, und zwar ist der Dienst des Künstlers dem des Soldaten viel näher verwandt, als dem des Priesters" (ebd., S. 191). Aus dieser Verwandtschaftsbeziehung zwischen Kunst und Gewalt, zugleich der Absage an eine Gleichheitsannahme unter Menschen (und so auch der Demokratie), hebt Thomas Mann an zur Laudatio des zu begrüßenden I. Weltkrieges, in dem Deutschland die „Synthese zwischen Macht und Geist" sucht, wie er formuliert (Mann 1993a, S. 274).

Mit solchen Worten steht Thomas Mann nicht alleine. „Der Erste Weltkrieg wurde von maßgeblichen deutschen Intellektuellen als Kampf der Ideen von 1914 gegen die Ideen von 1789 geführt: Ordnung, Zucht und Innerlichkeit gegen Freiheit, Gleichheit, Brüderlichkeit, deutsche Kultur gegen westliche Zivilisation" (Winkler 2012, S. 69f.). Nicht von ungefähr bieten solche gedanklichen Ausführungen eines Thomas Mann auf fast 600 Seiten einen Nährboden für ein Bürgertum, das sich Jahrzehnte später enthusiastisch begeistert für eine Politik, die zum Führerkult sich bekennt und ihn schonungslos umsetzt. Der Hitler-Biograf Joachim Fest erinnert sich in einem Interview, dass sein Vater „Thomas Mann niemals, auch später nicht, die ‚Betrachtungen eines Unpolitischen' verziehen [hat]. Sie hätten, meinte er, mehr zur Abwendung vor allem des Bürgertums von der Republik beigetragen als das ‚Hitler-Geschrei'" (Fest 2004, S. 19).

Originalbeitrag

### Zitierte Literatur:

Fest, Joachim: ‚Die Verkörperung des Bösen'. In: Stefan Aust/Gerhard Spörl (Hg.): Die Gegenwart der Vergangenheit. Der lange Schatten des Dritten Reiches. München (Deutsche Verlags Anstalt) 2004

Mann, Thomas: Betrachtungen eines Unpolitischen. Frankfurt/M. (Fischer) [4]2009

Mann, Thomas: Gedanken zum Kriege. In: Ders.: Essays, Bd. 1. Frühlingssturm. 1893 – 1914. Frankfurt/M. (Fischer) 1993

Mann, Thomas: Brief an die Zeitung Svenska Dagbladet, Stockholm. In: Ders.: Essays, Bd. 1. Frühlingssturm. 1893 – 1914. Frankfurt/M. (Fischer) 1993a

Martynkewicz, Wolfgang: Salon Deutschland. Geist und Macht 1900 – 1945. Berlin (Aufbau) 2009

Winkler, Heinrich August: Europäische oder westliche Werte. In: Hennerkes, Brun-Hagen/Augustin, George (Hg.): Wertewandel mitgestalten. Freiburg im Breisgau (Herder) 2012

- *Formulieren Sie Ihre Erwartungen an eine Vorstellung, die im Krieg einen Gesundbrunnen sieht.*
- *Markieren Sie im Text Schlüsselwörter, die eine entsprechende Haltung wiedergeben.*
- *Halten Sie fest, inwieweit Ihre Vorstellungen mit den geschilderten kongruent sind oder davon abweichen.*
- *Wie erklären Sie es sich, dass dem Krieg eine solche „therapeutische" Wirkung zugeschrieben wird?*
- *Nehmen Sie Stellung zum Krieg als „Gesundbrunnen".*
- *Präsentieren Sie Ihre Ergebnisse mit einer Präsentationssoftware, als Portfolio oder auch als Wandzeitung.*

# Norbert Schläbitz: Krieg der Geister

In vielen Schriften Intellektueller, gerade aber auch von Künstlern, artikuliert sich die Hoffnung auf einen großen Krieg. Im sogenannten „Krieg der Geister" wird eine intellektuelle Aufrüstung betrieben. An jenem damals stattfindenden „Krieg der Geister", der die eigentlichen Gräuel an der Front ideologisch unterfütterte, beteiligt sich neben Thomas Mann das Gros der Bildungselite. Unterfüttert werden die eigenen „grundsatzethischen Maßstäbe [...]" (Sieg 2013, S. 117) mit Überlegungen der Philosophen, die „[i]n einem heute kaum noch vorstellbaren Ausmaß" den Krieg rechtfertigten (ebd., S. 104).

Die Überhöhung zur Kulturnation führt – wie auch bei der Mehrzahl der Professoren – zur „Verherrlichung der deutschen Nation" (ebd., S. 113). Es kommt am 04.10.1914 zum von Wissenschaftlern, Künstlern und Literaten auf den Weg gebrachten Aufruf „An die Kulturwelt". Er beinhaltet im Wesentlichen 6 Thesen, in denen deutsche Verfehlungen während des Kriegszuges in Abrede gestellt werden. Es sei unwahr, dass Deutschland den Krieg verschuldet, die Neutralität Belgiens verletzt habe, dass gegen Zivilisten das Militär vorgegangen sei und es Plünderungen getätigt habe, in der Stadt Löwen Kulturdenkmäler zerstört worden seien und dass insgesamt gegen das Völkerrecht verstoßen worden sei. Zu seinen 93 Unterzeichnern des Aufrufes gehören u. a. Max Liebermann, Max Reinhardt, Engelbert Humperdinck, Wissenschaftler, Literaten und Nobelpreisträger wie Gerhart Hauptmann, Wilhelm Röntgen, Paul Ehrlich, Rudolf Eucken. Der Aufruf, ein undifferenziertes, von Unterstellungen (vgl. Piper 2013, S. 219 ff.), Aggressivität und Verunglimpfungen gezeichnetes Pamphlet sondergleichen, endet mit den Worten: „Glaubt uns! Glaubt uns, daß wir diesen Kampf zu Ende kämpfen werden als ein Kulturvolk, dem das Vermächtnis eines Goethe, eines Beethoven, eines Kant ebenso heilig ist wie sein Herd und seine Scholle. Dafür stehen wir euch ein mit unserem Namen und unserer Ehre!" (zit. n. Böhme 2014, S. 49)

Zwei Wochen (16.10.1914) später folgt die „Erklärung der Hochschullehrer des Deutschen Reiches", die den Schulterschluss mit dem Militär zieht. „In dem deutschen Heer ist kein anderer Geist als in dem deutschen Volke, denn beide sind eins und wir gehören auch dazu. Unser Heer pflegt auch die Wissenschaft und dankt ihr nicht zum wenigsten seine Leistungen. Der Dienst im Heere macht unsere Jugend tüchtig auch für alle Werke des Friedens. Denn er erzieht sie zu selbstentsagender Pflichttreue und verleiht ihr das Selbstbewusstsein und das Ehrgefühl des wahrhaft freien Mannes, der sich willig dem Ganzen unterordnet." Diesen Schriftsatz wiederum haben nicht weniger als 80 % der Lehrkörper unterzeichnet und er endet mit den Worten: „Unser Glaube ist, daß für die ganze Kultur Europas das Heil an dem Siege hängt, den der deutsche ‚Militarismus' erkämpfen wird, die Manneszucht, die Treue, der Opfermut des einträchtigen freien deutschen Volkes" (zit. n. ebd., S. 49 f.). Nunmehr hängt das Wohl der gesamten europäischen Kultur am deutschen Sieg.

Nicht nur deutsche Intellektuelle polemisieren in dieser Art und Weise. Auch die gegnerische Seite ist nicht müde geworden, „rhetorische Geschütze" (Piper 2013, S. 224) aufzufahren und zu nutzen. Eine rhetorische Schlammschlacht, von Intoleranz und ideologischer Verbissenheit geprägt, auf alle Fälle jenseits aller Sittlichkeit und Humanität, durchflutet das gesamte Geisteswesen und drückt sich prägnant aus in solchen Schriften im Detail und ganz allgemein im „Krieg der Geister".

Beispielhaft für die Literatur und stellvertretend für die anderen Künste sei hier Alfred Döblin genannt, der nichts daran findet, Kulturgüter anderer Nationen zu zerschießen. Er schreibt: „Die Kunst und Kultur ist nicht gebunden an die Steinmassen in Reims oder die Farbmischungen anderswo" (zit. n. Martykewics 2009, S. 226). Der Literaturnobelpreisträger Gerhart Hauptmann wiederum befindet, dass „alle [...] mit hohem Bewußtsein für einen edlen und reichen Nationalschatz [kämpfen], für die inneren und äußeren Güter, die dem Fortschritt und dem Aufstieg der

Menschheit dienen“ (zit. n. ebd., S. 226). Der Komponist Alban Berg, Schöpfer der Oper Wozzeck, schreibt in einem Brief an Arnold Schönberg: „Ich erflehe vom Himmel den Sieg unserer und der deutschen Armee. Es ist ja ausgeschlossen, daß das deutsche Reich und wir mit ihm zu Grunde gehen sollen. Es ist in mir ein unerschütterlicher Glaube erwacht an den deutschen Geist, der ja fast ausschließlich die menschliche Kultur geschaffen hat“ (Moldenhauer/Moldenhauer 1980, S. 189). Der so Angeschriebene Arnold Schönberg nimmt ganz ähnlich Stellung: „Jetzt werfen wir diese mediokren[1] Kitschisten wieder in die Sklaverei und sie sollen den deutschen Geist verehren und den deutschen Gott anbeten lernen“ (Schönberg, zit. n. Tenner 2012, S. 85).

Die Messlatte kann dabei nicht hoch genug gelegt werden, und naheliegend ist deshalb, dass gleich die ganze Menschheit in ihrer segensreichen Entwicklung zum Maßstab bestimmt ist. So beflügeln Worte der Gewalt und vom Kampf den künstlerisch Begabten und finden darin ihre Rechtfertigung und sehen sich kompatibel mit den kulturellen Erzeugnissen von Gesellschaft, denen Geltung zu verschaffen ist.

Es nimmt so nicht wunder, dass auch viele expressionistische Dichter sich einreihen in das allgemeine Geschrei, die den Krieg als reinigende, zu begrüßende Kraft sehen. Sie verstehen sich als Propheten einer neuen Zeit. Georg Heym schreibt in der Zeitschrift „Die Aktion“: „Der Krieg ist aus der Welt gekommen, der ewige Friede hat ihn erbärmlich beerbt“ (zit. n. Buelens 2014, S. 37). Diese Worte sind noch vor dem Krieg geschrieben. Georg Heym stirbt schon 1912, als er beim Schlittschuhlaufen bei dem Versuch, seinen Freund zu retten, selbst im Eis einbricht und ertrinkt. Viele andere Dichter, die ein solches Gedankengut teilen, treten 1914 ein in den Krieg als Freiwillige.

Der expressionistische Maler Ludwig Meidner beschreibt dieses von Emotion getragene, vom blinden Enthusiasmus und von Selbstüberschätzung getriebene Handeln mit dem Blick auf seinen Freund Ernst Wilhelm Lotz. Dieser habe „seinen Verstand in die Jackentasche gesteckt wie eine Schnupftabakdose, die man nur ab und an hervorholt“ (zit. n. ebd., S. 105). Noch mit Begeisterung in den Krieg gezogen, holt die „Elite“ bald die brutale Realität ein. Glaubt man zunächst, wie der Arzt und Dichter Wilhelm Klemm, in einer „großen Zeit“ zu leben, so ändert sich dies schon nach nur wenigen Wochen, sodass die Sehnsucht nach einer Kugel im Angesicht des Grauens sich einstellt (ebd., S. 108). Noch im Jahr 1914 erscheint, bar jeder Illusion nunmehr, von ihm dann das Gedicht „Lazarett“. Nichts von der Anfangseuphorie ist mehr geblieben. „Die großen Eimer voller Eiter, Watte, Blut, amputierten Gliedern,/Die Verbände voll Maden. Die Wunden voll Knochen und Stroh.“ Der Krieg erweist sich nicht als erquickendes Abenteuer, als Gesundbrunnen oder was man sonst noch hineinfantasiert hat, sondern als elendig, brutal.

Schon in den ersten Kriegsmonaten sterben Alfred Lichtenstein, Ernst Wilhelm Lotz sowie Ernst Stadler. Viele andere Dichter, Literaten, Künstler gesellen sich schnell zu den zahllos Sterbenden. Ihre Werke von der Front zeugen von zerreißenden Gliedern und dem elendigen Sterben, von dem die intellektuelle Elite hätte wissen können, wenn ihnen ihr Verstand in der Formulierung Meidners nicht in der Jackentasche entschwunden wäre.

Originalbeitrag

BS 2

1 durchschnittlich, mittelmäßig

**Zitierte Literatur:**

Böhme, Klaus (Hg.): Aufrufe und Reden deutscher Professoren im ersten Weltkrieg. Stuttgart (Reclam) 2014
Buelens, Geert: Europas Dichter und der erste Weltkrieg. Frankfurt/M. (Suhrkamp) 2014
Martynkewicz, Wolfgang: Salon Deutschland. Geist und Macht 1900 – 1945. Berlin (Aufbau) 2009
Moldenhauer, Hans/Moldenhauer, Rosaleen: Anton von Webern. Chronik seines Lebens und Werkes. Zürich/ Freiburg i. Br. (Atlantis) 1980
Piper, Ernst: Nacht über Europa. Kulturgeschichte des ersten Weltkriegs. Berlin (Ernst Piper) 2013
Sieg, Ulrich: Geist und Gewalt. München (Carl Hanser) 2013
Tenner, Haide (Hg.): Alma Mahler – Arnold Schönberg. „Ich möchte so lange leben, als ich Ihnen dankbar sein kann". Der Briefwechsel. St. Pölten/Salzburg/Wien (Residenz) 2012

- *Fassen Sie mit eigenen Worten zusammen, worin der „Krieg der Geister" sich ausdrückt und welches Selbstverständnis sich darin spiegelt.*
- *Das Foto zeigt den Kriegsteilnehmer Walter. Die Zitate in den weiteren Bildern sind Originalzitate, die den Tagebüchern von Walter entnommen sind. Wie ordnen Sie die Positionen vor dem Hintergrund der gegebenen Informationen ein?*
- *Recherchieren Sie Aspekte zur allgemeinen Kriegsbegeisterung.*
- *Recherchieren Sie Daten und Fakten zu den Thesen im „Aufruf an die Kulturwelt".*
- *Nehmen Sie kritisch Stellung zum Gesagten.*
- *Präsentieren Sie Ihre Ergebnisse mit einer Präsentationssoftware, als Portfolio oder auch als Wandzeitung.*

# Georg Trakl: Gródek (1914)

Am Abend tönen die herbstlichen Wälder
Von tödlichen Waffen, die goldnen Ebenen
Und blauen Seen, darüber die Sonne
Düstrer hinrollt; umfängt die Nacht
Sterbende Krieger, die wilde Klage
Ihrer zerbrochenen Münder.
Doch stille sammelt im Weidengrund
Rotes Gewölk, darin ein zürnender Gott wohnt
Das vergoßne Blut sich, mondne Kühle;
Alle Straßen münden in schwarze Verwesung.
Unter goldnem Gezweig der Nacht und Sternen
Es schwankt der Schwester Schatten durch den schweigenden Hain,
Zu grüßen die Geister der Helden, die blutenden Häupter;
Und leise tönen im Rohr die dunklen Flöten des Herbstes.
O stolzere Trauer! ihr ehernen Altäre
Die heiße Flamme des Geistes nährt heute ein gewaltiger Schmerz,
Die ungebornen Enkel.

Aus: Silvio Vietta (Hrg.): Lyrik des Expressionismus. Tubingen: Max Niemeyer Verlag 1990, S. 130

Vor allem in Galizien fanden im Herbst 1914 grauenvolle Gefechte statt. Anfang September wurden die Österreicher dort von der russischen Armee fast völlig aufgerieben. Sie verloren ungefähr 350 000 Mann. Beim überstürzten Rückzug aus der galizischen Hauptstadt Lemberg (Lwów) mussten sie um die tausend Lokomotiven und fünfzehntausend Waggons zurücklassen – ein logistischer Alptraum. [...] Zurückgelassen von ihren fliehenden Kameraden befanden sich etwa neunzig schwer verwundete Soldaten in einer Scheune nahe dem Hauptplatz von Gródek, ohne Arzt, ohne Medikamente oder andere Mittel, ihre unsäglichen Schmerzen zu lindern. Die unmögliche Aufgabe, ihnen in dieser Lage beizustehen, oblag dem siebenundzwanzigjährigen Dichter und Apotheker Georg Trakl (1887 – 1914). Doch Trakl, gezeichnet von Alkohol, Depressionen und düsteren Vorahnungen, war meist nicht einmal imstande, für sich selbst zu sorgen. Die Szenen, die sich nun vor seinen Augen abspielten, übertrafen in erschütternder Weise die blutigen und destruktiven Visionen, die ihn im Drogenrausch oft heimgesucht hatten. Im Krieg fand er die Bestätigung seiner finstersten kulturpessimistischen Gedanken und zugleich die Möglichkeit der Erlösung. Zu Beginn der Schlacht bei Gródek war er noch von anderen Soldaten mit Gewalt entwaffnet worden, als er unbesonnen, wie in Todessehnsucht, in die Feuerlinie laufen wollte. Doch jetzt, in dieser Scheune, konfrontiert mit den Folgen der Kriegsgewalt, war er hilflos. „Was kann ich tun? Wie soll ich helfen? Es ist unerträglich“, sagte er atemlos, wie in einem Mantra. Zwei Tage und zwei Nächte lang flehten sterbende Soldaten darum, dass er ihrer Qual ein Ende machte. Einer von ihnen schoss sich selbst eine Kugel in den Kopf – Teile seines Gehirns klebten an der Wand. Trakl wurde unterdessen fast irre durch die Schmerzensschreie und seine eigene Ohnmacht. Als er in Panik herausrannte, spielte sich dort eine neue Höllenszene ab: Auf dem Platz wurden der Kollaboration verdächtigte Ruthenen gezwungen, den Kopf in die Schlingen zu stecken, und wurden gehängt. Am 22. September erlitt der Dichter einen Nervenzusammenbruch und kündigte an, er werde seinem Leben ein Ende machen. [...] Am 3. November wurde ihm eine Überdosis Kokain zum Verhängnis.

Aus: Geert Buelens: Europas Dichter und der Erste Weltkrieg. Berlin: Suhrkamp 2014, S. 121 – 124

- *Schildern Sie Ihren Eindruck nach dem ersten Lesen des Gedichtes.*
- *Gliedern Sie das Gedicht in Sinnabschnitte.*
- *Untersuchen Sie die gewählten Bilder.*
- *Inwieweit spiegelt sich Inhaltliches mit dem realen Geschehen?*
- *Informieren Sie sich über die Schlacht bei Gródek.*

# Wilhelm Klemm: An der Front
# Alfred Lichtenstein: Sommerfrische

## Wilhelm Klemm
## An der Front (1914)

Das Land ist öde. Die Felder sind wie verweint.
Auf böser Straße fährt ein grauer Wagen.
Von einem Haus ist das Dach herabgerutscht.
Tote Pferde verfaulen in Lachen.

Die braunen Striche dahinten sind Schützengräben.
Am Horizont gemächlich brennt ein Hof.
Schüsse platzen, verhallen – pop, pop, pauuu.
Reiter verschwinden langsam in kahlem Gehölz.

Schrapnellwolken blühen auf und vergehen. Ein Hohlweg
Nimmt uns auf. Dort hält Infanterie, nass und lehmig.
Der Tod ist so gleichgültig wie der Regen, der anhebt.
Wen kümmert das Gestern, das Heute oder das Morgen?

Und durch ganz Europa ziehen die Drahtverhaue.
Die Forts schlafen leise.
Dörfer und Städter stinken aus schweren Ruinen.
Wie Puppen liegen die Toten zwischen den Fronten.

## Alfred Lichtenstein
## Sommerfrische (1913)

Der Himmel ist wie eine blaue Qualle.
Und rings sind Felder, grüne Wiesenhügel –
Friedliche Welt, du große Mausefalle,
entkäm ich endlich dir ... O hätt ich Flügel –

Man würfelt. Säuft. Man schwatzt von Zukunftsstaaten.
Ein jeder übt behaglich seine Schnauze.
Die Erde ist ein fetter Sonntagsbraten,
hübsch eingetunkt in süße Sonnensauce.
Wär doch ein Wind ... zerriss mit Eisenklauen
die sanfte Welt. Das würde mich ergötzen.

Wär doch ein Sturm ... der müsst den schönen blauen
ewigen Himmel tausendfach zerfetzen.

Beide Gedichte aus: Silvio Vietta (Hrg.): Lyrik des Expressionismus. Tübingen: Niemeyer 1990, S. 127 und 123

- *Lesen Sie die Gedichte und halten Sie Ihre Eindrücke fest.*
- *Mit welchen sprachlichen, stilistischen und formalen Mittel wird der jeweilige Eindruck erzeugt?*
- *Gliedern Sie die Gedichte nach inhaltlichen Erwägungen.*
- *Verdinglichung des Menschen und Personalisierung von Dingen/ Natur haben Sie als Stilmerkmal des Expressionismus kennengelernt. Weisen Sie diese, sofern möglich, in den vorliegenden Gedichten nach.*
- *Vergleichen Sie das Gedicht von Klemm mit dem von Lichtenstein. Zeigen Sie auf, wie Landschaft und Menschendasein beschrieben werden.*

# Lücken füllen

## Die Dämmerung

Ein dicker Junge ..................................................................................
.......................................................................... einem Baum gefangen.
Der Himmel sieht ..................................................................................
Als wäre ..................................................................................................
Auf lange Krücken schief herabgebückt
Und schwatzend kriechen auf dem Feld zwei Lahme.
................................................................... wird vielleicht verrückt.
................................................................... stolpert über ..................................
An einem Fenster.......................................................................... ein fetter Mann.
.......................................................................... will ein weiches Weib besuchen.
........................................................................................... zieht sich die Stiefel an.
Ein ............................. schreit und ................................................... fluchen.

- *Vervollständigen Sie das Gedicht.*
- *Achten Sie darauf, dass Sie beim Verfassen Ihres Gedichtes das Reimschema der dritten Strophe übernehmen.*
- *Bestimmen Sie, falls abweichend vom Titel, einen Themenschwerpunkt für Ihr lyrisches Werk.*

# Alfred Lichtenstein: Die Dämmerung (1911)

Ein dicker Junge spielt mit einem Teich.
Der Wind hat sich in einem Baum gefangen.
Der Himmel sieht verbummelt aus und bleich,
Als wäre ihm die Schminke ausgegangen.

Auf langen Krücken schief herabgebückt
Und schwatzend kriechen auf dem Feld zwei Lahme.
Ein blonder Dichter wird vielleicht verrückt.
Ein Pferdchen stolpert über eine Dame.

An einem Fenster klebt ein fetter Mann.
Ein Jüngling will ein weiches Weib besuchen.
Ein grauer Clown zieht sich die Stiefel an.
Ein Kinderwagen schreit und Hunde fluchen.

Aus: Kurt Pinthus (Hg.): Menschheitsdämmerung. Ein Dokument des Expressionismus. , S. 47

Alfred Lichtenstein, Zeichnung von Max Oppenheimer

- *Welche einzelnen Themen werden in dem Gedicht angesprochen?*
- *Was fällt auf bei der Behandlung der Inhalte?*
- *Vergleichen Sie Ihr Gedicht mit dem von Lichtenstein, arbeiten Sie den wahrscheinlich unterschiedlichen Umgang mit Inhalten sowie des Weiteren die stilistischen Unterschiede heraus.*
- *Welche der gewählten Stilmittel tragen federführend zur Gesamtstimmung bei? Begründen Sie Ihre Ansicht.*
- *„Übersetzen" Sie jede Sinneinheit des Gedichts von Lichtenstein in eine der Konvention folgende Schriftsprache (siehe das Beispiel in Zeile 12).*

*Ein Kind in einem Kinderwagen schreit und Hunde bellen, dass es klingt, als ob sie fluchen.*

- *Woran verzweifelt wohl der blonde Dichter und was führt zu einer möglichen Geistesverwirrtheit? Erarbeiten Sie mögliche Gründe unter Rückbezug auf den Inhalt des Gedichtes.*

# Gottfried Benn: Kleine Aster (1912)

Ein ersoffener Bierfahrer wurde auf den Tisch gestemmt.
Irgendeiner hatte ihm eine dunkelhelllila Aster
zwischen die Zähne geklemmt.
Als ich von der Brust aus
unter der Haut
mit einem langen Messer
Zunge und Gaumen herausschnitt,
muss ich sie angestoßen haben, denn sie glitt
in das nebenliegende Gehirn.
Ich packte sie ihm in die Brusthöhle
zwischen die Holzwolle,
als man zunähte.
Trinke dich satt in deiner Vase!
Ruhe sanft,
kleine Aster!

Aus: Gottfried Benn: Sämtliche Gedichte. Stuttgart: Klett-Cotta 1998

**Gottfried Benn**, geb. 1886 in Mansfeld/Westprignitz, war Facharzt für Haut- und Geschlechtskrankheiten. Neben seiner Tätigkeit als Arzt (in beiden Weltkriegen wurde er als Militärarzt eingesetzt) dichtete er, was ihm die Aufnahme in die „Preußische Dichterakademie“ einbrachte, der er 1934 als kommissarischer Leiter für kurze Zeit vorstand. Er begrüßte anfänglich das Hitlerregime, unterstützte es durch sekundärwissenschaftliche Schriften („Der neue Staat und die Intellektuellen“; „Antwort an die literarischen Emigranten“, „Kunst und Macht“), wandte sich aber 1936 desillusioniert wieder von ihm ab. Nach dem Krieg war er sowohl als Arzt als auch als Dichter tätig. Er erhielt den „Büchner-Preis“. 1956 starb er in Berlin.

Gottfried Benn, 1932

„Eigentlich scheint Benns Nihilismus unüberbietbar. Mit Emphase stellt er ‚sein' Sach' auf Nichts‘. Von der ‚lyrischen Leere‘ vom Zerfall in den ‚Morgue‘-Gedichten bis zum radiologisch zersetzenden bösen Blick des ‚Radardenkers‘ kennt er nur ‚zwei Dinge: die Lehre und das gezeichnete Ich‘. [...] Benn will dem Nihilismus selber die schöpferischen Energien abgewinnen: Dank des ‚Gesetzes von der formfordernden Gewalt des Nichts‘, dem ‚Gesetz des Produktiven‘“, so paraphrasiert und zitiert Lütkehaus Gottfried Benn (Ludger Lütkehaus: Nichts. Frankfurt: Haffmans bei Zweitausendeins 2010).

- *Was ist damit gemeint, „sein' Sach' auf Nichts“ zu stellen?*
- *Inwiefern kann von Benn als „Radardenker“ gesprochen werden? Verdeutlichen Sie dies anhand des Gedichtes. Zeigen Sie zugleich aber auch einen möglichen Einwand auf.*
- *Setzen Sie das Zitat von Lütkehaus in Beziehung zum Gedicht „Kleine Aster“. Legen Sie dar, inwiefern hier eine nihilistische Haltung zum Ausdruck kommt. (Was wird eigentlich unter Nihilismus verstanden?)*
- *Erörtern Sie, auf welche Weise gerade durch die Bezugnahme auf eine Blume der gewünschten nihilistischen Programmatik Ausdruck verliehen wird.*

# Gottfried Benn: Schöne Jugend (1910)

Der Mund eines Mädchens, das lange im Schilf gelegen hatte,
sah so angeknabbert aus.
Als man die Brust aufbrach, war die Speiseröhre so löcherig.
Schließlich in einer Laube unter dem Zwerchfell
fand man ein Nest von jungen Ratten.
Ein kleines Schwesterchen lag tot.
Die anderen lebten von Leber und Niere,
tranken das kalte Blut und hatten
hier eine schöne Jugend verlebt.
Und schön und schnell kam auch ihr Tod:
Man warf sie allesamt ins Wasser.
Ach, wie die kleinen Schnauzen quietschten!

Aus: Gottfried Benn: Sämtliche Gedichte. Stuttgart: Klett-Cotta 1998

Gottfried Benn, um 1952

„Unverständlichkeit, barer Unsinn, Perversität und Erotik, ekelhafte Lust am Hässlichen, Unflätigen, an schamlosen Offenheiten', so charakterisiert ein Rezensent Benns ersten Gedichtzyklus ‚Morgue und andere Gedichte' (1912); ein anderer spricht von scheußlichen und Ekel erregenden Fantasieprodukten." [...]

[...] „Doch es gab auch andere Stimmen: die ‚Furchtlosigkeit eines bitteren Beobachters' wurde gerühmt, man bezeugte der ‚künstlerischen Kraft' Respekt. Ernst Stadler, selber bedeutender Lyriker, vermutete in einer Rezension [...], dass hinter dieser schroffen Zugeschlossenheit ein stark mitleidendes Gefühl steht, eine fast weibliche Empfindsamkeit und eine verzweifelte Auflehnung gegen die Tragik des Lebens und die ungeheure Gefühlslosigkeit der Natur.' Er resümiert: ‚Wer Lebensvorgänge mit solcher Knappheit und Wucht zu gestalten und in schicksalsvollen Geschichten auszuweiten vermag, ist sicherlich ein Dichter.'"

Aus: Ingo Leiß/Hermann Stadtler: Deutsche Literaturgeschichte, Bd. 8. Wege in die Moderne. München: Deutscher Taschenbuch Verlag 1997, S. 408

- *Halten Sie die Wirkung fest, die das Gedicht beim Lesen oder Hören auf Sie ausübt, und ordnen Sie Ihre Eindrücke den Polen der Anziehung oder Abstoßung zu.*
- *Welche inhaltlichen Erwartungen verbinden Sie ganz allgemein mit „Lyrik"? In welcher Art und Weise werden Ihre Erwartungen bestätigt oder enttäuscht?*
- *Untersuchen Sie das Gedicht daraufhin, wie die sprachliche Gestaltung Ihre Lesehaltung beeinflusste.*
- *Was für eine Haltung zum Tod kommt in dem Gedicht zum Ausdruck?*
- *Erörtern Sie vor dem Hintergrund der vorgelegten Zitate und Ihrer Ergebnisse, inwiefern bei Benn von einem Dichter oder nicht die Rede sein kann.*

# Jakob van Hoddis: Weltende (1911)

Dem Bürger fliegt vom spitzen Kopf der Hut,
In allen Lüften hallt es wie Geschrei,
Dachdecker stürzen ab und gehn entzwei
Und an den Küsten – liest man – steigt die Flut.

Der Sturm ist da, die wilden Meere hupfen
An Land, um dicke Dämme zu zerdrücken.
Die meisten Menschen haben einen Schnupfen.
Die Eisenbahnen fallen von den Brücken.

Aus: Kurt Pinthus (Hg.): Menschheitsdämmerung. Ein Dokument des Expressionismus. © 1955 by Rowohlt Taschenbuch Verlag GmbH, Reinbek bei Hamburg

Jakob van Hoddis, Zeichnung von Ludwig Meidner

**Jakob van Hoddis** (Pseudonym für Hans Davidsohn) wurde 1887 in Berlin geboren. Als Fünfzehnjähriger schrieb er für seine Mutter epigonal-romantisierende Gedichte, als Achtzehnjähriger für seinen Vater satirische Epigramme, in denen er die Ideale der Wilhelminischen Zeit lächerlich machte. Nach dem Abitur studierte er zunächst Architektur in München, dann Griechisch und Philosophie in Jena und Berlin. Zusammen mit Freunden gründete er 1908/09 den „Neuen Club“ – als einen literarischen Zirkel, der sich der Kritik am herkömmlichen Kulturbetrieb und der Pflege avantgardistischer Kunst widmen sollte. Außerdem war van Hoddis Mitarbeiter an den expressionistischen Zeitschriften „Die Aktion“ und „Der Sturm“. Im „Neopathetischen Cabaret“ pflegte er seine Gedichte, die er immer alle bei sich trug, vorzulesen. Er wurde zum Schöpfer eines Groteskstils, der die Visionen schrecklicher Katastrophen mit Mitteln des schwarzen Humors, der Parodie, des Umschlags ins Triviale, der Umwertung von Erwartungshaltungen und Wertvorstellungen darzustellen versuchte. 1914 zeigten sich bei ihm erste Anzeichen einer Geisteskrankheit (Schizophrenie), die seine Unterbringung in Heilanstalten erforderlich machte. Seit 1915 lebte er in Frankerhain, seit 1922 in Tübingen in privaten Pflegeheimen; 1933 wurde er in die „Israelitische Heil- und Pflegeanstalt“ Bendorf-Sayn bei Koblenz verbracht. Am 30.4.1942 wurde er deportiert. Von solchen Transporten ist niemand zurückgekehrt. Wo und wann van Hoddis starb, ist unbekannt.“

Aus: Peter Mettenleiter/Stephan Knöbl (Hg.): Blickfeld Deutsch. Paderborn: Schöningh Verlag 1994, S. 321 f.

- *„Vervollständigen“ Sie die beiden Vierzeiler von van Hoddis zu einem Sonett.*
- *Alternativ dazu: Schreiben Sie ein Sonett im Stile des Dichters: Nehmen Sie dazu eine Tageszeitung und dort die erste Seite. Entnehmen Sie den dort gedruckten Meldungen Ihre Informationen. Keine Meldung darf unberücksichtigt bleiben, auch keine ggf. auf der Titelseite präsente Werbeanzeige. Versuchen Sie trotz der Unterschiedlichkeit der Meldungen, ein alle Verse umfassendes Thema aus den Informationen abzuleiten. Jede Sinneinheit soll mit dem Ende der Zeile enden. Als Versmaß ist der Jambus vorgeschlagen. Vergleichen Sie Ihr Ergebnis mit dem Gedicht von van Hoddis.*
- *Erörtern Sie, ob sich in der Anlage des Gedichtes eine nihilistische Haltung ausdrückt.*

# Else Lasker-Schüler: Weltende (1905)

Es ist ein Weinen in der Welt,
Als ob der liebe Gott gestorben wär,
Und der bleierne Schatten, der niederfällt,
Lastet grabesschwer.

Komm, wir wollen uns näher verbergen ...
Das Leben liegt in aller Herzen
Wie in Särgen.

Du! wir wollen uns tief küssen –
Es pocht eine Sehnsucht an die Welt,
An der wir sterben müssen.

Aus: Silvio Vietta (Hg.): Lyrik des Expressionismus. Tübingen: Niemeyer [3]1990, S. 103 f.

Else Lasker-Schüler, Selbstbildnis

**Else Lasker-Schüler** wurde am 11.2.1869 als Tochter eines jüdischen Bankiers in Elberfeld geboren. 1894 heiratete sie den Arzt B. Lasker, von dem sie sich jedoch nach einigen Jahren wieder trennte. 1901 – 11 war sie mit Herwarth Walden verheiratet. Freundschaft mit P. Hille, T. Däubler, F. Marc, G. Benn, F. Werfel, R. Schickele u. a. Kurt Pinthus schrieb über sie: „Sie lebte in der Erinnerung an ihre Heimat und viel mehr noch in der Welt eines fantastischen Orients, der allmählich ihre wirkliche Welt wurde." Kafka verspürte in ihrer Prosa „das wahllos zuckende Gehirn einer sich überspannenden Großstädterin ...". In der Tat lebte Lasker-Schüler in einer unstet bohèmehaften Großstadtatmosphäre mit der für die Zeit typischen ambivalenten Einstellung: Einerseits die stimulierenden Einflüsse der Großstadt genießend – so die Kommunikation mit der künstlerischen Avantgarde in den Literatencafés –, wurden andererseits großstädtische Einsamkeit und der Überdruss an einer als sinnentleert erfahrenen Alltagswelt durch Wachträume und Fantasien kompensiert. Während Lasker-Schülers sozialkritisches Stück „Die Wupper" (1909) noch dem naturalistischen Milieustück verpflichtet ist, artikuliert sich in ihrer Lyrik Einsamkeit, Angst und Liebesbedürfnis in einer von der Neuromantik inspirierten Bildschönheit und in einer vielfach fantasmagorischen, aus ihrer jüdischen Kulturtradition gespeisten Vorstellungswelt. 1933 emigrierte sie in die Schweiz, reiste 1934 nach Ägypten und Palästina. Am 22.1.1945 starb sie verarmt in Jerusalem.

Aus: Silvio Vietta (Hg.): Lyrik des Expressionismus. Tübingen: Niemeyer 1990, S. 262f.

- *Arbeiten Sie die inhaltlichen und formal-ästhetischen Unterschiede zwischen den gleichnamigen Gedichten (van Hoddis und Lasker-Schüler) heraus.*
- *Von welchem der beiden Gedichte fühlen Sie sich persönlich eher angesprochen? Begründen Sie Ihre Entscheidung.*
- *Erörtern Sie das Gedicht im Fokus des Nihilismus. Ziehen Sie in diesem Zusammenhang das Arbeitsblatt 26, „Nietzsche: Nihilismus", heran.*

# Friedrich Nietzsche: Nihilismus (1886)

„Eigentlich hat alles, was meine Generation diskutierte, innerlich sich auseinander dachte, man kann sagen erlitt, man kann auch sagen: breittrat – alles das hatte sich bereits bei Nietzsche ausgesprochen."

Gottfried Benn, zitiert nach Silvio Vietta, Hans G. Kemper: Expressionismus: Deutsche Literatur im 20. Jahrhundert. Literaturwiss. Arbeitsbücher, Band 3, 6., unveränderte Aufl., Paderborn: Wilhelm Fink Verlag 1997, S. 135

Friedrich Nietzsche (1844–1900)

„Nihilism[us]: Es fehlt das Ziel. Es fehlt die Antwort auf das ‚Warum?'. Was bedeutet Nihilismus? Dass die obersten Werte sich entwerten."

Nietzsche 1999a, S. 350

## Friedrich Nietzsche: Nihilismus

Welche *Vorteile* bot die christliche Moral-Hypothese?

1) Sie verlieh dem Menschen einen absoluten *Wert*, im Gegensatz zu seiner Kleinheit und Zufälligkeit im Strom des Werdens und Vergehens.
2) Sie diente den Advokaten Gottes, insofern sie der Welt trotz Leid und Übel den Charakter der *Vollkommenheit* ließ, – eingerechnet jene „Freiheit" – das Übel erschien voller Sinn.
3) Sie setzt ein *Wissen* um absolute Werte beim Menschen an und gab ihm somit gerade für das Wichtigste *adäquate Erkenntnis*?

Sie verhütete, dass der Mensch sich als Menschen verachtete, dass er gegen das Leben Partei nahm, dass er am Erkennen verzweifelte: sie war ein *Erhaltungsmittel*; – in Summa: Moral war das große *Gegenmittel* gegen den praktischen und theoretischen *Nihilismus*.

Aber unter den Kräften, die die Moral großzog, war die *Wahrhaftigkeit*: diese wendet sich endlich gegen die Moral, entdeckt ihre *Teleologie, ihre interessierte Betrachtung* – und jetzt wirkt die Einsicht in diese lange eingefleischte Verlogenheit, die man verzweifelt, von sich abzutun, gerade als Stimulans. Zum Nihilismus. Wir konstatieren jetzt Bedürfnisse an uns, gepflanzt durch die lange Moral-Interpretation, welche uns jetzt als Bedürfnisse zum Unwahren erscheinen: andererseits sind es die, an denen der Wert zu hängen scheint, derentwegen wir zu leben aushalten. Dieser Antagonismus, das was wir erkennen, nicht zu schätzen und das, was wir uns vorlügen möchten, *nicht* mehr schätzen zu *dürfen*: – ergibt einen Auflösungsprozess. [...]

Der Nihilismus erscheint jetzt, *nicht* weil die Unlust am Dasein größer wäre als früher, sondern weil man überhaupt gegen einen „Sinn" im Übel, im Dasein misstrauisch geworden ist. *Eine* Interpretation ging zu Grunde; weil sie aber als die Interpretation galt, erscheint es, als ob es gar keinen Sinn im Dasein gebe, als ob alles *umsonst* sei.

Aus: Friedrich Nietzsche: Nachlass 1885–1887. KSA 12, hg. von G. Colli/M. Montinari. München 1999a, S. 211 f.

- *Stellen Sie die Begrifflichkeiten Moral und Nihilismus gegenüber und halten Sie fest, was Nietzsche jeweils dazu sagt.*
- *Geben Sie eine Definition, was unter Nihilismus zu verstehen ist.*
- *Was meint Nietzsche damit, wenn er behauptet, die Wahrhaftigkeit – quasi ein Zögling der Moral – wende sich gegen die Moral?*
- *Von welchen Bedürfnissen ist die Rede, die plötzlich als „interessierte" erscheinen?*
- *Fassen Sie nun den Inhalt mit Ihren eigenen Worten zusammen.*

# Silvio Vietta: Gesellschaft im Umbruch

Trotz der Divergenz und Vielschichtigkeit [der] Einflüsse ist die Signatur der Epoche keineswegs chaotisch oder beliebig. Sie lässt sich, auf eine stark verkürzte Formel gebracht, beschreiben als ein Spannungsfeld kulturkritischer Tendenzen sowie einer mit diesen verknüpften grundlegenden Krise des modernen Subjekts einerseits, messianischen Erneuerungs- und Aufbruchsversuchen andererseits.

Die Kulturkritik und Erfahrung der Ichdissoziation ist vielfältig motiviert: Die von Simmel beschriebene dissoziierende Erlebniswelt der Großstadt gehört ebenso dazu wie die von Pinthus angesprochene, durch ‚Schnellpresse, Kino, Radio, Grammofon, Funktelegrafie' bedingte Technisierung der Kommunikation. Für die gesamte expressionistische Generation gilt, was der von 1901 bis 1914 in Berlin lehrende Philosoph und Soziologe Georg Simmel klar erkannte und formulierte, dass die enorme Entwicklung der modernen Technologie, Industrie und Geldwirtschaft Ende des 19., Anfang des 20. Jahrhunderts dem vereinzelten Ich das Gefühl vermittelte, einem verselbstständigten, ‚verdinglichten' System gegenüberzustehen, in dem es selbst, ein ‚Staubkorn gegenüber einer ungeheuren Organisation von Dingen und Mächten' (Simmel), funktionslos geworden ist. Dies umso mehr, als das in Deutschland verspätete, dann aber umso rapidere Wachstum von Industrie und großstädtischen Ballungszentren eine langsame historische Anpassung an die veränderten Lebensbedingungen verwehrte.

Die Umschichtung der modernen Gesellschaft von einer traditionsgeleitet-agrarischen, durch Verwandtschaftsbande, dörfliche oder kleinstädtische Kommunen, gewachsene Zünfte und Verbände zusammengehaltenen ‚Gemeinschaft' zu einer nur mehr rational-organisatorisch vermittelten ‚Gesellschaft', die sich nach der Reichsgründung sehr forciert vollzog, wird von einer Flut zeitkritischer Literatur angeprangert.

Zur Erfahrung der Orientierungslosigkeit und Dissoziation des Ich trug wesentlich auch Nietzsches Nihilismusbegriff bei. [...]

Geistesgeschichtlich wird durch Nietzsches Nihilismusanalyse ein ideologisches Vakuum geschaffen. Die traditionellen Leitbegriffe der abendländischen Kultur scheinen entmachtet. [...]

Die Wirkung leitet sich aus der gedanklichen und sprachlichen Schärfe ab, mit der Nietzsche ideologiekritische Tendenzen der modernen Aufklärung radikal zu Ende zu denken und diese Gedanken zu formulieren imstande war. [...]

[Zum Beipiel spricht Nietzsche] die Lehre vom Tod Gottes in einer Vielzahl von Metaphern [aus], die auch in der Lyrik des Expressionismus als Ausdruck eines Zustandes ‚transzendentaler Obdachlosigkeit' [Lukács] begegnen: die Metapher der Orientierungs- und Weglosigkeit, des bodenlosen Absturzes, des Herumirrens im Raume, der Verwesung, des Todes, der Vernachtung, des Wahnsinns.

Silvio Vietta, zit. nach Dominique Tetzlaff/Jeanpierre Guindon (Hg.): An die Verstummten. Frankfurt/M: Athenäum 1988, S. 306 f.

- *Notieren Sie alle Ihnen unbekannten Begriffe und versuchen Sie aus dem Kontext, in dem sie stehen, eine nähere Bestimmung. Schlagen Sie andernfalls im Lexikon nach.*
- *Fassen Sie den Text mit prägnanten Kernthesen zusammen und arbeiten Sie unter Rückbezug auf ein Gedicht Ihrer Wahl entsprechende Tendenzen heraus.*

# Zur zeitlichen Einordnung des Expressionismus

Bei dem Versuch, den Expressionismus zeitlich einzugrenzen, wird wiederholt das „expressionistische Jahrzehnt“ zwischen 1910 und 1920 als Hoch- und Blütezeit genannt, wobei eine genaue zeitliche Datierung schwierig vorzunehmen ist. Bezeichnet der Begriff zunächst eine Richtung in der Malerei (Kirchner, Schmidt-Rotluff, Nolde, Kandinsky, Marc u. a. m.), so wird das Jahr 1910 als Beginn des Expressionismus in der Literatur angesetzt. Bis 1914 treten die literarischen Expressionisten vor allem als Lyriker (Heym, Trakl) hervor, im Krieg setzt sich verstärkt die Prosa durch. In den Jahren 1915 – 1920, häufig als die zweite Phase des Expressionismus bezeichnet, erscheinen zahlreiche Programmschriften, das Drama wird zur zentralen künstlerischen Ausdrucksform dieser Schlussphase der expressionistischen Bewegung. Ebenfalls schwierig ist die eindeutige Bestimmung der den Expressionismus tragenden Künstlerschaft. Wilhelm Steffens spricht von der „Zerrissenheit der expressionistischen Generation“ (Steffens 1986: 157) und verweist in diesem Zusammenhang auf die großen Unterschiede der ästhetischen und gesellschaftlichen Postitionen der einzelnen Literaten. Man muss sich vergegenwärtigen, dass der Expressionismus nicht nur einen Form- und Stilbegriff darstellt, sondern dass die expressionistische Bewegung vielmehr von einem bestimmten Menschen- und Gesellschaftsbild getragen wird. Die Verbindungslinie zwischen den einzelnen expressionistischen Künstlern ist weniger in einem einheitlichen Stil zu sehen als in einer gemeinsamen Verneinung der gesellschaftlichen und literarisch-künstlerischen Tendenzen des 19. Jahrhunderts und ihrer Gegenwart. Man lehnte die Bürgerlichkeit ab, das positivistische Weltbild und den philosophischen Materialismus, man reagierte ablehnend auf die Wirklichkeitsnachbildung im Naturalismus, die Wiedergabe sinnlich-subjektiver Eindrücke im Impressionismus und verabscheute den Kapitalismus und die industrielle Revolution. Die Dichter des Expressionismus kritisieren die Gesellschaft und ihre Auswüchse. Ein Gefühl der Ohnmacht gegenüber der rasend sich entwickelnden Technik artikuliert sich. Die jungen Literaten gehen neue Wege, indem im Zuge des umfassend gegebenen Orientierungsverlustes neue Formen gesucht werden und mit der ästhetischen Tradition gebrochen wird. Sie suchen eine neue Sprache, in dem Glauben, dass die gegebene Sprache Teil der vorgefundenen, frustrierend und auch langweilig erlebten Realität ist. Ein Jenseits dieser Realität bedürfe daher anderer, unerwarteter Sprach- und Stilmittel.

Schließlich ist der Begriff „Expressionismus“ selbst vielschichtig. Er umfasst zum einen eine allgemeine Ausprägung der modernen Kunst und Literatur, zum anderen meint er eine typisch deutsche Erscheinung, die u. a. den Generationenkonflikt als ein zentrales Thema aufgreift, worin sich etwas von dem Zeitumbruch widerspiegelt, dem insbesondere Deutschland ausgesetzt war (vgl. ebd., S. 157/167).

Vgl. auch: Wilhelm Steffens: Drama. In: Lexikon des Expressionismus. Hrsg. von Lionel Richard. Darmstadt 1986, S. 157 – 187; hier: S. 157

■ *Erarbeiten Sie eine Definition zum Expressionismus. Bestimmen Sie dabei auch, was unter „Bürgerlichkeit“, „positivistischem Weltbild“ oder „philosophischem Materialismus“ zu verstehen ist, und leiten Sie daraus den expressionistischen Gegenentwurf ab.*

# Kurt Pinthus: Die Überfülle des Erlebens (1925)

Welch ein Trommelfeuer von bisher ungeahnten Ungeheuerlichkeiten prasselt seit einem Jahrzehnt auf unsere Nerven nieder! [...] Man male sich zum Vergleich nur aus, wie ein Zeitgenosse Goethes oder ein Mensch des Biedermeier seinen Tag in Stille verbrachte, und durch welche Mengen von Lärm, Erregungen, Anregungen heute jeder Durchschnittsmensch täglich sich durchzukämpfen hat, mit der Hin- und Rückfahrt zur Arbeitsstätte, mit dem gefährlichen Tumult der von Verkehrsmitteln wimmelnden Straßen, mit Telefon, Lichtreklame, tausendfachen Geräuschen und Aufmerksamkeitsablenkungen. Wer heute zwischen dreißig und vierzig Jahre alt ist, hat noch gesehen, wie die ersten elektrischen Bahnen zu fahren begannen, hat die ersten Autos erblickt, hat die jahrtausendelang für unmöglich gehaltene Eroberung der Luft in rascher Folge mitgemacht, hat die sich rapid übersteigernden Schnelligkeitsrekorde all dieser Entfernungsüberwinder, Eisenbahnen, Riesendampfer, Luftschiffe, Aeroplane miterlebt. [...] Wie ungeheuer hat sich der Bewusstseinskreis jedes Einzelnen erweitert durch die Erschließung der Erdoberfläche und die neuen Mitteilungsmöglichkeiten: Schnellpresse, Kino, Radio, Grammofon, Funktelegrafie. Stimmen längst Verstorbener erklingen; Länder, die wir kaum dem Namen nach kennen, rauschen an uns vorbei, als ob wir selbst sie durchschweiften. [...] Der Krieg begann sich über Erde, Luft und Wasser zu verbreiten, mit Vernichtungsmöglichkeiten, die die Fantasie auch der exzentrischsten Dichter zu ersinnen nicht imstande gewesen war. Unsere Heere überfluteten Europa; Dutzende von Millionen Menschen hungerten jahrelang; aus Siegesbewusstsein stürzten wir in Niederlage und Revolution; Kaiser, Könige und Fürsten wurden dutzendweise entthront. Wer soll noch durch Menschenunglück erschüttert werden, der erlebte, dass vier Millionen Menschen durch Menschenhand im Krieg umgebracht wurden? Die Länder erbebten von Attentaten und Revolten; politische und soziale Ideen, von denen unsere Großeltern noch nichts ahnten, wuchsen über die Menschheit und veränderten das Antlitz der Völker und der Erde. Das Geld, einziger Maßstab realen Besitzes, verlor seinen Wert und eroberte ihn wieder. Staatengebilde brachen zusammen [...] [...] und Maschinen, Maschinen erobern unsere Planetenkruste. Zusammengeballt in zwei Jahrzehnte erlebten wir mehr als zwei Jahrtausende vor uns. Was haben wir noch zu erwarten, zu erleben? Vermögen wir uns noch zu wundern?

Zit. nach: Silvio Vietta (Hg.): Lyrik des Expressionismus. Tübingen: Niemeyer 1990, S. 9

- *Erstellen Sie eine Tabelle mit den technologischen Umwälzungen, mit denen sich der Mensch zu Beginn des 20. Jahrhunderts konfrontiert sah.*
- *Stellen Sie Ihren Ergebnissen die Entwicklungen der Gegenwart entgegen.*
- *Schreiben Sie einen Text, der sich mit den technischen Gegebenheiten des 21. Jahrhunderts beschäftigt. Integrieren Sie in Ihren Text zwei von Ihnen ausgewählte Zitate von Pinthus.*

Baustein 3

# Expressionismus: Drama und Prosa

## 3.1 Das Drama[1]

Die Hochphase der expressionistischen Dramatik lag in den Jahren nach 1915. In der Umbruchssituation des Ersten Weltkriegs war das Publikum besonders empfänglich für die neue Dramatik und das in ihr vertretene veränderte Gesellschafts- und Menschenbild. „Das Drama diente [...] als Kanzel zur Verkündigung der Menschheitsrevolution und als Projektionsmedium der Utopie von der neuen Welt“ (Viviani $^{2}$1981, S. 20). Kennzeichen einer expressionistischen Dramatik sind u. a. (vgl. Steffens 1986: 160, Viviani $^{2}$1981, S. 21 f.):

- der veränderte Raum, der nicht mehr als Umgebung, sondern als Projektionsfläche für das Ich der Figuren dient;
- der rasche Szenenwechsel, der notwendig ist, weil das expressionistische Drama szenisch demonstriert und nicht dialogisch analysiert;
- die Neigung zur Abstraktion als Abkehr von der Wirklichkeit (das Drama wird nicht mehr als Spiegel der Realität verstanden, sondern gezeigt werden soll das jenseits des Scheins existierende wahre Sein);
- der sich wandelnde Mensch als Mittelpunkt der Dramatik („Wandlung und Erlösung bestimmen die Struktur des neuen Dramas“, Viviani $^{2}$1981, S. 22).

Als entscheidende Einflussgrößen, die die expressionistische Dramatik entscheidend prägten, werden häufig August Strindberg (1849 – 1912) und Frank Wedekind (1864 – 1918) genannt. Strindberg, der nur in Bezug auf einen Teil seines Werkes selbst als Expressionist bezeichnet werden kann, hatte auf die deutschen Dramatiker des Expressionismus großen Einfluss. Das Strindberg-Drama „Nach Damaskus“ (entstanden 1898 – 1901, deutsche Übertragung 1912) gilt vielen als das erste wahrhaft expressionistische Drama, da es vollkommen abstrakt ist und alle Figuren nur Funktionen im Dienste der dramatischen Idee erfüllen (vgl. Steffens 1986, S. 159). Die Dramen Strindbergs werden als „Mutterzelle des expressionistischen Dramas“ bezeichnet (vgl. Diebold $^{4}$1928, S. 165). Sie stellen einen deutlichen Angriff auf die herkömmlich-klassische Dramenform dar: Das Zerschlagen der Realität zeigt sich hier als Zerfall der Form, Monologe treten an die Stelle von Dialogen. Frank Wedekind, in der Forschungsliteratur als „Wegbahner des Expressionismus“ bezeichnet (vgl u. a. Viviani $^{2}$1981, S. 35), vollzieht deutlich den Schritt zu einem neuen Menschenbild in der Dramatik: Statt des Individuums wird nun der Typ Mensch gezeigt. Formal gesehen wird bei Wedekind der Einheitsbegriff der Handlung aufgegeben zugunsten einer übergreifenden Verbindung der einzelnen Akte durch eine gemeinsame Idee. Der Gegensatz zwischen dem Einzelnen und der bürgerlichen Gesellschaft prägt seine Stücke. Dies gilt für „Frühlings Erwachen“ (1891) und ebenso für den „Kammersänger“ (1899), für den „Marquis von Keith“ (1901) wie für „Die Büchse der Pandora“ (1904) und für „Franziska“ (1911), um nur einige der bekannteren Wedekind-Dramen zu nennen. In „Frühlings Erwachen“ werden pubertierende Schüler zum Widerpart der bürgerlichen Gesellschaft, die sich in ihren Repräsentanten selbst ad absurdum führt. So etwa wenn die kleinbürgerliche Frau Bergmann Angst hat, ein Aufklärungsgespräch mit ihrer Tochter würde ihr eine Gefängnisstrafe einbringen und die Lehrer sich in der als Satire gestal-

[1] Als Verfasserin des Abschnittes „3.1 Das Drama“, S. 82 – 89, zeichnet Katharine Pappas verantwortlich.

teten Schulkonferenz-Szene als Karikaturen erweisen, deren menschenverachtendem Macht- und Angstapparat aber – bei aller gleichzeitigen Lächerlichkeit – die Jugendlichen zum Opfer fallen. Wedekind stellt in seinen Dramen als Erster „den sich selbst Emanzipierenden als Gegensatz zum determinierten, korrupten Bürger der Jahrhundertwende in den Vordergrund, verurteilt die Verdeckung der Wahrheit durch die heuchlerische Moral, führt das wirkliche, nackte Leben den erschreckten Bürgern vor Augen und durchbricht das Tabu des erotischen Naturtriebs, auf dessen Zügelung die bestehende Gesellschaft aufgebaut war. Er befreit das Drama von wirklichkeitsorientierten Nachahmungszwängen und überlieferten literarästhetischen Forderungen, gestaltet die Akte zu parallel laufenden Großszenen um, [...], stellt seine Stücke in den Dienst eines lebensreformerischen Programms und tritt selbst als Bekenner und Verkünder an die Rampe vor die Zuschauer“ (Viviani $^{2}$1981, S. 35).

Neben diesen „Vorläufern“ der expressionistischen Dramatik seien noch einige ihrer bedeutsamen Vertreter genannt: Arnolt Bronnen (1895 – 1959), Walter Hasenclever (1890 – 1940), Georg Kaiser (1878 – 1945), Ludwig Rubiner (1881 – 1920), Carl Sternheim (1878 – 1942), Ernst Toller (1893 – 1939) und Fritz von Unruh (1885 – 1970). 1920 war die schöpferische Phase der literarisch-expressionistischen Bewegung zu Ende, selbst wenn auch noch in den Jahren 1923 und 1924 einige Theaterstücke im expressionistischen Stil geschrieben wurden. Das Scheitern des expressionistischen Dramas wird vielfach auf der Folie des Versagens der expressionistischen Programme vor der Wirklichkeit und der Veränderung der Gesellschaft verstanden – die Expressionisten brachten keine tatsächliche Veränderung der Wirklichkeit hervor, sie blieben bei der Illusion eines neuen Gesellschafts- und Menschenbildes stehen.

## Biografisches zu Frank Wedekind[1]

Frank Wedekind

Frank Wedekind wird am 24.07.1864 in Hannover geboren. Im Jahre 1872 zieht die Familie aus politischen Gründen (Wedekinds Vater war Demokrat und Bismarck-Gegner) in die Schweiz. Nach dem Abitur 1884 beginnt er auf den Rat seines Vaters hin ein Jura-Studium in München, wendet sich jedoch schon kurze Zeit später mehr und mehr geisteswissenschaftlichen Tätigkeiten und Richtungen zu, vor allem der Literatur. Infolge eines u.a. daraus resultierenden Zerwürfnisses mit dem Vater ist Wedekind gezwungen, sich durch das Verfassen kleinerer Feuilleton-Beiträge selbst zu finanzieren. Er bricht sein Studium ab und arbeitet von 1886 – 1887 als Reklame- und Pressebeauftragter der Firma Maggi in Zürich. Noch einmal nimmt er im Sommer 1888 dem Vater zuliebe das Jura-Studium wieder auf, beendet es aber endgültig nach dessen Tod im Oktober desselben Jahres und versucht von nun an, sich eine Existenz als freier Schriftsteller zu schaffen. In den Jahren in München und Zürich verkehrt er in den Kreisen der Brüder Gerhart und Carl Hauptmann und beteiligt sich an der Gesellschaft „Das junge Deutschland“, einer Vereinigung von Schriftstellern und Wissenschaftlern. Allerdings schließt er sich deren Forderung nach einer naturalistisch geprägten Literatur nicht an. 1889 reist Wedekind nach Berlin, das er wegen fehlender amerikanischer Staatsbürgernachweise wieder verlassen muss. Er zieht nach München und beginnt 1890 mit der Arbeit an dem Drama „Frühlings Erwachen“, das 1891 in Zürich erscheint, aber 15 Jahre lang aufgrund der Zensur nicht auf die Bühne gebracht wird. 1896 wird Wedekind Mitarbeiter der satirischen Zeitschrift „Simplizissimus“. 1899 entsteht „Der Marquis von Keith“. Wede-

[1] Vgl. u.a. Steffens 1986: 185f., Seiffert/Völker 1995: 4ff., Pickerodt $^{4}$1998: 5ff. Anstelle der im vorliegenden Kapitel zusammengestellten biografischen Daten könnte man den Schülerinnen und Schülern auch die von Wedekind selbst verfasste „Erste Autobiografie“ von 1901 (in Auszügen) vorlegen (vgl. Frank Wedekind: Werke in drei Bänden. Prosa. Hrsg. von Manfred Hahn. Berlin/Weimar (Aufbau-Verlag) 1969, S. 332ff.).

kind wechselt einige Male den Wohnsitz, zieht u. a. nach Paris, dann nach Berlin und schließlich wieder nach München. Aufgrund seiner kritischen politischen Gedichte wird er von der Polizei verfolgt und sitzt eine Festungshaft ab. Im Jahre 1900 wird er aus der Haft entlassen und wirkt im neu gegründeten Münchner Kabarett „Die elf Scharfrichter" mit. 1902 wird „Die Büchse der Pandora" veröffentlicht – allerdings wird das Buch beschlagnahmt. 1904 wird das Stück in Nürnberg uraufgeführt (die beiden Dramen „Erdgeist" und „Die Büchse der Pandora" sind heute als „Lulu"-Tragödie bekannt). Seit 1906 hat Wedekind sowohl als Schauspieler als auch mit seinen Stücken auf Berliner Bühnen Erfolg und hat so zum ersten Mal in seinem Leben ein gesichertes Einkommen. Er heiratet die 22 Jahre jüngere Mathilde Newes, mit der er zwei Töchter hat (er hat zuvor bereits zwei Söhne aus unehelichen Verbindungen). Es entstehen einige weitere Stücke (u. a. „Oaha", „Franziska", „Simson"). Wedekind siedelt wieder nach München über. In den Kriegsjahren verschlechtert sich seine materielle Situation, seine Stücke werden nicht gespielt. 1918 stirbt Wedekind an den Folgen einer schlecht verheilten Blinddarmwunde. Seine Werke werden bis über seinen Tod hinaus von der Zensur verfolgt.

Wedekind hat auf die Folgegeneration von Literaten, so u. a. auf die Expressionisten, einen großen Einfluss ausgeübt. Eine geistes- und stilgeschichtliche Fixierung des Dramatikers, Lyrikers, Essayisten, Karbarettisten und Schauspielers Frank Wedekind – und damit sind nur einige seiner vielfältigen Tätigkeitsbereiche genannt – würde allerdings seiner produktiven und gedanklichen Vielseitigkeit nicht gerecht. Wedekind entzieht sich einer eindeutigen Zuordnung zu einer literaturgeschichtlichen Epoche, zu einem festen Stil- oder Ideenkonzept. Er ist unter philosophischen Gesichtspunkten mit Nietzsche und Schopenhauer in Verbindung gebracht worden, in literarischer Hinsicht mit Büchner und Grabbe. Man hat ihn sowohl dem Naturalismus wie dem Impressionismus, dem Expressionismus wie der Neuromantik zuzuordnen versucht. Alle diese Zuordnungen blieben – aus genanntem Grunde – unbefriedigend. Tatsächlich ist es so, dass Wedekind – trotz einiger Kontakte zu zeitgenössischen Literaten, wie z. B. zu Karl Henckell, Gerhart Hauptmann und John Henry Mackay – im Großen und Ganzen zu allen Strömungen und literarischen Gruppierungen eine gewisse Distanz hielt. Wohl bewusst war sich Wedekind der problematischen gesellschaftlichen Situation des Künstlers in der bürgerlichen Gesellschaft der Jahrhundertwende, für den die „Wahl" bestand zwischen künstlerischer Selbstverwirklichung bei gleichzeitiger Wirkungslosigkeit oder kommerzialisiertem Kunstschaffen, das – zur Massenunterhaltung degradiert – sich selbst verrät (vgl. Pickerodt $^{4}$1998, S. 5 f.). Diese Problematik greift er auch wiederholt in seinen Stücken auf (vgl. u. a. „Der Kammersänger", 1897; „König Nicolo", 1901).

Die Niederschrift des Dramas „Frühlings Erwachen" beginnt Wedekind, wie gesagt, im Jahre 1890, eine Erstausgabe erscheint bereits im darauf folgenden Jahr. Bedingt durch das Aufführungsverbot, das das Preußische Oberverwaltungsgericht für das Stück verhängt, erfolgt die erste Aufführung einer zensierten Fassung des Dramas erst im Jahre 1906 (unter Max Reinhardt in den „Kammerspielen", Berlin). Nicht nur die zentralen Themen des Stücks und die Tatsache, dass Jugendliche als Protagonisten fungieren, auch das Faktum, dass in erster Linie die Sicht der Jugendlichen die Perspektive der Darstellung bestimmt und die Erwachsenen sich durch die Äußerungen zum größten Teil selbst entlarven, hat Anstoß unter den Zeitgenossen erregt. Im Zentrum des Stückes stehen die massiven Probleme, die Schule und Elternhaus jungen Menschen zur Zeit des Kaiserreichs bereiten, die in Fragen der Aufklärung keine Hilfe vonseiten der Elterngeneration erhalten und unter deren überkommenen Moralvorstellungen zu leiden haben. Die Protagonisten des Stückes, die Freunde Moritz und Melchior sowie das Mädchen Wendla Bergmann, begegnen diesen Problenem auf ganz unterschiedliche Weise. Während der mutlos-labile Moritz von seinen Schul- und Sexualitätsängsten dominiert wird und in der Beendigung seines Lebens schließlich den einzigen Ausweg sieht, wird Melchior als selbstbewusster Junge von wachem und kritischem Verstand gezeigt, dessen Lebensbejahung am Ende über seine Verzweiflung siegt. Die naiv-neugierige Wendla Bergmann hingegen wird zum Opfer der Verlogenheit der Gesellschaft, konkret in Gestalt ihrer eigenen Mutter. Diese wird als Typus der kleinbürgerlichen, moralischen Zwängen unterworfene Frau und Mutter charakterisiert, die dem Aufklärungswunsch ihrer Tochter nicht entsprechen kann. Ihre Verheimlichungstendenzen sind auf der Grundlage ihrer Angst vor gesellschaftlicher Verachtung („... dass man mich ins Gefängnis setzt – dass man dich von mir nimmt", II.2) und als Wiederholung eines von ihr selbst erfahrenen Erziehungsmusters zu verstehen („Ich habe an dir nicht anders getan, als meine liebe gute Mutter an mir getan hat", III.6). Dieser Verschleierungswille setzt sich tragischerweise mit der Lüge „gestorben an der Bleichsucht" (III.7) noch bis auf den Grabstein Wendlas fort.

## Das Drama „Frühlings Erwachen" im Unterricht

Die unterrichtliche Auseinandersetzung mit Wedekinds Drama „Frühlings Erwachen" kann sinnvoll unter der Frage der Aktualität des Stückes erfolgen. Dies kann einmal in Hinsicht auf die Auseinandersetzung mit der Schulproblematik, zum anderen in Bezug auf die dargestellten Bewältigungsversuche von Sexualität geschehen. Dabei kann das Drama sowohl als Ganzschrift gelesen werden als auch in Ausschnitten innerhalb eines Unterrichtsvorhabens zur Darstellung von Schule in verschiedenen literarischen Texten oder zur Aufklärungsproblematik – wiederum vergleichend unter Hinzuziehung weiterer literarischer Textbeispiele[1]. Im Falle einer Schwerpunktsetzung in Hinsicht auf die im Stück thematisierte Schulproblematik (vgl. hier insbesondere die Szenen I.2, I.4, II.1, III.1, III.2) könnten sinnvoll Ausschnitte aus den „Buddenbrooks" Thomas Manns (Schulepisode), Friedrich Torbergs „Der Schüler Gerber" sowie aus Robert Musils „Die Verwirrungen des Zöglings Törleß" hinzugezogen werden. Historische Zeugnisse und Quellen sollten dabei die literarischen Darstellungen um Datenmaterial zur Schule der Jahrhundertwende erweitern. Was den Themenkreis „Sexualität" betrifft, der im Stück durchgängig in allen Szenen thematisiert wird, ließe sich die unterrichtliche Arbeit an der Thematik sinnvoll um Hermann Hesses „Unterm Rad" ergänzen.[2] Übergreifender thematischer Gesichtspunkt beider Texte ist die literarische Darstellung der krisenhaften Erfahrung von Pubertät, Familie und Schule durch Jugendliche um die Jahrhundertwende, es handelt sich in beiden Fällen um „Kindertragödien". Die Auswahl der Texte lässt sich außer unter motivgeschichtlich-problemorientierter Perspektive auch unter gattungs-theoretischer Perspektive begründen, lernen doch die Schüler mit den genannten literarischen Beispielen Texte verschiedener literarischer Gattungen kennen (Drama, Roman, Erzählung).

In den Richtlinien wird betont, dass eine problemorientierte Unterrichtsplanung besonders dann tragfähig ist, „wenn die Schüler sich mit ihren eigenen Problemen in den Themen und Fragestellungen des Unterrichts wiederfinden"[3]. Dies gilt für die in den genannten literarischen Texten angesprochene Thematik unbedingt. Sie sind einerseits als Zeugnisse ihrer Entstehungszeit zu lesen und geben Aufschluss darüber, wie Jugendliche um 1900 ihre Pubertät erlebt haben, welche Folgen die Prüderie und Doppelmoral der bürgerlich-preußischen Gesellschaft für das Leben von Jugendlichen haben konnten. Gleichzeitig sind die angesprochenen Themen und Probleme – Ängste im Zusammenhang mit der Erfahrung der eigenen Sexualität, Leistungsdruck und Versagensangst, die Unvereinbarkeit der eigenen Wünsche mit den Schul- und Elternansprüchen – heute noch aktuell: „Bei aller Liberalisierung der Erziehungsmethoden in Familie und Schule seit der Entstehung des Stückes scheint dieses einen [...] Kernbestand an sozialpädagogischen Problemen zu enthalten, die auch heute noch nicht völlig gelöst sind" (Bekes $^{5}$1999, S. 8).[4] Aber nicht nur von der Thematik, auch von der formalen Gestaltung

---

1 Vgl. Stefan Rogal: Frank Wedekind, Frühlings Erwachen. Paderborn: Schöningh Verlag 2000 (EinFach Deutsch, Unterrichtsmodelle, hrsg. von Johannes Diekhans)

2 Vgl. Stefan Rogal: Hermann Hesse, Unterm Rad. Paderborn: Schöningh Verlag 2002

3 Richtlinien und Lehrpläne für die Sek. II, Gymnasium/Gesamtschule. Frechen (Ritterbach) 1999, S. 32

4 Darüber, ob die im Stück thematisierte mangelnde Aufklärung der Jugend und ihre Folgen heute noch Aktualität besitzt, herrschen durchaus kontroverse Auffassungen. So betont etwa Martin Krumbholz: „Nicht an einem Mangel, sondern eher an einem Übermaß an Aufklärung und Information laboriert heutzutage die westliche Zivilisation" (in: Theater heute, Heft 7/1998, S. 63).

her empfiehlt sich eine Behandlung des Wedekind'schen Dramas „Frühlings Erwachen" im Unterricht. Gerade das Ineinander von Form und Inhalt, die Besonderheiten der dramaturgischen, literarischen und sprachlichen Umsetzung der Problematik machen den Reiz des Stückes aus. Darüber hinaus bietet sich das Stück zur Erarbeitung charakteristischer Merkmale des Dramentypus der offenen Form (im Sinne von Volker Klotz [10]1980) an.

Im Folgenden sollen Stunden einer Unterrichtseinheit exemplarisch vorgestellt werden, in denen Szenen des Dramas „Frühlings Erwachen" im Mittelpunkt stehen, die der Kritik Wedekinds an den Eltern, der Erziehung in der Familie gewidmet sind. Im Rahmen der Erarbeitung der familiären Erziehungskonzepte sollten in den ersten beiden Stunden der Unterrichtseinheit (eine Doppelstunde) zunächst die Szenen angesprochen werden, in denen die Beziehung Wendla – Frau Bergmann entfaltet wird (I.1 und II.2). Die Tendenz zu verhüllen ist dabei charakteristisch für den Erziehungsstil Frau Bergmanns und die Art der Gesprächsführung mit ihrer Tochter. Diesem Verhüllungs-Bestreben der Mutter steht der Aufklärungswunsch Wendlas gegenüber, ihr Bestreben, zu enthüllen. Dieses gegensätzliche „Programm" bestimmt die dramaturgische Gestaltung der Szenen (Stichwort „Kleidermetaphorik") und die Spannungskurve der Gespräche zwischen Mutter und Tochter und wird gemeinsam mit den Schülern aus den Szenen herauszuarbeiten sein. In den Folgestunden (2. Doppelstunde) wird mit Frau Gabor eine weitere Mutterfigur ins Zentrum des Interesses gerückt (Szene III.3). Der kleinbürgerlichen Borniertheit und Verklemmtheit Frau Bergmanns scheint auf den ersten Blick mit der dem Großbürgertum zugehörigen, liberalen Frau Gabor ein Gegensatz an die Seite gestellt zu sein. Wie Frau Bergmann wird aber auch sie letztlich entscheidenden Einfluss auf das Schicksal ihres Kindes nehmen.

## Aufbau der Unterrichtseinheit

Innerhalb eines Kalenderjahres zur deutschen Literatur des Epochenumbruchs vom 19. zum 20. Jahrhundert lässt sich ein Unterrichtsvorhaben mit dem Schwerpunkt „Jugendliche der Jahrhundertwende zwischen Pubertät und familiärer Sozialisation – Frank Wedekinds Drama ‚Frühlings Erwachen'" denken. Schon in der Wahl der Thematik ist die Klammer zum Expressionismus zu sehen, zum einen durch den Bruch mit der Konvention, Sexualität in der vorgelegten Form so unbefangen zu verarbeiten (vgl. Rothmann 2001, S. 235), zum anderen in dem gesellschaftskritischen Moment, indem „das Problem der Pubertät in einer sich prüde gebenden Gesellschaft mit doppelter Moral" (ebd.) aufgegriffen wird.
Dabei bietet sich das Thema einer Unterrichtseinheit zu Wedekinds Kritik an der Sozialisation im Elternhaus an, innerhalb derer dann zwei Doppelstunden sich mit den im Drama vorgestellten Elternhaussituationen beschäftigen sollten. Die erste Doppelstunde, in der die Szenen I.1, II.2 und III.5 anzusprechen wären, würde sich unter dem Gesichtspunkt „Verhüllung als Erziehungsmittel" der Erziehung im Hause Bergmann widmen, in den anschließenden Unterrichtsstunden, die im Folgenden genauer darzustellen sein werden, soll das Streitgespräch der Eltern Gabor (Szene III.3) im Zentrum stehen.
Die besondere Bedeutung dieser Szene III.3 hat Wedekind selbst betont. Hat er in Bezug auf Rezeption und Aufführungen seines Stücks immer kritisiert, dass ihm hier „der Humor gänzlich fehlte", den er doch in dem Stück zur Geltung zu bringen versucht habe (vgl. Brief Wedekinds an Fritz Basil vom 3.1.1907, Werke ed. Hahn 1969, S. 580 f.), so nimmt er das Elterngespräch dieser Szene aus der Leichtigkeit, die er den übrigen Szenen attestierte, heraus:
„Nimmt mich wunder, ob ich es noch erleben werde, dass man das Buch [sc. „Frühlings Erwachen"] endlich für das nimmt, als was ich es vor zwanzig Jahren geschrieben habe, für ein sonniges Abbild des Lebens, in dem ich jeder einzelnen Szene an unbekümmertem Humor alles abzugewinnen suchte, was irgendwie daraus zu schöpfen war. Nur als Peripetie des Dramas fügte ich des Kontrastes wegen eine allen Humors bare Szene ein: Herr und Frau Gabor im Streit um das Schicksal ihres Kindes. Hier, kann ich meinen, müsse der Spaß aufhören" (Wedekind: Vorrede zu ‚Oaha', Werke ed. Hahn 1969, S. 364).

Bei der Erarbeitung der Szene im Unterricht sollten zwei Schwerpunkte gesetzt werden: Es sollten erstens die unterschiedlichen Argumente, die Herr und Frau Gabor in dem Streitgespräch zur Unterstützung ihrer Position anführen, herausgearbeitet und einer vertiefenden Betrachtung unterzogen werden. Des Weiteren soll die erstaunliche Wandlung Frau Gabors von der Verteidigerin zur Richterin ihres Sohnes am Text nachvollzogen und auf die im Text angedeuteten Ursachen hin befragt werden.

**Einstieg:** Zum Einstieg in die Stunde dient die Präsentation eines Szenenfotos der Wiener Inszenierung auf **Folie 1** (siehe Seite 108, oberes Foto, die beiden anderen Bilder werden an späterer Stelle zum Einsatz kommen und sollen hier zunächst abgedeckt bleiben).

Der Einsatz des Szenenfotos dient dazu, zum Einstieg in die Stunde die unterschiedlichen Haltungen der Eltern Gabor, die Konfliktträchtigkeit der Situation und die Unvereinbarkeit der Positionen bereits an den Körperhaltungen und der Mimik sinnfällig zu machen. Den Schülerinnen und Schülern wird so Gelegenheit zu einer ersten Charakterisierung der Personen gegeben und ein motivierender Gesprächsanlass geboten. Die Präsentation des Fotos (auf Folie zum Stundeneinstieg) erfolgt als stummer Impuls, um den Assoziationsspielraum der Schüler möglichst offen zu halten und einer Vielzahl von Schülerinnen und Schülern die Gelegenheit zu bieten, sich einzubringen. Die Schüler könnten folgende unmittelbare Beobachtungen zum Bild mitteilen: distanzierte, voneinander abgewandte Haltung der Figuren (vor der Brust verschränkte Arme der Mutter signalisieren ihre entschiedene Haltung, seine aufgestützten Hände und die aufgerichtete Körperhaltung beweisen seine Entschlossenheit), beide zeigen ernste bis zornige Mimik, deutlich wird die konfliktgeladene Atmosphäre. Es können vonseiten der Schülerinnen und Schüler bereits hier erste Deutungsansätze zur Szene eingebracht werden. Je nach Beitragslage sollte der Lehrer Impulse setzen. Anlass des Gesprächs zwischen Herrn und Frau Gabor sind die Folgen der von Melchior für seinen Freund Moritz verfassten Aufklärungsschrift „Über den Beischlaf". Seitens der Schule wird behauptet, diese Schrift stelle die Ursache für Moritz' Verwirrung und damit letztlich für seinen Selbstmord dar. Die Tatsachen liegen jedoch anders, sind doch die Ursachen für die Selbsttötung vielmehr in Moritz' Angst zu suchen, seine Eltern durch sein Schulversagen enttäuscht zu haben. Melchior wird auf gemeinsamen Beschluss der Lehrerschaft daraufhin von der Schule verwiesen. Hier setzt das vorliegende Gespräch an. Das Gespräch zwischen den Eltern besteht aus dem verbalen Zusammenstoß entgegengesetzter Meinungen. Gegenstand der Auseinandersetzung ist die Frage, ob Melchior nun in die Korrektionsanstalt geschickt werden solle, was Herr Gabor entschieden befürwortet, oder ob das nicht sinnvoll sei (Position Frau Gabors). Jede „Partei" führt in dem Gespräch andere Argumente zur Unterstützung ihrer Auffassung an.

Die Schüler sollen zunächst in Partnerarbeit die unterschiedlichen Argumente, die Herr und Frau Gabor jeweils anführen, aus dem Text herausarbeiten und einander gegenüberstellen.

- *Mit welchen Argumenten stützt Herr Gabor die Anklage gegen seinen Sohn?*
- *Mit welchen Argumenten verteidigt Frau Gabor Melchior?*

Anschließend stellen die Schülerinnen und Schüler die Ergebnisse der Partnerarbeit vor, die in einem Tafelbild zusammengefasst werden. Dabei kann als Strukturierungshilfe für die Tafelskizze auf das Modell „Gerichtsverhandlung" zurückgegriffen werden (vgl. dazu Bekes [5]1999, S. 52f. sowie Beilagenteil S. 16f.): Melchior = Angeklagter, Herr Gabor = Ankläger, Frau Gabor = Verteidigerin (mögliches Tafelbild, siehe Seite 89).

Bei einem vertieften Blick auf die unterschiedliche Art und Weise der Argumentation Herrn und Frau Gabors könnten im anschließenden Unterrichtsgespräch – unterstützt durch eine lenkende Impulsgebung des Lehrers – u.a. folgende Aspekte herausgestellt werden (es könnte dabei auch eine Charakterisierung der beiden Figuren geleistet werden): Herr Gabor erweist sich – seinem Beruf entsprechend – als Jurist, der sich buchstabengetreu an Maximen und Gesetzen orientiert, selbst wenn sein Verhalten dadurch inhuman wird. In der Frage, was mit seinem Sohn geschehen soll, geht es ihm weniger um dessen zukünftiges Schicksal als darum, sich selbst das „fleckenlose Gewissen" zu bewahren (Z. 68). Sein Gedankengut lässt sich als sozialdarwinistisch kennzeichnen: „Wer zu schwach für den Marsch ist, bleibt am Wege" (Z. 41 – 42). Er erscheint im Stück – neben Rektor, Lehrern, Pastor und Medizinalrat – als ein weiterer typischer Repräsentant der Gesellschaft.

Mit Frau Gabor spielt neben Frau Bergmann, der Mutter Wendlas, eine weitere Mutterfigur eine entscheidende Rolle im Drama. Der kleinbürgerlichen Prüderie und Borniertheit Frau Bergmanns scheint auf den ersten Blick mit der großbürgerlich-liberalen Frau Gabor ein Gegensatz an die Seite gestellt zu sein. Sie tritt im Drama in drei Szenen in Erscheinung (II.1; II.5; III.3), wobei sie zunächst verständnisvoll auftritt (sie bewirtet ihren Sohn und seine Freunde, scheint der Jugend gegenüber aufgeschlossen, berät Moritz, vgl. II.1), sich aber bereits ein Unterschied zwischen Scheinen und Sein andeutet, wenn sie nicht sehr einfühlsam auf die Mitteilung ihres Sohnes vom Tode eines Mitschülers reagiert (II.1), wenn ihr Einwand gegen die „Faust"-Lektüre ihre wahren Vorbehalte hinter einer fadenscheinigen Argumentation verbirgt (II.1) und wenn sie Moritz, der sich in seiner Not brieflich an sie wendet, ihrerseits brieflich die Hilfe versagt (II.5). Sie verkennt ebenso die Notlage dieses Jungen wie die Situation ihres Kindes, denn ihr Verhältnis zu ihrem Sohn ist bestimmt von Idealisierungen („kindliche Unberührtheit", Z. 92 – 93).

**Zum Gesprächsverlauf:** Frau Gabor durchschaut – sieht man auf den Beginn des Gespräches – durchaus, dass ihr Sohn als Sündenbock herhalten soll, und stellt sich vor ihr Kind, dessen Aufklärungsschrift sie zunächst als Hinweis auf seine kindliche Unberührtheit wertet. Sie spricht als Mutter, ihre Argumentation ist emotional. Demgegenüber gibt Herr Gabor offensichtlich väterliche Sorge nur vor, bleibt aber in seinen Ausführungen theoretisch-abstrakt und unberührt. Die Standpunkte beider Parteien scheinen zunächst unvereinbar. Die Fronten verhärten sich während des Gesprächs so sehr, dass Frau Gabor für den Fall, dass ihr Mann seine Entscheidung durchzusetzen versucht, sogar von Scheidung spricht (Z. 97ff.). Die antithetischen Aussagen „Er hat sich vergangen!", „Er hat sich nicht vergangen!" (Z. 122 u. 123) bringen die unversöhnlichen Positionen auf den Punkt. Für den Leser/Zuschauer entsteht aufgrund des Gesprächsinhalts und der Gesprächsführung bis zu dieser Stelle der Eindruck, als sei keinerlei Annäherung zwischen beiden Standpunkten denkbar. Umso erstaunlicher ist es zunächst (sicherlich auch für die Schüler), dass am Ende der Szene hinsichtlich des Beschlusses, Melchior in die Korrektionsanstalt zu geben, Einvernehmen herrscht, ja Frau Gabor sogar diejenige ist, die letztlich das Urteil über ihren Sohn spricht: „In die Korrektionsanstalt" (Z. 161).

Folgender Impuls bietet sich an:

- *Wer spricht am Ende den Richtspruch über Melchior?*

An dieser Stelle wird zum Verständnis der Wandlung Frau Gabors ein vertiefender Blick in den Text nötig (gemeinsames Lesen des Dialogs ab Z. 122). Gestisches Zeichen des Wendepunkts ist der Brief Melchiors an Wendla, den Herr Gabor wie einen „Trumpf" aus dem Ärmel zieht (hier unterstützend: Folie 1, Bild 2, S. 108). Bleibt man im Bild der Gerichtsverhandlung, so ist dieser Brief das Beweismittel, das die Verteidigung Frau Gabors einstürzen lässt. (Entsprechend wird das Tafelbild an dieser Stelle zu erweitern sein, vgl. im Folgenden S. 89). Im Unterrichtsgespräch ist anschließend zu klären, welche Gründe Frau Gabor dazu veranlassen, die Rolle der Verteidigung aufzugeben und zur Richterin ihres Sohnes zu werden.

- *Wie kann es sein, dass gerade die Mutter zur Richterin ihres Sohnes wird? (hier unterstützend: Folie, Bild 3, S. 108)*

Die Schüler können aus dieser und anderen Szenen, in denen Frau Gabor auftritt (II.1) u.a. folgende Gründe für die Wandlung Frau Gabors entnehmen: Enttäuschung über das Verhalten Melchiors (sie sieht ihre Erziehungsideale nicht verwirklicht), Verlustängste (er hat sich ihrem mütterlichen Zugriff entzogen), ihr idealisiertes Bild von ihrem Kind bricht zusammen. Ebenso wie Frau Bergmann ist auch Frau Gabor von dem Wunsch beseelt, ihr Kind möge dem mütterlichen Zugriff weiterhin in allem zur Verfügung stehen. Keineswegs, das wird am Wendepunkt deutlich, verteidigt Frau Gabor die freie Entscheidung ihres Sohnes, sein Recht auf eigene Gefühle, sondern sie verteidigt ihre Vorstellungen von ihm als ihrem Eigentum, das so denken, fühlen und handeln soll, wie sie es ihm vorgibt. Ebenso wie Frau Bergmann wird auch diese Mutter Schicksal spielen, als sich erwiesen hat, dass ihr „Kind" (vgl. ihre ständige Rede von ihm als „Kind", u.a. Z. 4–5, 23, 100) zu einem Mann mit Begierden herangereift ist.

**Das Streitgespräch zwischen Herrn und Frau Gabor: Argumentation beider „Parteien"**

**Melchior**
(Angeklagter/Beschuldigter)

**Frau Gabor**
(Mutter/Verteidigung)

**Argumentation:**

- kritisiert die Schule: Melchior als Sündenbock (Z. 21 f.)
- verteidigt ihre Erziehungsideale (Z. 87 ff.)
- die Strafe ist unangemessen (zu hart, würde Melchior zerstören, Z. 23 ff.)
- Melchiors Text ist Beweis seiner kindlichen Unberührtheit (Z. 90 ff.)

**Herr Gabor**
(Vater/Anklage)

**Argumentation:**

- kritisiert ihre Erziehungsideale (Z. 9 f.)
- die Strafe ist angemessen, man hat die Pflicht, den Wankenden zu festigen (Z. 44 ff.)
- Melchiors Schrift „vertritt das Prinzip", ist Beweis der Grundschäden seines Charakters, seines „moralischen Irrsinns" (Z. 57 ff.)

**Brief als Beweismittel**

**Urteil:**
Bestrafung Melchiors durch Einweisung in die Korrektionsanstalt

## 3.2 Prosa im Expressionismus

Im Wesentlichen wird es in diesem Erarbeitungsschritt darum gehen, die expressionistische Prosa daraufhin zu untersuchen, inwiefern aus der Lyrikinterpretation abgeleitete Themen und stilistische Merkmale auch für die Prosa Geltung haben. Eine Auseinandersetzung mit den Gedichten sollte also diesem Baustein vorangehen. Ein eigenes Gewicht erhält darüber hinaus die Behandlung der Texte aus Kafkas Feder.

- Innerhalb eines Vergleichs zwischen Prosa und Lyrik sollen ähnliche thematische Schwerpunkte sowie vergleichbare Stilmerkmale herausgearbeitet werden.
- Die Schülerinnen und Schüler sollen ein Verständnis für die Schwierigkeit der Erschließung von Kafkas Texten entwickeln, indem sie geschult werden, das Nichtgesagte, also „Leerstellen“ (im Sinne Isers) zu erkennen.
- Darüber hinaus werden thematische Schwerpunkte bei Kafka (Existenz- und Erkenntnisproblematik) herausgearbeitet.
- Die produktiven Schreibanlässe dienen dazu, einen Transfer angeeigneten Wissens bzgl. der Inhalte und Stilmerkmale des Expressionismus und bzgl. Kafkas als Grenzgänger des Expressionismus zu befördern.

## Zur Prosa allgemein

Die Prosa fristete im Angesicht der Lyrik, für die das expressive Ausdrucksrepertoire wie geschaffen schien, eher ein Schattendasein. Schon die Großform als solche zeigte sich zu sperrig, um dem expressiven Ausdrucksempfinden zu genügen: Ein eruptiver Schreibstil führt zu kryptischen Darstellungen: Die Lyrik war dazu wie geschaffen. In der Prosa dagegen fiel es schwer, einen entsprechenden Stil zu schaffen, der nicht nur expressiv, sondern auch noch dechiffrierbar bleiben musste. „Das Bemühen um Ausdrucksstärke kann leicht in die Tendenz umschlagen, den Stil, womöglich jeden Satz emotional und pathetisch aufzuladen; dann aber wird das Pathos hohl, der Gefühlsausdruck leer, der Stil zur Manier und Manie“ (Braunroth 1996, S. 22). Ein eher realistisches Schreiben schien dem Roman angemessen. Kleinere Erzählformen eigneten sich eher, den Bruch mit der Erzähltradition zu wagen. Döblin aber gelang mit dem Roman „Berlin Alexanderplatz“ ein großer Erfolg. „Döblin, der es liebte, ‚in Fakten zu plantschen‘, schrieb, ‚wie immer ohne Plan, ohne Richtlinien drauflos‘ (Döblin). Aus amtlichen Protokollen, Formularen, Tabellen, aus Wetter-, Börsen- und Polizeiberichten, aus Arien und Schlagern, aus Briefen und Zeitungsmeldungen montierte er Collagen“ (Rothmann 2001, S. 241). Döblins Roman erschien allerdings in der nachexpressionistischen Ära 1929 und enthält neben expressionistischen auch schon Elemente der „Neuen Sachlichkeit“. Er prägte den sogenannten „Kino-Stil“, wie es Döblin nannte, womit er auf eine der Schnitttechnik im Film vergleichbare Schreibweise abhob, bei der die Handlung in kleine „Häppchen“ geteilt ist. Die Stilmerkmale der Prosa waren denen der Lyrik vergleichbar: vom Simultanstil bis hin zum elliptischen Schreibstil.
Der allwissende Erzähler, noch im 19. Jahrhundert vorherrschend und den Gang des Geschehens souverän im Griff haltend, verliert sich nicht nur bei Döblin und anderen expressionistischen Autoren, sondern im besonderen Maß bei Kafka und seinen Romanen, in denen der Schreibende sich selbst verlor. Der Überblick über den eigenen Schreibstrom geht verloren, der Leser erfasst das Geschehen aus der Mikroperspektive des Protagonisten. So lesen sich Romane kryptisch und vieldeutig wie Parabeln, ja werden zu Parabeln. Subjektive Sicht und innerer Monolog finden in der Prosa als erzählerisches Mittel Verwendung.
Andere Autoren, die der Prosa des Expressionismus ein Gesicht verliehen, waren der in mehreren Künsten beheimatete Alfred Kubin mit seinem Roman „Die andere Seite“ (1909) oder auch Gottfried Benn mit seinem Novellenzyklus „Gehirne“ (1916). Auch der im eigentlichen Sinne „Dichter“ Georg Heym („Der Dieb“ (1913), „Das Schiff“) und die Dichterin Else-Lasker Schüler („Peter Hille Buch“) dichteten nicht nur, sondern erzählten. Eine für den Unterricht ansprechende Auswahl expressionistischer Prosa bietet der Reclam-Band „Prosa des Expressionismus“, herausgegeben von Manfred Braunroth (siehe Literatur-Verzeichnis).
Einen Einheitsstil entwickelte die Prosa nicht, mehr kann man von einer „Vielfalt von Schreibweisen“ (Braunroth) sprechen. Damit aber bereitete die Prosa den offenen Erzählformen den Boden.

Ein zentrales, wenn nicht „das" zentrale Werk der Prosa im Expressionismus dürfte „Berlin Alexanderplatz" von Döblin sein. Daher wird auch im Folgenden ein Auszug daraus abgedruckt. Gruppenarbeit und der Projektgedanke sind dabei die zentralen Sozial- und Arbeitsformen.
Für die differenzierte Auseinandersetzung mit den Sekundär- und weiterführenden Sachtexten, die die Interpretationsarbeit ergänzen, bietet das Infoblatt auf S. 174 eine Orientierung.

## Alfred Döblin: Berlin Alexanderplatz – Zum Vorgehen

Als Einstieg sollte das **Arbeitsblatt 31** (S. 112) „Berlin Alexanderplatz. Die Geschichte vom Franz Bieberkopf" gewählt werden, anschließend sollten die Aufgaben im Unterricht ausgewertet werden. Einige Anmerkungen zu den Aufgaben: Rolf Vollmann gibt in seiner Kurzschilderung zu Döblin und zum Alexanderplatz einen Eindruck von der Schreibweise Döblins. Wie in einem Patchwork wird eigentlich Unzusammenhängendes zusammengeworfen. Zwar sind Collagenwerke in der Kunst einerseits ästhetisch gewürdigt und haben dort ihren unbestrittenen Platz, andererseits werden Basteleien ähnlicher Art oft genug auch mit negativen Urteilen belegt, wo „bedenkenlos" zusammengeführt und gemischt wird. Gerade im Zusammenhang mit etablierter Kunst mit hohem Stellenwert wird ein Handanlegen an diese in der Regel zurückgewiesen. Die erste Aufgabe auf Arbeitsblatt 31 hat den Sinn, die allgemeine Haltung im Kurs zu bestimmen und im Unterrichtsgespräch zu reflektieren.
Expressionistische Elemente sind in diesen wenigen Zeilen schon genannt: Vollmann spricht vom „stillosesten Buch, das wir haben". Darin – im bewussten Abstandnehmen von Stilformen, die fesseln – drückt sich schon der Bruch mit der Tradition aus, und dieser ist der Neumischung von schon bekannten Elementen geschuldet. Respekt vor Überliefertem – und auch das ist typisch expressionistisch – wird nicht gezeigt. In dem Nehmen und Mischen stecken die Kritik und ein radikaler Aufbruch. Nicht im Rahmen der Kontinuität und im Gefolge der Väter der gesellschaftlichen Ordnung, sondern diskontinuierlich wird gestaltet. Das Disparate und zudem „weit" Auseinanderliegende zusammenzuschnüren („das Lausige grenzt an das Erschütternde, der Schmutz an das Reine", so Vollmann) hilft der neuen Kunst den Weg zu bereiten.

Die anschließende produktive Aufgabe soll dann auffordern, ähnlich zu agieren. Die Schwierigkeit, sich von der Tradition zu lösen, kann offenkundig werden, zu sehr ist man einem gewohnten Denkschema unterworfen. Im Rahmen der späteren unterrichtlichen Reflexion sollte daher auch gerade darauf das Augenmerk gelegt werden, ob einer etablierten Kunst entsprochen oder mit ihr gebrochen wurde, und darüber hinaus, wie Gewohntes mit Ungewohntem korrespondiert.
Die beiden letzten Aufgaben des Arbeitsblattes sind dazu gedacht, ein genaueres Bild des Autors und seiner Werke zu zeichnen.

Die Aufgaben zum Textausschnitt (**Arbeitsblatt 32**) auf dem **Arbeitsblatt 33** (S. 113ff.) sind in zwei Blöcke unterteilt. Auf der einen Seite sind Analyse- und Interpretationsaufgaben zu leisten, die im herkömmlichen Unterricht zu besprechen sind. Nach der Erarbeitung in Stillarbeit wird das Unterrichtsgespräch vorgeschlagen, um Ergebnisse anderen zugänglich zu machen und zu diskutieren. Der zweite große Komplex bietet produktive Aufgaben, die auszugsweise den Unterricht begleiten und bereichern können oder in der Summe als Projekt angegangen werden können. Es wird darauf verzichtet, einen ausdrücklichen Unterrichtsgang zu diesem zweiten Komplex zu formulieren, sind die meisten Aufgaben doch sowohl in Einzel- als auch in Gruppenarbeit zu leisten.
Vorgeschlagen allerdings wird eine kleine Ausstellung mit den Ergebnissen aus den Kreativaufgaben: Gedichte, Parallelgeschichten, Umschlaggestaltungen und Toncollagen bieten einen Kanon von Präsentationsmöglichkeiten. Als Anregung für die Idee, eine größere Ausstellung in Szene zu setzen, wird darüber hinaus vorgeschlagen, die Ergebnisse um weitere Kreativproduktionen aus dem Unterricht zum Expressionismus zu bereichern. Für den Fall,

dass man so verfahren möchte, gehört im Rahmen einer Ausstellung dann allerdings auch der Gedichtvortrag expressionistischer Lyrik.

- *Wählen Sie einige Gedichte für einen Gedichtvortrag aus und erarbeiten Sie einen geeigneten Vortrag.*

Mit wenigen Requisiten ließe sich auch eine kleine Kaffeehausszene mit Bühnenvortrag nachstellen. Schließlich kann in diesem Zusammenhang auch die Zusammenarbeit mit dem Kunstunterricht gesucht werden: Die Bilder zum expressionistischen Film dienen als Anregung und Vorlage, um eine von Schrägen und Licht und Schatten bevölkerte Kulisse zu erarbeiten. Als Materialien hierzu genügen wenige Lichtkörper, einige Dachbalken aus dem Baumarkt und etwas (dunkel, schwarz oder auch bunt angemalte) Pappe, die im Zusammenklang ein Stimmungsgefüge gestalten lassen, das ansatzweise nach- oder neuempfinden lässt, wie ein Lebensgefühl unter dem Eindruck extremer Umstände ausgedrückt und kongruent verarbeitet werden kann.

## 3.3 Grenzgänger Kafka

Kafka als Expressionisten zu beschreiben erscheint abwegig, wenn nur an seine Sprache gedacht wird, die so ganz anders ist als die anderer Expressionisten: nüchtern, schnörkellos und klar in ihrer Ausdrucksweise. Sie scheint dem Beamtendeutsch näher verwandt, von Expressivität keine Spur. Gleichwohl ist es nicht unlauter, Kafka und Expressionismus zusammenzudenken, da auch Kafka den Aufbruch und vor allen Dingen den Ausbruch aus den existierenden Verhältnissen sucht, der ohne Verwundungen und ein schmerzhaftes Zurücklassen nicht möglich ist. Die expressionistischen Sprachzertrümmerer suchen neue Wege, indem sie verknüpfen, was bis dato nicht verknüpft war, und der Konvention bewusst widersprechen. Sie knüpfen nicht an, sondern entknüpfen, um anders zu verknüpfen. Kafka sucht und schöpft Neues, indem er sich implizit im Schreiben verliert und die Suchbewegung als labyrinthischen oder mäandrierenden Schreibstrom präsentiert. So knüpft auch Kafka weniger an die Tradition an, wenn er dem Undarstellbaren Form zu verleihen sucht. Beiden Schreibformen ist eine suchende Geste immanent. Eine Menschheitsdämmerung auf der einen wie der anderen Seite: Mit der Dämmerung, der Apokalypse, dem Aufbruch ist ein Verlust vorgezeichnet, der notwendig scheint, um dem Undarstellbaren Form zu verleihen. Und die Sehnsucht nach dem Undarstellbaren liegt in dem Bewusstsein begründet, dass allem Dargestellten ein Makel anhaftet: zu wissen – das ist es nicht. Das „Nicht" ist der treibende Impuls zur Veränderung, auch wenn das Ziel nicht klar ist. Dieses verbleibt im Dunkeln und ist bestenfalls zu erahnen – wenn überhaupt. Was bleibt, ist der radikale Bruch mit der Tradition, begangen mit dem Risiko des Scheiterns. Kafka fühlte sich – von Ausnahmen abgesehen – zumeist mit seiner Literatur gescheitert, es war der Nachwelt vorbehalten, ein besseres Zeugnis auszustellen.

### Werk- und Lebensbiografie

Bei Kafka findet sich eine nicht zu verkennende Verknüpfung zwischen seiner Biografie und seinem Werk. Ein Leben lang fühlt er, der von jüdischer Herkunft ist, „Unsicherheit, Angst, Unberatenheit [...]. Und diese Unentschiedenheit war wiederum Anlass zu jener fortwährenden Selbstkritik, die die Tagebücher und Briefe Kafkas füllt" (Wagenbach 1985, S. 10). Der Plan, Germanistik in München zu studieren, missfällt dem Vater. Kafka bleibt in Prag, studiert, nach einer unter militärisch anmutendem Drill erlittenen Gymnasialzeit, an der dortigen Universität Jura und schließt mit der Promotion ab. Der Einfluss von Kafkas Vater ist und bleibt groß und nimmt den sensiblen Mann ein ganzes Leben lang gefangen, auch in seinem literarischen Schaffen. Der Vater selbst zeigt wenig Anteilnahne an den Bedürfnissen des Sohnes, da sein ganzes Wesen pragmatisch (ohne Beziehung zum Schöngeistigen) angelegt ist und Erziehung sich im Befehlston vollzieht. „Unverständlich war mir immer deine vollständige Empfindungslosigkeit dafür, was für Leid und Schande du mit deinen Worten und Urteilen mir zufügen konntest" (Kafka: Die Vewandlung, Brief an den Vater und weitere Werke. Paderborn: Schöningh Verlag 1999, S. 74).

Den literarischen Bemühungen seines Sohnes zeigt sich der Vater gegenüber vollständig gleichgültig. Publikationen seines Sohnes nimmt er nicht zur Kenntnis. Die Suche nach Anerkennung schlägt fehl, was umso schwerer wiegt, da Kafka von klein an sich als „das langsam sich entwickelnde Kind" sieht, das zudem noch „ängstlich" ist, und im Vater den „riesige[n] Mann", dessen „bloße Körperlichkeit" ihn niederdrückte. Der jähzornige Vater war ihm „die letzte Instanz", „das Maß aller Dinge" (ebd., S. 71 f.). In dem „Brief an den Vater", aber auch in verschiedenen Prosatexten werden diese Empfindungen und Verletzungen aufgearbeitet.

Kafka wird – dem Wunsch des Vaters folgend – in Prag ungewollt österreichischer Beamter in einem ungeliebten Beruf bei zwei Versicherungsgesellschaften, zunächst bei der „Assicuranzioni Generali", dann bei der „Arbeiter-Unfall-Versicherungsanstalt für das Königreich von Böhmen in Prag". Auch die dort gemachten Erfahrungen sind literarisch verarbeitet, da Kafka die Welt der Verwaltung aus eigener Anschauung genau kannte und auch die Stellung und Ohnmacht einfacher Menschen im Umgang mit dieser Welt.
Unentschlossenheit zeigt Kafka schließlich in den Jahren von 1912 an, als die Zeit, wie er selber es nennt, der „Heiratsversuche" ohne Abschluss beginnt. „Ich konnte damals nicht heiraten, alles in mir hat dagegen revoltiert, so sehr ich Felice immer liebte. Es war hauptsächlich die Rücksicht auf meine schriftstellerische Arbeit, die mich abhielt, denn ich glaubte diese Arbeit durch die Ehe gefährdet" (Kafka, Der Prozess, Schöningh Verlag 2001, S. 242). Hier steht die Angst vor Vereinnahmung im Vordergrund. Was bleibt, ist das Schreiben. Ohne Schreiben ist das Leben „viel schlimmer und gänzlich unerträglich und muss im Irrsinn enden". Und weiter: „Ich brauche zu meinem Schreiben Abgeschiedenheit, nicht ‚wie ein Einsiedler', das wäre nicht genug, sondern wie ein Toter" (ebd., S. 241).
Mehrere Bemühungen, Prag zu verlassen und dem Einfluss des Vaters zu entgehen, scheitern, sodass er praktisch sein ganzes Leben lang, abgesehen von einigen wenigen Ausbruchsversuchen, im innersten Bezirk der Prager Altstadt verbringt. „Hier war mein Gymnasium, dort in dem Gebäude, das herübersieht, die Universität und ein Stückchen weiter links hin mein Büro. In diesem kleinen Kreis [...] ist mein ganzes Leben eingeschlossen" (Kafka nach dem Bericht eines Zeitzeugen; zitiert nach Kafka: Der Prozess. Paderborn: Schöningh Verlag 2001, S. 226). In Prag liegt er, der zeitlebens von schwächlicher Natur ist und an Tuberkulose stirbt, auch begraben.

## Besonderheiten von Kafkas Sprache

KAFKAESK: Die Art Kafkas zu schreiben hat der Welt ein neues Adjektiv beschert: „kafkaesk". Darunter versteht man einen bedrohlich wirkenden Schreibstil, wobei die Bedrohung konkret nicht recht zu fassen ist. Sie verbleibt im Dunkeln, tritt nur latent zutage. Die Sprache ist dabei nicht diffus, sondern klar und schnörkellos, sie versucht, etwas zu umschreiben, das sich der genauen Beschreibung immer wieder entzieht. Klarheit auf der einen Seite und auf der anderen Seite das trotzdem nicht greifbare Beschriebene, das zu einer unheimlichen Stimmung beiträgt und das Gesagte auf eigene Art und Weise chiffriert erscheinen lässt: kafkaesk eben!

EINSINNIGKEIT: Ein Wesensmerkmal Kafka'scher Prosa ist die „Einsinnigkeit". Das heißt, dass der Leser im Wesentlichen nur erfährt, was der Held sieht, erfährt, erduldet. Abstandslos zum Geschehen verbleibt der Leser, wo der Blickwinkel des Erzählers eingenommen wird. Umgekehrt wird dabei häufig die distanzierte „Er"-Form beibehalten. Das perspektivische Erleben ohne Abstand führt zu offenen Fragen bzw. Leerstellen im Text.

LEERSTELLEN: Die Rezeptionsästhetik nach Iser spricht von Leerstellen. Das soll heißen: Es wird beim Erzählen vieles ausgespart, was der Leser selbst hinzudenken muss, sprich: Er muss das Gesagte mit dem Ungesagten (den ausgefüllten Leerstellen) zusammenfügen. Solche Leerstellen bietet Kafkas Prosa in einem großen Maße. „Ich versuche immer etwas Nicht-Mitteilbares mitzuteilen, etwas Unerklärliches zu erklären“ (Kafka a. a. O., S. 225).

PARABEL: Nicht nur Kafkas kleine Erzählungen sind der Gattung der Parabel zuzurechnen, auch die Romane bieten Gleichnisse, bei denen von den konkreten Bildern abstrahiert werden muss zu einem allgemeinen Sachverhalt.

## Motive bei Kafka

- der Vater-Sohn-Konflikt
- der aussichtslose Kampf gegen anonyme Mächte, gegen eine verwaltete Welt, in deren Räderwerk Menschen gefangen sind
- der Mensch in Gegenüberstellung zu einer komplexen, undurchschaubaren Welt
- Einsamkeit
- die Gleichgültigkeit der Welt gegenüber dem Schicksal des Einzelnen

## Kurzinterpretation: Franz Kafka, Kleine Fabel (Arbeitsblatt 34, S. 116)

Der Rat, den die Katze am Ende gibt, ist so falsch nicht. Der Weg, den die Maus geht, ist dem Lebensweg vergleichbar, dessen Entscheidungsmöglichkeiten sich unaufhörlich verengen. Anfänglich ist die Welt noch in alle Richtungen hin offen, die Summe von Möglichkeiten wird mit jeder getroffenen Wahl aber eingegrenzt. Die Entscheidung für ein bestimmtes Studium bspw. macht alle anderen aufgrund der Kürze der Lebenszeit und des Mangels an Geld in der Regel schwieriger. So bleibt – trotz der Vielzahl von Studienfächern – doch nur das eine in der Regel übrig. Was immer der Mensch auch sonst macht, die Mauern eilen unerbittlich heran. Für eine bestimmte Zeit signalisieren sie sodann Sicherheit, bis der Mensch aufgrund der weiter sich einschränkenden Wahloptionen von Krisen erschüttert wird. Auch wenn wegweisende Richtungen sich immer weiter verjüngen und eine Optionenreduktion einem Mauerwerk gleicht, die Mauern können zweifellos auch einen anderen Anstrich bekommen und müssen nicht unbedingt denen von Kerkerverliesen gleichen – wie das Comic es offeriert oder auch die Fantasie des Lesers wohl nahelegt. Sie können also selbstverantwortet hochgezogen, „tapeziert“ und wohnlich gestaltet werden. Dazu braucht es aber Mut! Eine falsche Entscheidung bei einem Studium kann revidiert werden, muss aber vor der Umwelt (bspw. den Eltern) vertreten werden usf. Hier ist der Rat der Katze anzusetzen. Einen einmal eingeschlagenen Lebensweg unerbittlich geradeaus zu gehen und allein gut gemeinten Fremdmeinungen zu folgen heißt Lebenschancen zu verspielen, die ggf. bessere Perspektiven und Glück verheißen. Die Folge sind Wände – Kerkermauern gleich – und ein „Ich“, das zwar innerlich verzweifelt aufbegehrt oder auch verkümmert, das aber den Mut zum öffentlichen Widerspruch und zur Tat trotzdem nicht wagt und im seufzenden „Ach“ das Ende einläutet.[1] Erst am Ende des Weges, wenn mit dem Rücken zur Wand kein Ausweg mehr möglich ist, setzt sich die Erkenntnis durch, dass der Mauernwelt zwar nicht aus dem Weg zu gehen war, doch dass ihr mit mehr innerer Ruhe und Gefasstheit hätte entgegengesehen werden können, wenn man in der Zeit nur den Mut zur Selbstbestimmung gehabt und die Lebenslüge zurückgewiesen hätte. Im Bewusstsein eines gelebten Lebens mag sich ein Teil des Schreckens verlieren, den die Falle am Ende verheißt. Zu spät! Der Rat der Katze kann mit dieser nicht mehr beschönigenden Selbsterkenntnis der Maus keine Rettung mehr bieten.

---

[1] Ist es ein Zufall oder eine Schöpfung nach Vorbild? Auch „[d]ie deutsche Dichtung hebt an mit einem Seufzer“ (Kittler 1987, S. 11) – Habe nun ach! Philosophie … – und verweist, wie Kittler betont, „auf das Andere der Seele: akademische Titel und pädagogische Betrügereien“. Der von Faust ersehnte Glücksfall, dass der Geist dem Geiste erscheine, bleibt aus, liest, exzerpiert, kommentiert und diktiert er doch, was andere vor langen Zeiten geschrieben, „was alte Bücher ihm diktiert haben“ (ebd.).

Wenngleich als Fabel überschrieben, ist der kleine Prosatext doch als Parabel zu lesen, was heißt, dass für Maus und Katze vieles eingesetzt werden kann. Maus und Katze sind eins und können so auch als Ego und Alter-Ego betrachtet werden: Die Katze gleicht dem Spiegel-Ich, das sich nie traute und stets zur Vorsicht mahnend alle Alternativen verwarf. Dieses Alternativen ausschließende Sicherheitsdenken erweist sich als höchst gefährliches, gefräßiges Tier, das die Möglichkeiten zur persönlichen Entfaltung Stück für Stück verschlingt und nur die allmählich verglimmende Hoffnung auf Besserung ließ. Die Frage „Was soll ich tun?" ist immer an andere adressiert und von Dritten beantwortet. (Und was, wenn es den Dritten – bspw. die Autorität Gott, die wissend leitet – nicht gibt und trotzdem befragt wird, ohne dass Antwort gegeben wird? Das Verhängnis ist durch die negative Antwort vorgezeichnet.) Am Ende gibt es kein Entrinnen mehr, steht zudem das schonungslose Eingeständnis, dass weniger die Umstände es waren, die keine Veränderung zuließen, sondern dass es die Selbstlüge war – nicht anders handeln zu können, als man gehandelt hat –, die die Wahl zum anderen Leben mit welchem Ausgang auch immer unmöglich machte. Der individuellen Wahrheit ist ungeschminkt ins Auge zu sehen und die Lebenslüge zu verabschieden. Mit diesem Eingeständnis (und der Einsicht des „Zu spät"!) stirbt auch die Hoffnung und das Schicksal nimmt seinen unerbittlichen Verlauf.

## Zum Vorgehen

Das Bild auf dem Arbeitsblatt 34, S. 116, signalisiert die Ausweglosigkeit der Situation. In Stillarbeit wird die folgende Aufgabenstellung beantwortet. Dabei kann an der Tafel das noch leere Tafelbildraster „Emotion – Bildebene – Sachebene" schon angegeben werden.

- *Das Leben der in der Falle sitzenden Maus wird rückblickend geschildert. Skizzieren Sie mit dem Wissen vom Ende der Maus deren Lebensweg. Nennen Sie dabei die jeweiligen Gefühlsregungen, von der die Maus am Anfang, in der Mitte und wahrscheinlich wohl am Ende bestimmt ist, und legen Sie die Gründe für die jeweilige Empfindung dar.*
- *Überlegen Sie, welche Möglichkeiten der Übertragung auf die Sachebene es gibt.*

**Franz Kafka: Kleine Fabel**

| Emotion | Bildebene | Sachebene |
|---|---|---|
| • Angst<br>• Glück<br>• (Angst)<br>• Lehre: … | • Weite der Welt<br>• Mauern in der Ferne<br>• Mauern rücken immer näher<br>• Enge, Falle, Katze | • alle Wege sind offen, Orientierungslosigkeit<br>**Folge:** Suche nach Orientierung, Regeln<br>• bietet in der Begrenzung Orientierung, Sicherheit<br>• Orientierung von außen führt zur zunehmenden Fremdbestimmung<br>• keine Freiheiten mehr, fremdbestimmte Begrenzungen lassen keine Luft mehr zum Atmen |

Als Lehre dürfte gegebenenfalls angegeben werden, auf sich selbst zu vertrauen und nicht allein den Forderungen der Umwelt (oder einer nur imaginierten Transzendenz) zu vertrauen. Für die Maus in der Kleinen Fabel kommt diese Erkenntnis aber zu spät.

## Eine weitere Maus-Parabel von Kafka

Aus der Feder von Franz Kafka stammt eine weitere Parabel mit Maus und Katze[1] als Protagonisten. Sie ist zur Behandlung im Unterricht allein schon deshalb äußerst reizvoll, weil sie relativ unbekannt ist und nicht wie die „Kleine Fabel" von Unterrichtenden ein allzu bekanntes Interpretationsraster nahelegt.
Die produktive Schreibaufgabe auf dem Arbeitsblatt 35, „Kafka und die Maus (1)" (S. 117), sollte daher nun folgen. Die Erfahrungen aus der „Kleinen Fabel" können herangezogen werden. Möglicherweise haben die Schülerinnen und Schüler Erzählungen verfasst, die ein negatives Ende verheißen. Allerdings kann es auch sein, dass Schüler stutzig werden, da die Geschichte mit der Gefangennahme der Maus nun beginnt, wo die andere Geschichte fast schon zum Ende gekommen ist. Zwei unterschiedliche Verläufe können so erwartet werden. Einerseits solche, die im Stile der „Kleinen Fabel" weiterverfahren und der Maus ein baldiges bitteres Ende signalisieren, sowie solche, welche implizit oder explizit die aus der „Kleinen Fabel" abgeleitete Lehre einarbeiten, was der Maus Rettung verheißt.
In diesem Sinne kann auch die Auswertung geschehen, indem die Geschichten sortiert werden nach „Endzeitgeschichten" und „Aufbruchgeschichten". Erste Hypothesen für die Schlüssigkeit des einen oder des anderen Falls werden am Beispiel vorgelesener Geschichten geprüft und es wird sodann übergegangen zur zweiten, lückenlosen Mausgeschichte von Kafka (**Arbeitsblatt 36**, S. 118).

Kafkas Version wird ausgegeben. Die zweite Parabel mit der Maus kann quasi als Antwort auf die „Kleine Fabel" gelesen werden, bei der ein Ausweg beschrieben wird. Mit dem Wissen um die Lehre, die die Schülerinnen und Schüler aus der „Kleinen Fabel" gezogen haben, sollen sie die vorliegende Mausgeschichte untersuchen. Ein ähnliches Tafelbild wie bei der ersten Mausgeschichte wird erstellt. Während die erste Teilaufgabe in Stillarbeit bearbeitet werden kann, sollte die zweite Aufgabe im Unterrichtsgespräch gemeinsam behandelt werden.

- *Beschreiben Sie die Ausgangssituation und untersuchen Sie die Geschichte, die eigentlich ein eindeutiges, schnelles Ende vermuten lässt, daraufhin, inwiefern die aus der „Kleinen Fabel" abgeleitete Lehre hier zum Tragen kommt und zur Rettung der Maus beiträgt.*

  1. *Halten Sie zunächst fest, in welcher Situation sich die Maus zu Beginn befindet und wie sie sich verhält. Ermitteln Sie Situation und Verhalten auch für das Ende. Von welchen Gefühlen ist die Maus am Anfang und am Ende umfangen?*
  2. *Beleuchten Sie anschließend den Mittelteil, ob ein Handeln der Maus gegeben ist, das der Lehre aus der „Kleinen Fabel" folgt.*

Das auf Arbeitsblatt 36, „Kafka und die Maus (2)" (S. 118), vorgelegte Bild gleicht einer Negativprojektion, die der Betrachter (hier die verängstigte Maus) in der Katze sieht und fortan im Angesicht von Katzen entsprechende Vorurteile ausprägt.

[1] Kafka, Franz: Das Ehepaar und andere Schriften aus dem Nachlass. Krit. Ausgabe, hg. v. Hans Gerd Koch. Bd. 8 der Gesammelten Werke. Frankfurt/M.: Fischer 1994, S. 152

**Kafka und die Maus**

| Emotion | Bild | Sachebene |
|---|---|---|
| • Angst | • Maus sitzt in der Falle, fragt, bleibt passiv | • keine Freiheiten mehr, Begrenzungen lassen keine Luft mehr zum Atmen<br>**Folge:** Alternative, Ausweglosigkeit infolge von Vor- und Fremdurteilen |
| • Hoffnung | • *formuliert* mit Bezug auf die Kinder, den Wunsch zu gehen, 1. aktive Reaktion<br>• die grässlich anzuschauende Katze reagiert verständnisvoll | • ggf. Ausflucht, um die persönliche Ausweglosigkeit (noch) auf Kosten anderer auszuräumen<br>• Umwelt zeigt mehr Freiräume, als es die ängstliche Anschauung erwarten lässt |
| • Mut | • höfliche Aufforderung an die Katze, zu fragen: Maus wird initiativ | • Aufbruch nötigt zum aktiven Verhalten. Die Frage, auf die die Geschichte keine Antwort bietet, signalisiert zudem einen wieder erweiterten Horizont. |
| • Lehre: ... | | |

## Kurzinterpretation zu Kafka und die Maus (2) (Arbeitsblatt 36, S. 118)

Das Interessante an der zweiten Parabel ist, dass sie mit einer Aufforderung und einem aktiven Verhalten endet, während die „Kleine Fabel" noch in höchster Not am Ende mit der gestellten Frage an die Katze Passivität verdeutlicht: Man macht nicht, schreitet nicht zur Tat, sondern man verharrt, fragt – mit den bekannten Folgen (immer noch), was man denn machen darf.
Mit diesem tragischen Verhalten bricht die zweite Parabel. Man kann die Vermutung äußern, dass der Beginn der zweiten Parabel im „letzten Zimmer" der „Kleinen Fabel" anzusetzen ist, allerdings bevor die Maus die verhängnisvolle Frage stellt. Stellt sie sie, ist das Leben verspielt und alles Weitere erscheint im Lichte des „Zu spät". Wenngleich es Überwindung kostet, Aktivität zu zeigen, um die Rolle des Fragenden abzulegen, die die Maus anfangs auch in der zweiten Parabel noch einnimmt, fasst sie doch den Mut, ihr Schicksal in die eigenen Hände zu nehmen. Wie spricht die Maus am Ende: „es ist schon sehr spät", aber eben nicht „zu spät" wie in der „Kleinen Fabel", wo in der prekären Situation am Ende noch der Fremdbestimmung getraut wird. Gerade noch rechtzeitig hat sie sich zum eigenverantworteten Handeln entschieden.
Die Parallele zur Parabel „Gibs auf!" ist offensichtlich. Auch dort wird auf die Zeit angespielt und es ist schon „viel später", als der Protagonist geglaubt hat. Im Unterschied zur zweiten Mausgeschichte verbleibt dieser dort in der Rolle des Fragenden, was den Polizisten zur bekannten Antwort veranlasst: „Gibs auf, gibs auf". Dem Protagonisten ist nicht mehr zu helfen und alles ist zwecklos, wenn die Eigeninitiative erloschen ist. Was bleibt, ist ein ungelebtes, weil fremdbestimmtes Leben.

Da diese Parabel zum einen schwer zugänglich ist und zum anderen keine bekannte Interpretation vorliegt, folgt eine etwas ausführlichere Interpretation:

Die Parabel beginnt zunächst mit einer Katze, die eine Maus gefangen hat. Das ist trivial, weil sich darin Normalität spiegelt. Die Frage der Maus nach ihrem Schicksal ist auch folgerichtig und im Grunde von ihr schon selbst beantwortet, wenn sie von den schrecklichen Augen der Katze spricht. Implizit wird durch die Wortwahl an das Märchen „Rotkäppchen" erinnert. Dort ist es ein Wolf, der fressen will und nichts unversucht lässt, sein Ziel zu erreichen. Während in dem Märchen eine Täuschung mit mehreren Fragen (Was hast du ...?) allmählich aufgedeckt wird, ist bei Kafka von Täuschung keine Rede: „Solche Augen habe ich immer", lautet die Antwort der Katze, und das zeigt Redlichkeit, lässt aber von vornherein wenig Gutes erwarten, da sie sich ihrer Beute sicher zu sein scheint. Die Maus reagiert auch mit dem eigentlich illusionären Wunsch zu gehen, und die Feststellung, gehen zu wollen, klingt eher nach einer zögerlichen Frage um Erlaubnis, da sie nicht einfach geht, sondern eher nur laut denkt, gehen zu wollen, und der Katze das Handeln überlässt.

Die Maus scheint ihrem Wunsch, gehen zu dürfen, selbst nicht recht zu trauen und schiebt daher nach, dass sie zu ihren Kindern wolle. Sie verklammert ihr eigenes Schicksal mit dem ihrer Kinder, zumindest der Katze wird suggeriert, dass sie eine Familientragödie lostreten würde, würden deren Handlungen ihrem schrecklichen „Augenblick" gemäß sein. Gleichwohl ist mit diesem Schachzug bzw. Appell um persönliche Schonung auch direkt das Wohl der Kindergeneration gefährdet, da die Aufmerksamkeit auf weitere, wehrlose Opfer gerichtet wird, die bis dahin noch gar nicht ins Blickfeld geraten waren. Mit anderen Worten: Die Maus hofft, sich selbst zu retten, indem sie auf mögliche neue Opfer – ihre Kinder – aufmerksam macht. Man darf also die Motive der Maus durchaus kritisch betrachten. Die vorgebliche Verantwortung für andere, die die Maus bekundet, ist von einem nicht zu leugnenden Maß an Verantwortungslosigkeit aus Angst um das eigene Leben oder von einer aus der Situation geborenen Gedankenlosigkeit überschattet. Bis hierhin folgt die Parabel eher dem bekannten Schema Fressen und Gefressenwerden, wobei die Rollenverteilung zwischen Täter und Opfer klar geregelt ist.

Eine wirkliche Wendung nimmt die Parabel erst in der Folge. Anstatt dem Instinkt und ihrem für die Maus tödlichen Spiel- oder Fressbedürfnis zu folgen, zeigt die Katze Interesse nicht an der Maus, sondern an deren Nachwuchs. Der schreckliche „Augenblick" der Katze korrespondiert nicht mit ihrem Handeln. Man könnte das Handeln der Katze mit Berechnung begründen, indem unterstellt wird, dass sie mit der vorgeblichen Sorge um den Nachwuchs auch desselben noch habhaft werden will, die Maus in Sicherheit wiegen möchte und deshalb die Maus in ihren Fängen nicht gleich verspeist. Man könnte ihr ungewöhnliches Verhalten auch als Teil des Spiels ansehen, das die Katze mit der Maus spielt, wissend, dass die Maus ohnehin nicht entkommen kann. Gleichwohl scheint dies zu kurz gegriffen, denn das Spiel würde nicht lange währen, fährt die Katze doch mit dem Wunsch um Beantwortung einer Frage fort, die die Maus in ihrem Misstrauen sogleich einfordert. Schon wäre das Spiel ausgespielt und das Drama nähme seinen gewohnten Lauf.

Man kann daher umgekehrt die Vermutung äußern, dass die Katze keineswegs so grässlich ist, sondern nur in den Augen und aus der Perspektive der Maus, die ihr Leben „kuschend" eingerichtet hat, so schrecklich erscheint. Darin gewinnt jeder, der handelt und das eigene Wohl beeinflusst, einen gefährlichen Ausdruck. Gefangen wird, wie die Maus von der Katze zu Beginn der Parabel, häufiger der, der sich windend den Umständen anpasst, anstatt Möglichkeiten zur Veränderung zu sehen und anzugehen. Fraglos bleibt das risikobehaftet, das Aussehen der Katze belegt dies, doch bleibt das Schicksal der Maus im anderen Fall in den geregelten Mausbahnen gefangen, die die Gefangennahme und die Opferrolle unverrückbar festlegen. Die Maus in der Parabel scheint zuletzt zu lernen, denn sie weist mit ihrer Bitte am Ende die Katze mit Blick auf die Zeit an, ihre Frage zu stellen. Die Frage selbst bleibt unerheblich, sie ist Anlass zu einer Begegnung, die in ihrem Verlauf deutlich unterschiedliche Zeichen des Miteinanders setzt.

Insgesamt scheint dieser Parabel ein Plädoyer für Veränderung immanent zu sein, die gewohnte Sicht zu ändern, um neue Gewöhnungen mit der Option auf Besserung zu ermöglichen. Es gilt für die Maus, Selbstbewusstsein zu schöpfen, um dem Etikett des Opfers zu widersprechen. Ausgetretene Pfade zu verlassen heißt Utopien denken zu können (die Katze in einer neuen Rolle), damit Wünschenswertes auch Gestalt annehme. Ein Leben, das der Opferrolle nicht zuarbeitet. Aus dem Blick des potenziellen Opfers sieht von vornherein manches grässlich aus, nur eine veränderte Blickhaltung lässt grässlich Anzuschauendes auch anders sehen. „Du wirst dich daran gewöhnen“, wie die Katze sagt, kann dann auch heißen, sich nicht an den Schrecken zu gewöhnen, sondern den Schrecken zu verlieren. Die Katze, die sinnbildlich für die Rolle des potenziellen Täters in der Gesellschaft stehen kann, kann – wo sie auf Widerstand trifft und so im kritischen Spiegel der anderen eine Wandlung erfährt – menschliche Züge erhalten und als Mensch angenommen werden, weil eine Täterschaft unter Umständen als Zuschreibung verfährt und Zuschreibungen verändert werden können. Als Mitmensch angenommen zu werden beschreibt einen nicht unbeträchtlichen Gewinn. Rollenzuschreibungen werden von beiden Seiten zuletzt ausgehandelt. Täter ist nicht nur der, der sich ohne Rücksicht auslebt, sondern auch der, der auf ein Umfeld trifft, das sich zum Austoben eignet. Wer duckend auf Schonung hofft, gefährdet nicht nur sich, sondern – wie die Maus in der Parabel – die Zukunft seiner Kinder gleich mit. Man könnte auch sagen, die Maus produziert den Täter, indem sie der Katze keine Chance auf individuelle Beurteilung gibt. Ein oberflächliches Vorurteil steht dagegen. Die Katze ist daher „Opfer“. Die „Kleine Fabel“ lässt die Maus seufzen („ach“) und nunmehr wird der Katze das „ach“, „solche Augen habe ich immer“ in den Mund gelegt. Ein Seufzer, der nun verständlich wird.

Der Opferrolle, wie sie der Maus zugeschrieben scheint, zu entkommen ist sicherlich nicht immer leicht, doch ist sie nicht durch Geburt oder genetisch bedingt, sondern bildet sich heraus, wenn man sich zum Opfer machen lässt, statt dem als Person mit erkennbarem Gesicht entgegenzutreten. Als Person wahrgenommen zu werden und nicht als Masse verleiht dem eigenen Sein ein Profil und nicht unbeträchtlichen Bewusstseinsgewinn, der dem eigenen Lebensweg und Erfolg gut zu Gesichte stehen mag. Gewinnen tun dann beide Seiten, Maus und Katze respektive Mensch und Umwelt. Und der Seufzer „Ach“ bleibt in beiden Fällen ungesagt.

## Kurzinterpretation zu Franz Kafka: Gibs auf! (Arbeitsblatt 37, S. 119)

Eine gängige Interpretation der Parabel „Gibs auf!“ von Kafka ist, den Suchenden als Mann zu verstehen, der auf gegebene Autoritäten mehr vertraut als auf das eigene Urteil. Den eigenen Weg zu finden setzt notwendig Entschlussfähigkeit voraus, gerade dort, wo Lebenswege unklar scheinen, am Scheideweg stehen. Die Antwort des Schutzmannes erscheint folgerichtig: „Gibs auf“ ist wohlmeinend im Sinne des Suchenden, der dazu genötigt wird, auf sich selbst zu vertrauen. Wird die Autoritätsgläubigkeit weiter gefasst, ist die Parabel nihilistisch auszudeuten. Wilhelm Emrich setzt sich bspw. mit Kafkas Nihilismusauffassung auseinander. Dabei grenzt er Kafkas Literatur von anderer mit nihilistischer Prägung ab: „Das Nichts ist zwar auch bei ihm ‚sein Element‘, in das er unentrinnbar hineingeriet, als er die Scheinwelt seiner Jugend verließ, die Täuschungen und Lügen aller Autoritäten ringsherum durchschaute. Aber er will sich ‚verteidigen‘ gegen die absolute Nihilierung alles Vorhandenen“ (Emrich 1978, S. 114 f.), indem das tätige Sein – trotz seiner grundsätzlichen Nichtigkeit – als sinnvoll erfahren wird. So entfaltet er die Paradoxie der „Gleichzeitigkeit von Wirklichkeit und Nichts“ (ebd., S. 115). Eine Rückkehr, „religiöse Traditionen zu erneuern oder auch nur an sie anzuknüpfen“ (ebd., S. 116), sieht er nicht. Das Nichts ist auszuhalten und erfährt seine sinnvolle Wendung, indem die Suche nach dem Wesentlichen im vollen Bewusstsein aller Nichtigkeit nicht aufgegeben wird und so das Wesentliche in veränderter Form Orientierung liefern, ja existent bleiben kann. „Die Suche selbst ist seine Aufgabe, seine unentrinnbare Verpflichtung, auch wenn er weiß, dass sie vergeblich ist, zu keinem greifbaren Resultat führt“ (ebd., S. 120). Der Schutzmann infolgedessen – unkritisch als wissende Autorität anerkannt – ist der falsche Ratgeber. Die eigentliche Autorität ist eine Unbekannte und als solche Triebfeder und Halt in einem. So leitet den Menschen ein „unbekanntes Gesetz“ und eine unbekannte Instanz – immer wiederkehrendes Motiv bei Kafka. „Diese Instanz ist nicht mehr Gott, kann keine transzendente Wirklichkeit mehr sein. [...] Diese Instanz liegt in uns selbst als das Unzerstörbare, das wir nicht kennen und das dennoch immer fordernd in uns anwesend bleibt“ (ebd., S. 122). Nur als Suchender ist der Weg und nur in uns zu finden, wer dagegen die Wegbeschreibung durch andere braucht, kann nur als Antwort erwarten: „Gibs auf“.

## Zum Vorgehen

Schülerinnen und Schüler haben oftmals Schwierigkeiten, in Kafkas Texten einen nachvollziehbaren, einsichtigen Sinn zu entdecken. Das ist für manche umso erstaunlicher, als Kafka eine klare, schnörkellose Sprache wählt und auch nicht Fremdworte für die Chiffrierung verantwortlich sind. Vielmehr ist es die Nicht-Information bzw. die nicht gegebene Information bei Kafka, die seine Texte häufig so kryptisch erscheinen lässt. Zu den mageren, mit Geschehen gefüllten Textzeilen gesellt sich ein großes Maß von unterschlagenen Informationen. In Form einer Gegenüberstellung kann dieses Phänomen Schülerinnen und Schülern veranschaulicht werden. In der Gegenüberstellung von Information und Nicht-Information wird deutlich, wie viel der Leser gedanklich hinzudichten muss und so zur Gestaltung der Geschichte beiträgt. So viele Leser, so viele Gedankenwelten sind es, die Gesagtes mit Unausgesprochenem und Hinzugedachtem verkleben und Sinnwelten konstruieren.

### Franz Kafka: Gibs auf!

| Was erfahren wir? | Was erfahren wir nicht? |
|---|---|
| • Zeit: morgens früh<br>• Ort: leere Straßen<br>• Protagonist: eine Person sucht den Bahnhof<br>• Die Person ist in Eile. Blick auf die Uhr löst Schrecken aus.<br>• kein Ortsansässiger, aber auch kein Durchreisender: „noch nicht“ lange in der Stadt, wie es heißt<br>• Ein Schutzmann verweigert die Information und lächelt.<br>• empfiehlt die Aufgabe<br>• Schutzmann scheint wissend. Fühlt sich offenbar amüsiert.<br>• ... | • genauere zeitliche Bestimmung fehlt: Jahr/Monat ...<br>• Wo genau: Dorf/(Groß-)Stadt?<br>• Mann oder Frau? Woher kommt er/sie, wohin will er/sie?<br>• Worin liegt der Grund für die Eile? Warum erschrickt die Person?<br>• keine Angabe von Gründen für den Aufenthalt: Gast, Zugereister – momentaner/dauerhafter Aufenthalt?<br>• Warum, und wieso lächelt er dabei?<br>• Warum wird diese Empfehlung ausgesprochen?<br>• Um was für ein Wissen handelt es sich? Was soll die Heiterkeit?<br>• ... |

→ Kafka unterschlägt mehr Informationen, als dass er Informationen liefert.

→ Der Leser muss gedanklich Nicht-Gesagtes ergänzen.

Im Grunde liefert Kafka nur Bruchstücke bzw. Informationsfetzen. Zwischen diesen Bruchstücken spielt sich die eigentliche, aber nicht explizit erzählte Geschichte ab: „Leerstellen“ werden nach der Rezeptionstheorie diese fehlenden Informationsteile genannt. Dem Leser

obliegt die Aufgabe, diese Leerstellen sinnergänzend auszufüllen, sodass eine komplette Geschichte entsteht. Nicht einmal, ob es sich bei der suchenden Person um Mann oder Frau handelt, erfährt der Leser. Wie selbstverständlich gehen die meisten Schülerinnen und Schüler davon aus, dass es sich bei dem Protagonisten um einen Mann handelt. Gerade dieser Umstand, dass in der Regel wie selbstverständlich ein „Mann" gedacht wird, obwohl von einem solchen nie die Rede ist, ist für viele – indem sie darauf gestoßen sind – verblüffend und hinterfragt die Rezeption von Texten ganz allgemein.
Schülerinnen und Schüler stehen Gedrucktem in der Regel weitgehend unkritisch gegenüber, sodass als unverrückbar wahrhaftig betrachtet wird, was schwarz auf weiß zu lesen ist. Die Einsicht in die eigene Konstruktionsarbeit bei der rezipierenden Textarbeit zu erlangen beschreibt eine Erkenntnis, die kaum zu überschätzen ist. Als „Klebstoff" zwischen gegebenen Informationspartikeln dient die hinzuaddierte Information, die für den Leser und in diesem Fall Schüler Sinn macht.

Als zweite Aufgabe ist gestellt worden, eine eigene Parabel aus der Sicht des Schutzmannes zu schreiben. Das eigene Schreiben ist Deutungsarbeit im Text von Kafka und offeriert mögliche Sichtweisen zur Auslegung. Zur weiteren Arbeit wird als Aufgabe gestellt, die Parabel eines Mitschülers zu interpretieren.

- *Interpretieren und analysieren Sie die literarische Arbeit eines Ihrer Mitschüler.*

In Erweiterung zu den erarbeiteten werkimmanenten Interpretationsansätzen sollte das **Arbeitsblatt 26** (S. 78), „Nietzsche: Nihilismus", hinzugezogen werden. Zur weiteren Vertiefung mit Kafka ist das **Arbeitsblatt 38**, „Kafka: Zwei Parabeln" (S. 120), gedacht. Auf dem Arbeitsblatt 38 befinden sich keine Arbeitsaufträge. Wie genau mit den beiden Parabeln umgegangen werden soll, wird in Kapitel 3.4, S. 104 ff., beschrieben.

## Kurzinterpretation zu Franz Kafka: Der Kreisel (Arbeitsblatt 38, S. 120)

Der parabelhafte Text von Kafka ist aus einem Guss, abschnittslos. Eine Gliederung scheint trotzdem möglich: Zu Beginn wird das Tun des Philosophen beschrieben (bis Zeile 7). Bis Zeile 11 werden die Gründe für das Verhalten des Philosophen erläutert, um anschließend bis zum Ende darzulegen, wie das Ringen um Erkenntnis immer wieder neu geweckt und enttäuscht wird. Die Parabel befasst sich mit der Frage nach der Bedingung absoluter Erkenntnis. Kafka macht deutlich, dass alles Forschen auf stillgestellten Modellen beruht, die – unter Ausklammerung der Vielfalt – keine exakte Weltsicht auf das Allgemeine begründen können. Um sich in der Welt zurechtfinden zu können, braucht es dagegen den spielerischen Umgang mit den Dingen. Dann zeigt sich der Mensch als Schöpfer.
Zentral stehen ein Philosoph und der Kreisel. Aber auch die Kinder spielen eine nicht minder wichtige Rolle. Ein Philosoph ist ein Mann, der nach Wissen strebt, ein Freund der Weisheit. Das Bild des Philosophen ist daher einsichtig gewählt, wenn es darum geht, die Erkenntnisproblematik zu thematisieren. Aus dem Besonderen der Dinge das Allgemeine zu ersehen ist Ziel des Wahrheitssuchenden. Das Ziel, den sich drehenden Kreisel allgemeingültig zu erschließen, verfehlt der Philosoph stets. Warum nur? Solange der Kreisel sich dreht, kann er zur Gänze nie erschlossen werden. Er muss dazu als evidentes Objekt präsent sein, um geprüft zu werden. Das Ding an sich ist – wenn man so will – nicht das Objekt „Kreisel", sondern paradoxal etwas sich Bewegendes. Im Stillstand aber verliert sich alles Wissen um das Ding in der Bewegung. Die Folge: Entweder ist alles im Flusse und unergründbar oder das Ganze steht still, ist ergründbar, dann aber – aus seinem natürlichen Lauf gerissen – dem Ding an sich nicht mehr angemessen. Der Kreisel als Ding und Objekt mutiert zu einem „dumme[n] Holzstück", das dem „an sich" nicht mehr genügt. So ist immer wieder neu zu

beginnen und alles endet immer wieder in der Enttäuschung, weil dem Allgemeinen und so Ding an sich – aller Versuche zum Trotz – einfach nicht näherzukommen ist.
In der Beobachtung und dem methodischen Erschließen wird alles ausgeschlossen, wie das Geschrei der Kinder auch, das um der Methodik willen weggeblendet wurde und sich nach dem Scheitern als Teil der Welt und als Teil des Kreiselspiels wieder meldet. Die Kinder mögen für das komplexe Ineinandergreifen der Phänomene stehen, die einwirken, spielerisch gedankenlos. Sie zeigen zudem ein naives, intuitives Verständnis, bei dem das Verstehen im Machen gründet. Erst im Misserfolg wird der Philosoph sich der ganzen Komplexität wieder bewusst und sieht sich seinem Ziel nun fern. Dann aber macht es auch Sinn, dass der Philosoph – wie ein Kreisel – hinwegtaumelt, weil das Spiel mit dem Kreisel – so einfach es doch ist – unergründbar bleibt und der ontologische Grund fortgezogen ist. Kafka zeigt hier dem Fortschrittsoptimismus und Erkenntnisstreben seine Grenzen auf (vgl. auch Vietta/Kemper $^{6}$1997, S. 158; Elm 1991, S. 161 ff.).

## Kurzinterpretation zu Franz Kafka: Die Vorüberlaufenden (Arbeitsblatt 38, S. 120)

Die Parabel ist ein Paradebeispiel für mangelndes Verantwortungsbewusstsein und das Leugnen von Schuld für den Fall, dass ein Wegsehen Schaden verursacht. Es geht um nicht wahrgenommene Verantwortung und um einen Verdrängungsprozess, der – im Angesicht möglicherweise zu erleidenden Ungemachs – einsetzt und der so die eigene Untätigkeit – das Nichteinschreiten und Geschehenlassen – mit stets neuen Gründen versorgt und dieselbe legitimiert. Der Protagonist erkennt wohl die Pflicht zum Handeln, aber von Schuld ist keine Rede bzw. von möglicher Verantwortung wird reingewaschen. Der erste Abschnitt lässt keinen Zweifel daran, dass in der Nacht ein Vorüberlaufender, gleich ob er möglicherweise hilfsbedürftig wirkt oder nicht, nicht auf Zuwendung hoffen darf. Der Indikativ ist gesetzt und apodiktisch wird formuliert: „sondern wir werden ihn weiterlaufen lassen." Kein Zweifel, was zu tun ist: eben nichts! Ganz anders ist der zweite Abschnitt formuliert, er ist durchsetzt mit der siebenmaligen Wiederholung des Adverbs „vielleicht", mit dem zum Teil weit hergeholte Ausflüchte eingeleitet werden. Wusste man im ersten Abschnitt unmissverständlich, dass nichts zu tun sei, so ist von Gewissheit keine Rede mehr. Das eigene Denken ist von Zweifeln und von einem „ja … aber" bestimmt, das gegebenenfalls unverzichtbares Handeln und jegliches Einschreiten ausschließt. Das Wegsehen ist Programm.
Die Beantwortung der Frage im letzten Abschnitt, mit der ein möglicherweise übermäßiger Weinkonsum in den Raum gestellt wird, der ein helfendes Einschreiten selbstredend ausschlösse, überlässt der entschlossen Unentschlossene dem Adressaten und somit die Entscheidung dem Antwortgeber, der mit seiner gegebenen Antwort nicht weniger die Absolution erteilen soll. Da die Frage rhetorisch in den Raum gestellt ist, erlaubt sie praktisch keinerlei andere Antwort als die nahegelegte. So fühlt man sich verbunden in einer Gemeinschaft Gleichgesinnter und frei von Schuld.
In die gleiche Richtung zielt auch die Wahl des Personalpronomens „wir", das den Text durchzieht und in den wenigen Zeilen nicht weniger als achtmal benutzt wird. Das Pronomen „wir" und dessen Häufung vereinnahmen den Leser, lassen ihn an den Gedankengängen teilhaben; ein Leser fühlt sich miteinbezogen, wird doch in seinem Sinne mitgedacht. So wird die denkbare Opferrolle, die auch dem Leser blühen könnte, der dann für Hilfe dankbar wäre, durch das „wir" ausgeschlossen, was den Nachvollzug der Gedanken erleichtert und ihnen zustimmen lässt. Der Gedanke an Kritik an der eingenommenen Haltung wird erschwert.
Insgesamt ist die Parabel folgendermaßen angelegt: Der Protagonist rückt dort, wo es um die Möglichkeit des Einhalt-Gebietens und dessen Erfolg geht, stets noch andere Möglichkeiten des Handelns und Bedenkens ins Blickfeld. Wo es aber darum geht, das Nicht-Einschreiten zu legitimieren, wird dieses durch keinen Zweifel infrage gestellt, was durch den Gebrauch des Indikativs dokumentiert ist. Dadurch, dass in dem einen Falle die Gewissheit des Erfolges ei-

ner Hilfeleistung nicht eingeräumt wird, relativiert sich auch die durch das passive Verhalten nicht völlig auszuschließende Mitschuld an dem unbotmäßigen Tun. Umgekehrt aber wird der mangelhafte Einsatz durch den Gebrauch des Indikativs legitimiert, denn nun muss man nicht mehr nach Auswegen suchen, wo ein Eingreifen selbstredend nicht infrage kommt. Es ist so insgesamt eine Entlastungsrede, die von Schuld freispricht, wo man untergründig doch um diese weiß, sonst wären die Gedanken nicht gepflegt. Der Freispruch aber dient der Verdrängung und befähigt zum Spiegelblick, ohne den Blick senken zu müssen.

## Franz Kafka: Der Kreisel – Zum Vorgehen – Anweisungen zu den „!“ + „?“-Karten zur Parabelerschließung (Arbeisblatt 40, S. 122)

Die Schülerinnen und Schüler werden in Gruppen aufgeteilt. Jede/r Schüler/in erhält zwei „!“-Karten und zwei „?“-Karten. Die einzelnen Phasen sollten zwischen 5 und 7 Minuten dauern.

### 1. Interpretationsansätze und Fragen zum Text entwickeln:

Aufgabe zu den „!“-Karten:

- *Formulieren Sie eine Idee, einen Interpretationsansatz zum ganzen Text, und etwas differenzierter eine weitere Idee zu einer einzelnen Textpassage, die das Detail beleuchtet.*

Aufgabe zu den „?“-Karten:

- *Formulieren Sie auf jeder „?“-Karte eine Frage zum Text. Was erscheint Ihnen unverständlich bzw. rätselhaft?*

In den Gruppen entsteht so eine Gesamtsumme an Interpretationsansätzen und ersten Detailanalysen.

### 2. Kommentierung und Ergänzung des Ideenpools:

- *Legen Sie Ihre Karten in die Mitte des Tisches und wählen Sie die Karte eines anderen Gruppenmitgliedes. Ergänzen Sie dort gemachte Einlassungen oder versuchen Sie, zu Fragen Antworten zu finden.*
- *Legen Sie Ihre bearbeitete Karte zurück.*
- *Nehmen Sie wieder eine Karte und fahren Sie wie eben beschrieben fort.*

### 3. Abschließende Prüfung und Synthese:

- *Übertragen Sie Ihre gemeinsam gesammelten Ideen und Antworten auf ein Blatt Papier und machen Sie diese zur Grundlage einer Interpretation, die jeder in der Gruppe für sich anfertigt.*

Im weiteren Verlauf sollte das **Arbeitsblatt 39**, „Friedrich Nietzsche: Zur Wahrheit“ (S. 121 f.), bearbeitet werden. Nach Erschließung des Inhalts soll die Kafkaparabel „Der Kreisel“ noch einmal unter dem Lektüreeindruck von Nietzsche gelesen werden. Deutlich kann dabei werden, dass der Kreisel selbst dann keine wahre Erkenntnis verhieße, wenn er in der Bewegung hinreichend geprüft werden könnte, da die Sprache – infolge des „Gleichsetzens des Nichtgleichen“ (Nietzsche) – der Erschließung der Welt nicht angemessen ist. Die Welt bleibt ein „undefinierbares X“ (Nietzsche). Auf analoge Weise kann die Parabel „Die Vorüberlaufenden“ erschlossen werden.

## 3.4 Projekt Kafka: „Die Skizzen" – Hintergründe suchen und sichten

Auf der auf S. 109 gebotenen **Folie 2** „Kafka und seine Skizzen" sind einige prägnante Skizzen Kafkas vorgegeben. Dieses Projekt setzt sich intensiv mit diesen Skizzen auseinander. Sie sollen – wie die Parabeln – gedeutet werden. Die Deutung soll im Wesentlichen mithilfe des Mediums Bild geschehen. Diese kleinen Skizzen werden deshalb herangezogen, weil auch diese – wie die Texte – reduziert oder man könnte sagen: deutungsoffen und so voller Leerstellen erscheinen.

Achim Schläbitz & Kafka – Skizze

Der Weg, über die Skizzen Deutungsarbeit zu fördern und weit gespannte Deutungshorizonte aufzuzeigen, folgt dem Gedanken, dass durch den hier vorgestellten methodischen Gang und eine in Szene gesetzte konkrete sinnliche Anschauung sich leichter ungewöhnliche Ideen einstellen, als dies allein durch einen abstrakten, produktionsorientierten Schreibauftrag zu leisten wäre. Es geht also um Deutung und um Förderung von Kreativität unter Ausklammerung des sogenannten „Sei spontan"-Paradoxes. Wo Spontanität befohlen wird, ist spontanes Handeln nicht mehr möglich. „Sei kreativ" spiegelt ein ähnliches Paradox. Wo Kreativität auf Aufforderung abverlangt wird und in Unterrichtsplanung einbezogen wird, wird in der Regel auf Schülerseite nur ein bemühtes und gut gemeintes Suchen nach „irgendeiner" Idee beginnen. Kreative Ideen und innovative Geistesblitze aber stellen sich ein, ohne auf Ort und Zeit zu achten. Für den Unterricht sind dies nicht unbedingt geeignete Pla-

Achim Schläbitz & Kafka – Skizze

nungsvariablen. Man kann allerdings eine Anleitung bieten, die Entfaltung ermöglicht. Dazu gilt es, den Horizont von Möglichkeiten zu begrenzen und die Begrenzung als Widerstand zur kreativen Auseinandersetzung zu nutzen.
In dem hier vorliegenden Fall sollen die Skizzen also in einen bildnerischen Gesamtkontext eingebunden und aus diesem heraus mit literarischem Leben gefüllt werden. Aus dem Gesamtkontext ergibt sich die Idee – man könnte auch sagen: die Gesamtintention. Damit die Suche nach solchen bildnerischen Kontexten nicht uferlos wird und Bezüge willkürlich vollzogen werden, wird folgende Gruppenarbeit vorgeschlagen. Jede Gruppe erhält die Folie „Kafka und seine Skizzen". Die Gruppen haben die Aufgabe, eine der Skizzen zu thematisieren, zu dieser der Folie entnommenen Skizze passende Hintergründe zu finden und so ein stimmiges „Programm", das auch von Kontrasten geprägt sein kann, im Sinne einer Gesamtaussage zu erfinden. Beispiele einer Realisation zeigen die Collagen auf Seite 104. Hier sind in zwei Bilder des Künstlers Achim Schläbitz jeweils Kafka-Skizzen integriert worden (s. auch www.achim-s.de). Wenngleich für die Unterrichtsarbeit die Folie „Kafka und seine Skizzen" für die Erstellung eigener Collagen angeboten wird, empfiehlt es sich hier, ein Bildbearbeitungsprogramm einzusetzen, mit dem Bild und Kafka-Skizze „verschmolzen" werden können. Dies ist zum Beispiel möglich mit dem Programm paint.net von Microsoft (Freeware).

## Gruppenarbeit – Ideenstern

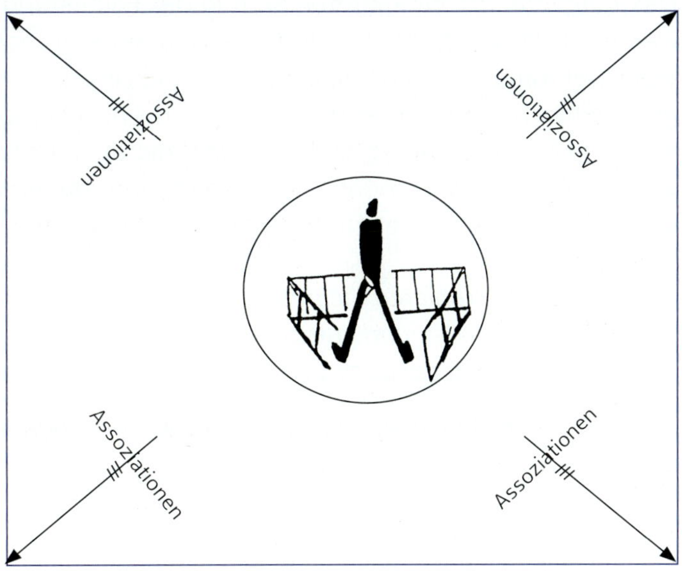


Um zu einer thematischen Leitidee zu kommen, werden in Gruppenarbeit mithilfe eines „Ideensterns" Assoziationen zu Papier gebracht: Adjektive, Nomen, kurze Sätze, Fragmente, auch grobe Skizzierungen. Alles mag sich hier finden, was in irgendeiner Weise mit der ausgewählten Skizze Kafkas zusammenhängt, an sie erinnert.

## Was ist ein „Ideenstern" und wie gehe ich vor?

Ein Ideenstern ist einem Clustering ähnlich. In der Mitte wird das zu assoziierende Wort (hier: die Vorlage von Kafka) auf ein größeres Plakat geschrieben, gezeichnet oder geklebt. Die Gruppenmitglieder (vorzugsweise vier, max. sechs) schreiben nun jeweils vom Zentrum aus in Richtung Blattrand alles auf, was ihnen zum zentralen Begriff bzw. Bild einfällt. Nach etwa zwei Minuten wird das Blatt gedreht, sodass jedes Mitglied vor den Ideen eines anderen sitzt, sich von ihnen anregen lässt und sie fortsetzt. Nach weiteren zwei Minuten wird das Blatt erneut gedreht. Das wird fortgesetzt, bis das Blatt eine 360 Grad-Drehung vollzogen hat. Es wird anschließend nach Übereinstimmungen gesucht, die markiert werden, und es werden zwei, maximal drei zentrale Themenstellungen ausgewählt (vgl. Biermann/Schurf 1999, S. 516). Die Gruppen erhalten folgende Arbeitsanweisungen (als Kopie oder an die Tafel geschrieben):

- *Legen Sie in die Mitte Ihres Plakates Ihre ausgewählte Bildvorlage von Kafka.*
- *Setzen Sie sich im Kreis um das Plakat herum. Jeder schreibt – vom Zentrum zum Blattrand – alle Ideen auf, die ihm beim Anblick der Bildvorlage kommen.*

- *Drehen Sie nach zwei Minuten das Plakat, sodass jeder vor den Ideen eines anderen sitzt. Lassen Sie sich von ihnen inspirieren, setzen Sie bei den vorgefundenen Ideen an und schreiben Sie weiter.*
- *Nach weiteren zwei Minuten drehen Sie das Plakat weiter. Nach mehrmaligem Schreiben und Drehen sitzen Sie abschließend wieder vor Ihren (von den anderen fortgeführten) Anfangsideen.*
- *Überprüfen Sie nun gemeinsam Ihre Ideen auf thematische Gemeinsamkeiten und auf wiederholt auftretende Schlüsselbegriffe. Markieren Sie diese.*
- *Überlegen Sie, ob Sie Ihre markierten Ideen unter einen Oberbegriff stellen können, der ein übergreifendes Thema spiegelt.*

Sollte sich herausstellen, dass eine Idee nicht trägt, kann der Ideenstern zu einem späteren Zeitpunkt nach erneuter Sichtung schon erarbeitete, bis dahin aber unberücksichtigt gebliebene neue Ideen liefern. Neue Markierungen, Unterstreichungen werden dabei mit einer anderen Farbe vorgenommen.

Aufgabe für die nächste Stunde ist es, Bildmaterial jedweder Art (Bücher, Zeitschriften, Bildbände, Poster, ...), das zum erwählten Thema passt, mitzubringen.

Das mitgebrachte Bildmaterial wird in der Folgestunde unter Berücksichtigung der ausgewählten Thematik gesichtet, und es sollen Hintergründe auf ihre Wirksamkeit durch das Auflegen der transparenten Kafka-Skizze (Folie) erprobt werden. (WICHTIG: Hat sich eine Gruppe für einen Hintergrund entschieden, wird dieser kopiert, damit das Original keinen Schaden nimmt.) Die ausgewählte Kafka-Skizze, die aus der Folie herausgeschnitten wird, und der ausgewählte Hintergrund werden miteinander dauerhaft verbunden (geklebt, geheftet, ...). Die Bilder werden später zur Präsentation aufgehängt.

- *Probieren Sie aus, zu welchem Hintergrund Ihre Folie mit dem Bild von Kafka passt, und entscheiden Sie sich für einen Hintergrund. TIPP: Manchmal können auch Gegensätzlichkeiten (Kontraste) wirken!*
- *Geben Sie Ihrer Bildkomposition einen Titel.*

Eine mögliche Alternative zu diesem Vorgehen wäre es, zur Bildvorlage als Kopie auch eigene Hintergründe zu erstellen (zeichnen), in die Kafkas Skizze integriert wird.

- *Stellen Sie sich vor, Kafka hat das Bild – wir wissen nicht, warum – nicht zu Ende bringen können. Nur einige wenige Striche deuten den Bildinhalt an. Ihre Aufgabe ist es, die Linien weiterzuführen, bis schließlich das ganze Bild vor Ihnen liegt und konkrete Formen Gestalt angenommen haben.*

Gleich mehrere Vorteile bietet dieses Vorgehen in dem einen wie anderen Falle: Da die einzelnen Gruppen ihren Vorlagen mit relativer Sicherheit unterschiedliche Hintergründe zuordnen werden, dürfen im Zuge unterschiedlicher Bildkontexte beim späteren Schreiben einer kleinen Parabel variantenreiche Ergebnisse erwartet werden. Auch wenn ähnliche Bildhintergründe und -aussagen getroffen werden, ergibt sich fast von allein die Diskussion, was am Bild für bestimmte Zuordnungen, Hintergründe und Intentionszuweisungen spricht und was diese – trotz der bloßen, flüchtigen Skizzierung – nahelegen. Das Verhältnis von Details zum Ganzen und umgekehrt wird so im hermeneutischen Sinne notwendigerweise im Handeln mitbedacht, ohne dass dies ausdrücklich zum Thema gemacht worden wäre. Es geschieht im handelnden Vollzug. Ein weiterer Vorteil: Die Skizzen führen zu inneren Anschauungen. Mit der Suche nach einem passenden Hintergrund wird eine solche innere

Anschauung in der Visualisierung nach außen verlagert und in der Konkretisierung mitteilbar und für Dritte leichter fassbar. Mit anderen Worten: Die Bildkompositionen zu Kafkas Skizzen sind schon für sich Interpretationen. Folgende Einzelarbeit wird angeschlossen.

- *Schreiben Sie zu Ihrer Bildkomposition eine kurze Parabel. Versuchen Sie, dabei mit Gedanken anregenden Leerstellen und darüber hinaus einer sachlich klaren Sprache zu arbeiten.*
- *Geben Sie – sofern noch nicht geschehen – Ihrer Bildkomposition einen Titel.*

## Präsentation und Auswertung

Die jeweilige Gruppe stellt ihre Bildkomposition im Plenum zunächst kommentarlos vor (diese wird an der Wand, der Tafel fixiert). Im Sinne eines Blitzlichts soll der Rest des Kurses Stellung zur Bildkomposition und zum gewählten Titel nehmen. Anschließend erfolgt die Präsentation einer Parabel. Im weiteren Verlauf wird im Sinne des Dreischrittes Beschreibung – Bewertung – Stellungnahme vorgegangen.

1. Die Schülerinnen und Schüler sind aufgefordert, Inhaltliches auf Titel und Bildkomposition zu übertragen. Dabei sollen sie in erster Linie beschreibend tätig werden. Eine von der Gruppe ausgewählte Parabel wird vorgelesen.

   - *Geben Sie den Inhalt der gehörten Parabel wieder.*
   - *Stellen Sie heraus, wo die Parabel auf die Bildkomposition konkret Bezug nimmt.*

2. Die Parabel wird erneut verlesen: Die Schülerinnen und Schüler interpretieren das Gehörte unter Rückbezug auf den Titel:

   - *Beschreiben Sie, wie das Gehörte auf Sie gewirkt hat.*
   - *Ist das ausgesuchte Titel-Programm nachvollziehbar? Begründen Sie Ihre Meinung.*

3. Die Gruppe, die ihr Ergebnis vorstellt, nimmt Stellung, erläutert, was sie wie umgesetzt hat, begründet ihren Titel. Es folgt ein Abgleich zwischen Plenumsäußerungen und Gruppenintention.

So geht es Gruppe für Gruppe reihum. Im Zuge dieser Reihe haben sich so die Schülerinnen – über verschiedene Zugangsweisen – Gedanken zu Strukturen im Bild und zur Möglichkeit der Übertragung in ein anderes Medium gemacht. Das Handeln ist von der Reflexion begleitet gewesen.

# Stundeneinstieg „Frühlings Erwachen“, Szene III, 3

Bild 1

Bild 2

Bild 3

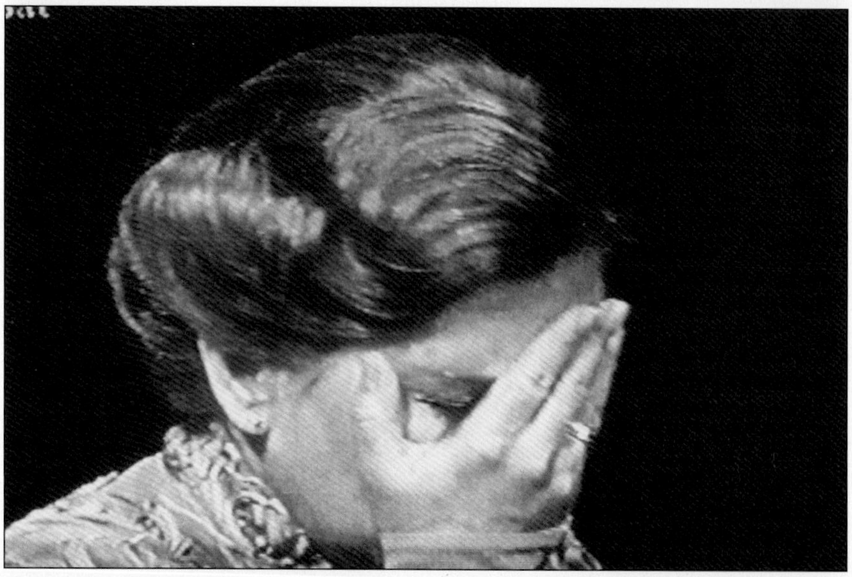

Herr und Frau Gabor, Szenenfotos des Theaters in der Josefstadt, Wien

# Kafka und seine Skizzen

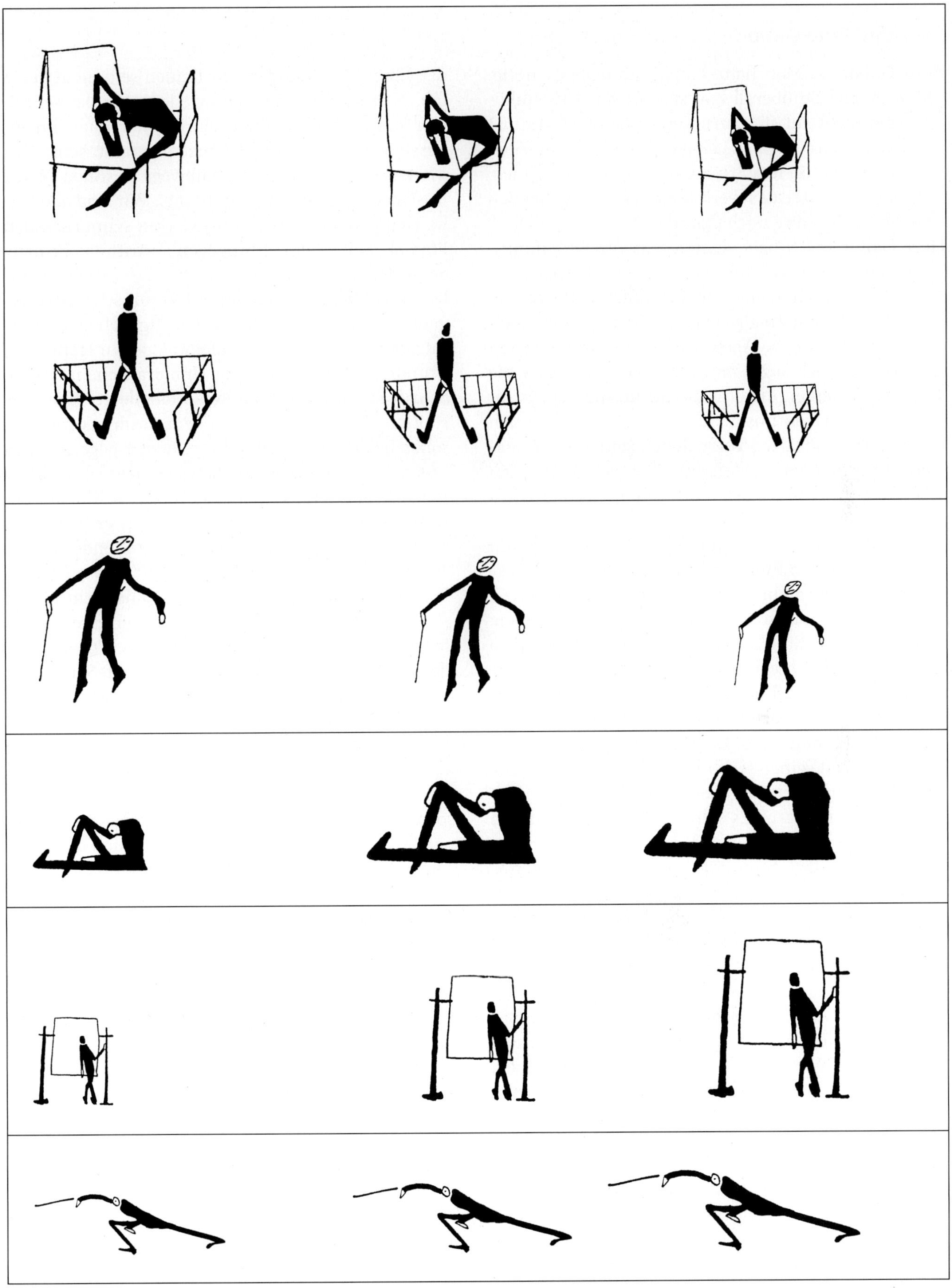

# Frank Wedekind: Frühlings Erwachen (3. Akt, 3. Szene)

## Herr und Frau Gabor.

**Frau Gabor.** ... Man hatte einen Sündenbock nötig. Man durfte die überall laut werdenden Anschuldigungen nicht auf sich beruhen lassen. Und nun hat mein Kind das Unglück gehabt, den Zöpfen im richtigen Moment in den Schuss zu laufen, nun soll ich, die eigene Mutter, das Werk seiner Henker vollenden helfen? – Bewahre mich Gott davor!

**Herr Gabor.** – Ich habe deine geistvolle Erziehungsmethode vierzehn Jahre schweigend mit angesehn. Sie widersprach meinen Begriffen. Ich hatte von jeher der Überzeugung gelebt, ein Kind sei kein Spielzeug; ein Kind habe Anspruch auf unsern heiligsten Ernst. Aber ich sagte mir, wenn der Geist und die Grazie des einen die ernsten Grundsätze eines andern zu ersetzen imstande sind, so mögen sie den ernsten Grundsätzen vorzuziehen sein. – – Ich mache dir keinen Vorwurf, Fanny. Aber vertritt mir den Weg nicht, wenn ich dein und mein Unrecht an dem Jungen gutzumachen suche!

**Frau Gabor.** Ich vertrete dir den Weg, solange ein Tropfen warmen Blutes in mir wallt! In der Korrektionsanstalt ist mein Kind verloren. Eine Verbrechernatur mag sich in solchen Instituten bessern lassen. Ich weiß es nicht. Ein gut gearteter Mensch wird so gewiss zum Verbrecher darin, wie die Pflanze verkommt, der du Luft und Sonne entziehst. Ich bin mir keines Unrechtes bewusst. Ich danke heute wie immer dem Himmel, dass er mir den Weg gezeigt, in meinem Kinde einen rechtlichen Charakter und eine edle Denkungsweise zu wecken. Was hat er denn so Schreckliches getan? Es soll mir nicht einfallen, ihn entschuldigen zu wollen – daran, dass man ihn aus der Schule gejagt, trägt er keine Schuld. Und wär es sein Verschulden, so hat er es ja gebüßt. Du magst das alles besser wissen. Du magst theoretisch vollkommen im Rechte sein. Aber ich kann mir mein einziges Kind nicht gewaltsam in den Tod jagen lassen!

**Herr Gabor.** Das hängt nicht von uns ab, Fanny. – Das ist ein Risiko, das wir mit unserem Glück auf uns genommen. Wer zu schwach für den Marsch ist, bleibt am Wege. Und es ist schließlich das Schlimmste nicht, wenn das Unausbleibliche zeitig kommt. Möge uns der Himmel davor behüten! Unsere Pflicht ist es, den Wankenden zu festigen, solange die Vernunft Mittel weiß. – Dass man ihn aus der Schule gejagt, ist nicht seine Schuld. Wenn man ihn nicht aus der Schule gejagt hätte, es wäre auch seine Schuld nicht! – Du bist zu leichtherzig. Du erblickst vorwitzige Tändelei, wo es sich um Grundschäden des Charakters handelt. Ihr Frauen seid nicht berufen, über solche Dinge zu urteilen. Wer das schreiben kann, was Melchior schrieb, der muss im innersten Kern seines Wesens angefault sein. Das Mark ist ergriffen. Eine halbwegs gesunde Natur lässt sich zu so etwas nicht herbei. Wir sind alle keine Heiligen; jeder von uns irrt vom schnurgeraden Pfad ab. Seine Schrift hingegen vertritt das Prinzip. Seine Schrift entspricht keinem zufälligen gelegentlichen Fehltritt; sie dokumentiert mit schaudererregender Deutlichkeit den aufrichtig gehegten Vorsatz, jene natürliche Veranlagung, jenen Hang zum Unmoralischen, weil es das Unmoralische ist. Seine Schrift manifestiert jene exzeptionelle geistige Korruption, die wir Juristen mit dem Ausdruck „moralischer Irrsinn" bezeichnen. – Ob sich gegen seinen Zustand etwas ausrichten lässt, vermag ich nicht zu sagen. Wenn wir uns einen Hoffnungsschimmer bewahren wollen, und in erster Linie unser fleckenloses Gewissen als die Eltern des Betreffenden, so ist es Zeit für uns, mit Entschiedenheit und mit allem Ernste ans Werk zu gehen. – Lass uns nicht länger streiten, Fanny! Ich fühle, wie schwer es dir wird. Ich weiß, dass du ihn vergötterst, weil er so ganz deinem genialischen Naturell entspricht. Sei stärker als du! Zeig dich deinem Sohn gegenüber endlich einmal selbstlos!

**Frau Gabor.** Hilf mir Gott, wie lässt sich dagegen aufkommen! – Man muss ein Mann sein, um so sprechen zu können! Man muss ein Mann sein, um sich so vom toten Buchstaben verblenden lassen zu können! Man muss ein Mann sein, um so blind das in die Augen Springende nicht zu sehn! – Ich habe gewissenhaft und besonnen an Melchior gehandelt vom ersten Tag an, da ich ihn für die Eindrücke seiner Umgebung empfänglich fand. Sind wir denn für den Zufall verantwortlich?! Dir kann morgen ein Dachziegel auf den Kopf fallen, und dann kommt dein Freund – dein Vater, und statt deine Wunde zu pflegen, setzt er den Fuß auf dich! – Ich lasse mein Kind nicht vor meinen Augen hinmorden. Dafür bin ich seine Mutter. – Es ist unfassbar! Es ist gar nicht zu glauben! Was schreibt er denn in aller Welt! Ist's denn nicht der eklatanteste Beweis für seine Harmlosigkeit, für seine Dummheit, für seine kindliche Unberührtheit, dass er so etwas schreiben kann! – Man muss keine Ahnung von Menschenkenntnis besitzen – man muss ein vollständig entseelter Bürokrat oder ganz nur Beschränktheit sein, um hier moralische Korruption zu wittern! – – Sag, was du willst. Wenn du Melchior in die Korrektionsanstalt bringst, dann sind wir geschieden! Und dann lass mich sehen, ob ich nicht irgendwo in der Welt Hilfe und Mittel finde, mein Kind seinem Untergange zu entreißen.

**Herr Gabor**. Du wirst dich dreinschicken müssen – wenn nicht heute, dann morgen. Leicht wird es keinem, mit dem Unglück zu diskontieren. Ich werde dir zur Seite stehen, und wenn dein Mut zu erliegen droht, keine Mühe und kein Opfer scheuen, dir das Herz zu entlasten. Ich sehe die Zukunft so grau, so wolkig – es fehlte nur noch, dass auch du mir noch verloren gingst.

**Frau Gabor**. Ich sehe ihn nicht wieder; ich sehe ihn nicht wieder. Er erträgt das Gemeine nicht. Er findet sich nicht ab mit dem Schmutz. Er zerbricht den Zwang; das entsetzlichste Beispiel schwebt ihm vor Augen! – Und sehe ich ihn wieder – Gott, Gott, dieses frühlingsfrohe Herz – sein helles Lachen – alles, alles – seine kindliche Entschlossenheit, mutig zu kämpfen für Gut und Recht – o dieser Morgenhimmel, wie ich ihn licht und rein in seiner Seele gehegt als mein höchstes Gut ... ... Halte dich an mich, wenn das Unrecht um Sühne schreit! Halte dich an mich! Verfahre mit mir, wie du willst! Ich trage die Schuld. – Aber lass deine fürchterliche Hand von dem Kind weg.

**Herr Gabor**. Er hat sich vergangen!

**Frau Gabor**. Er hat sich nicht vergangen!

**Herr Gabor**. Er hat sich vergangen! – – – Ich hätte alles darum gegeben, es deiner grenzenlosen Liebe ersparen zu dürfen. – – Heute morgen kommt eine Frau zu mir, vergeistert, kaum ihrer Sprache mächtig, mit diesem Brief in der Hand – einem Brief an ihre fünfzehnjährige Tochter. Aus dummer Neugierde habe sie ihn erbrochen; das Mädchen war nicht zu Haus. – In dem Briefe erklärte Melchior dem fünfzehnjährigen Kind, dass ihm seine Handlungsweise keine Ruhe lasse, er habe sich an ihr versündigt usw. usw., werde indessen natürlich für alles einstehen. Sie möge sich nicht grämen, auch wenn sie Folgen spüre. Er sei bereits auf dem Wege, Hilfe zu schaffen; seine Relegation erleichtere ihm das. Der ehemalige Fehltritt könne noch zu ihrem Glücke führen – und was des unsinnigen Gewäsches mehr ist.

**Frau Gabor**. Unmöglich!

**Herr Gabor**. Der Brief ist gefälscht. Es liegt Betrug vor. Man sucht sich seine stadtbekannte Relegation nutzbar zu machen. Ich habe mit dem Jungen noch nicht gesprochen – aber sieh bitte die Hand! Sieh die Schreibweise!

**Frau Gabor**. Ein unerhörtes, schamloses Bubenstück!

**Herr Gabor**. Das fürchte ich!

**Frau Gabor**. Nein, nein – nie und nimmer!

**Herr Gabor**. Umso besser wird es für uns sein. – Die Frau fragt mich händeringend, was sie tun solle. Ich sagte ihr, sie solle ihre fünfzehnjährige Tochter nicht auf Heuböden herumklettern lassen. Den Brief hat sie mir glücklicherweise dagelassen. – Schicken wir Melchior nun auf ein anderes Gymnasium, wo er nicht einmal unter elterlicher Aufsicht steht, so haben wir in drei Wochen den nämlichen Fall – neue Relegation – sein frühlingsfreudiges Herz gewöhnt sich nachgerade daran. – Sag mir, Fanny, wo soll ich hin mit dem Jungen?!

**Frau Gabor**. – In die Korrektionsanstalt –

**Herr Gabor**. In die ...?

**Frau Gabor**. ... Korrektionsanstalt!

**Herr Gabor**. Er findet dort in erster Linie, was ihm zu Hause ungerechterweise vorenthalten wurde: eherne Disziplin, Grundsätze, und einen moralischen Zwang, dem er sich unter allen Umständen zu fügen hat. – Im Übrigen ist die Korrektionsanstalt nicht der Ort des Schreckens, den du dir darunter denkst. Das Hauptgewicht legt man in der Anstalt auf Entwicklung einer christlichen Denk- und Empfindungsweise. Der Junge lernt dort endlich das Gute wollen statt des Interessanten, und bei seinen Handlungen nicht sein Naturell, sondern das Gesetz in Frage ziehen. – – Vor einer halben Stunde erhalte ich ein Telegramm von meinem Bruder, das mir die Aussagen der Frau bestätigt. Melchior hat sich ihm anvertraut und ihn um zweihundert Mark zur Flucht nach England gebeten ...

**Frau Gabor** bedeckt ihr Gesicht. Barmherziger Himmel.

Aus: Frank Wedekind: Frühlings Erwachen. Paderborn: Schöningh Verlag 1999, S. 55–59

# Alfred Döblin: Berlin Alexanderplatz. Die Geschichte vom Franz Biberkopf

Döblin, von dem wir fast nur Experimente kennen, meistens auch noch lediglich missglückte oder doch in einem Nirgendwo endende (die *Drei Sprünge, den Wallenstein, Berge, Meere und Giganten*), nur *Wadzeks Kampf mit der Dampfturbine* hatte uns vom Genie dieses Erzählers überzeugt, oder wenigstens vom Vorhandensein eines solchen Genies, Döblin schreibt jetzt, wie aus heiterem Himmel, *Berlin Alexanderplatz, die Geschichte vom Franz Biberkopf* – und schon dieses dativisch-bänkelnde vom ist *vom* Geist dieses Buches: des stillosesten Buches, das wir haben; Döblin mischt in dieser Großstadtballade bedenkenlos alles, was er schon kann und sonst noch kennt: Werbesprüche, Volkslieder, Bibelgut, Naturkitsch, Bänkelsang und Fallada und Berlinerisch und alles, was er Dos Passos und Joyce abgelernt hat; oft ist dieses Gemisch hinreißend, ebenso oft die schlimmste Sentimentalität: und es ist nun die Größe dieses Buches, dass es auch darüber keine Bedenken kennt. Das Lausige grenzt an das Erschütternde, der Schmutz ans Reine, das seinerseits wieder kaum von der Dummheit unterschieden ist – und man weiß niemals, was daran Kunst ist und was einfach ein Reflex, man will es auch nicht wissen. Biberkopf ist der törichte Held, und weil er töricht ist, wird aus der modernen Großstadt eine bloß schwerer überschaubare kleine Stadt, denn diesem Helden rückt alles auf den Leib, und er sieht nur, was er fühlt, ein antiquierter Mann, der jeden Mythos (der modernen Großstadt und so weiter) ruiniert – auch in dieser destruktiven Arbeit liegt nach allem von ihm davor Geschriebenen die schwer begreifbare Größe Döblins in diesem Buch.



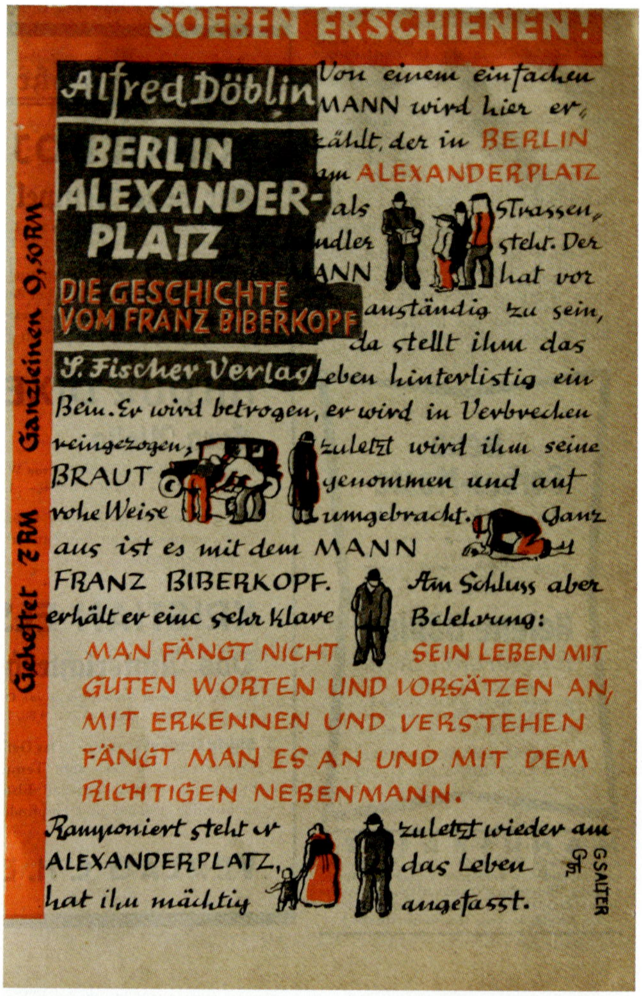


Schutzumschlag für den Roman „Berlin Alexanderplatz", 1929

- *Der Text gibt Auskunft darüber, wie Döblin schrieb. Notieren Sie, welche Erwartungen Sie an die Lesebegegnung koppeln.*
- *Sind dieser Kurzinformation zum Buch expressionistische Ideen zu entnehmen? Welche?*
- *Bringen Sie in den Unterricht eine Anzahl von Papieren, Büchern unterschiedlichster Art, Reklame etc. mit. Tragen Sie dieses Material in Gruppen zusammen. Erarbeiten Sie gemeinsam aus der Mischung die Idee zu einer kleinen Geschichte. Jeder in der Gruppe verfasst sodann mithilfe des Zusammengetragenen eine Geschichte.*
- *Sammeln Sie (bspw. im Internet) Informationen zu Autor und Buch (Inhalt?) und zu den weiteren genannten Autoren.*
- *Erstellen Sie eine Liste mit lohnenswerten Internetadressen.*

Tipp: Lebendiges Museum online:
http://www.dhm.de/lemo/objekte/pict/r81-395/oder: http://www.dhm.de/lemo/

# Alfred Döblin: Mit der 41 in die Stadt

Er stand vor dem Tor des Tegeler Gefängnisses und war frei. Gestern hatte er noch hinten auf den Äckern Kartoffeln geharkt mit den andern, in Sträflingskleidung, jetzt ging er im gelben Sommermantel, sie harkten hinten, er war frei. Er ließ Elektrische auf Elektrische vorbeifahren, drückte den Rücken an die rote Mauer und ging nicht. Der Aufseher am Tor spazierte einige Male an ihm vorbei, zeigte ihm seine Bahn, er ging nicht. Der schreckliche Augenblick war gekommen [schrecklich, Franze, warum schrecklich?], die vier Jahre waren um. Die schwarzen eisernen Torflügel, die er seit einem Jahr mit wachsendem Widerwillen betrachtet hatte [Widerwillen, warum Widerwillen], waren hinter ihm geschlossen. Man setzte ihn wieder aus. Drin saßen die andern, tischlerten, lackierten, sortierten, klebten, hatten noch zwei Jahre, fünf Jahre. Er stand an der Haltestelle.

Die Strafe beginnt.

Er schüttelte sich, schluckte. Er trat sich auf den Fuß. Dann nahm er einen Anlauf und saß in der Elektrischen. Mitten unter den Leuten. Los. Das war zuerst, als wenn man beim Zahnarzt sitzt, der eine Wurzel mit der Zange gepackt hat und zieht, der Schmerz wächst, der Kopf will platzen. Er drehte den Kopf zurück nach der roten Mauer, aber die Elektrische sauste mit ihm auf den Schienen weg, dann stand nur noch sein Kopf in der Richtung des Gefängnisses. Der Wagen machte eine Biegung, Bäume, Häuser traten dazwischen. Lebhafte Straßen tauchten auf, die Seestraße, Leute stiegen ein und aus. In ihm schrie es entsetzt – Achtung, Achtung, es geht los. Seine Nasenspitze vereiste, über seine Backe schwirrte es. „Zwölf Uhr Mittagszeitung", „B. Z.", „Die neuste Illustrierte", „Die Funkstunde neu", „Noch jemand zugestiegen?" Die Schupos haben jetzt blaue Uniformen. Er stieg unbeachtet wieder aus dem Wagen, war unter Menschen. Was war denn? Nichts. Haltung, ausgehungertes Schwein, reiß dich zusammen, kriegst meine Faust zu riechen. Gewimmel, welch Gewimmel. Wie sich das bewegte. Mein Brägen hat wohl kein Schmalz mehr, der ist wohl ganz ausgetrocknet. Was war das alles. Schuhgeschäfte, Hutgeschäfte, Glühlampen, Destillen. Die Menschen müssen doch Schuhe haben, wenn sie so viel rumlaufen, wir hatten ja auch eine Schusterei, wollen das mal festhalten. Hundert blanke Scheiben, lass die doch blitzern, die werden dir doch nicht Bange machen, kannst sie ja kaputt schlagen, was ist denn mit die, sind eben blank geputzt. Man riss das Pflaster am Rosenthaler Platz auf, er ging zwischen den anderen auf Holzbohlen. Man mischt sich unter die andern, da vergeht alles, dann merkst du nichts, Kerl. Figuren standen in den Schaufenstern in Anzügen, Mänteln, mit Röcken, mit Strümpfen und Schuhen. Draußen bewegte sich alles, aber – dahinter – war nichts! Es lebte – nicht! Es hatte fröhliche Gesichter, es lachte, wartete auf der Schutzinsel gegenüber Aschinger zu zweit oder zu dritt, rauchte Zigaretten, blätterte in Zeitungen. So stand das da wie die Laternen – und – wurde immer starrer. Sie gehörten zusammen mit den Häusern, alles weiß, alles Holz. Schreck fuhr in ihn, als er die Rosenthaler Straße heruntergingen und in einer kleinen Kneipe ein Mann und eine Frau dicht am Fenster saßen: Die gossen sich Bier aus Seideln in den Hals, ja, was war dabei, sie tranken eben, sie hatten Gabeln und stachen sich damit Fleischstücke in den Mund, dann zogen sie die Gabeln wieder heraus und bluteten nicht. Oh, krampfte sich sein Leib zusammen, ich kriege es nicht weg, wo soll ich hin? Es antwortete.

Die Strafe.

Er konnte nicht zurück, er war mit der Elektrischen so weit hierher gefahren, er war aus dem Gefängnis entlassen und musste hier hinein, noch tiefer hinein.

Das weiß ich, seufzte er in sich, dass ich hier rin muss und dass ich aus dem Gefängnis entlassen bin. Sie mussten mich ja entlassen, die Strafe war um, hat seine Ordnung, der Bürokrat tut seine Pflicht. Ich geh auch rin, aber ich möchte nicht, mein Gott, ich kann nicht.

Er wanderte die Rosenthaler Straße am Warenhaus Tietz vorbei, nach rechts bog er ein in die schmale Sophienstraße. Er dachte, diese Straße ist dunkler, wo es dunkel ist, wird es besser sein. Die Gefangenen werden in Einzelhaft, Zellenhaft und Gemeinschaftshaft untergebracht. Bei Einzelhaft wird der Gefangene bei Tag und Nacht unausgesetzt von anderen Gefangenen gesondert gehalten. Bei Zellenhaft wird der Gefangene in einer Zelle untergebracht, jedoch bei Bewegung im Freien, beim Unterricht, Gottesdienst mit andern zusammengebracht.

Die Wagen tobten und klingelten weiter, es rann Häuserfront neben Häuserfront ohne Aufhören hin. Und Dächer waren auf den Häusern, die schwebten auf den Häusern, seine Augen irrten nach oben; wenn die Dächer nur nicht abrutschten, aber die Häuser standen grade. Wo soll ick armer Deibel hin, er latschte an der Häuserwand lang, es nahm kein Ende damit. Ich bin ein großer Dussel, man wird sich hier doch noch durchschlängeln können, fünf Minuten, zehn Minuten, dann trinkt man ein Kognak und setzt sich. Auf entsprechendes Glockenzeichen ist sofort mit der Arbeit zu beginnen. Sie darf nur unterbrochen werden in der zum Essen, Spaziergang, Unterricht bestimmten Zeit. Beim Spaziergang haben die Gefangenen die Arme ausgestreckt zu halten und sie vor- und rückwärts zu bewegen. Da war ein Haus, er nahm den Blick weg von dem Pflaster, eine Haustür stieß er auf und aus seiner Brust kam ein trauriges brummendes oh, oh. Er schlug die Arme umeinander, so, mein Junge, hier frierst du nicht. Die Hoftür öffnete sich, einer schlurfte an ihm vorbei, stellte sich hinter ihn. Er ächzte jetzt, ihm tat wohl zu ächzen. Er hatte in der ersten Einzelhaft immer so geächzt und sich gefreut, dass er seine Stimme hörte, da hat man was, es ist noch nicht alles vorbei. Das taten viele in den Zellen, einige am Anfang, andere später, wenn sie sich einsam fühlten. Dann fingen sie damit an, das war noch was Menschliches, es tröstete sie. So stand der Mann in dem Hausflur, hörte das schreckliche Lärmen von der Straße nicht, die irrsinnigen Häuser waren nicht da. Mit gespitztem Munde grunzte er und ermutigte sich, die Hände in den Taschen geballt. Seine Schultern im gelben Sommermantel waren zusammengezogen, zur Abwehr.

Aus: Alfred Döblin: Berlin Alexanderplatz. Die Geschichte vom Franz Biberkopf.

# Aufgabenwelt zum „Biberkopf"

- *Im Rahmen Ihrer bisherigen Auseinandersetzung mit dem Expressionismus – insbesondere über die Lyrik und Sekundärtexte – haben Sie spezifische Charakteristika (formalstilistische, inhaltliche und sprachliche Mittel) kennengelernt, die diesen kennzeichnen. Überprüfen Sie den Textausschnitt daraufhin, inwiefern bestimmte sprachliche oder auch inhaltliche Besonderheiten auf diese hinweisen.*
- *Zwei Welten werden in dem Ausschnitt dargestellt: das Leben im Gefängnis und das Leben in Freiheit. Die ersten Schritte in der Freiheit werden überschrieben mit: „Die Strafe beginnt". Worin drückt sich die Strafe aus? Geben Sie Beispiele. Welche Qualitäten – der Umkehrschluss ist wohl mit gewissen Einschränkungen erlaubt – zeichnet dagegen die Gefängniswelt aus? Vergleichen Sie und stellen Sie Ihre Ergebnisse in einer Tabelle gegenüber.*
- *Wir wissen nicht, ob die proklamierte „Strafe" als Kommentar eines auktorialen Erzählers zu werten ist oder ob die Worte von dem Helden unserer Geschichte so empfunden und also personal zu betrachten sind. Arbeiten Sie heraus, ob Sie hier einen auktorialen oder personalen Erzähler am Werke sehen, und begründen Sie Ihre Ansicht.*
- *Übersetzen Sie die Situation, die der Entlassene „draußen" vorfindet, in ein Standbild.*
- *Versetzen Sie sich an die Stelle unseres Helden in der Geschichte. Sie haben den Tag glücklich überstanden und schreiben an Ihre ehemaligen Mithäftlinge einen Brief über die Welt „da draußen".*
- *Stellen Sie sich vor, der Held unserer Geschichte würde heute aus dem Gefängnis entlassen werden; mit dem Schritt vor das Gefängnistor umfängt ihn die heutige „Strafanstalt" Freiheit. Schreiben Sie eine Parallelgeschichte, die Elemente der Geschichte (Formulierungen, Sätze, Begriffe) ausdrücklich aufnimmt, aber insgesamt auf die heutige Zeit mit ihren gesellschaftlichen Themen und technologischen Entwicklungen übertragen ist. (Bezüglich Straßennamen u. Ä. tauschen Sie diese gegen solche der Stadt, in der Sie leben, oder der nächstgelegenen größeren Stadt aus.)*
- *Wählen Sie aus dem Text fünf der für Sie zentralen Sätze aus. Erstellen Sie anschließend eine Großstadt-Klangcollage, die die Eindrücke und Ängste unseres Helden widerspiegeln, in welche Ihre ausgewählten Sätze – von einem Sprecher intoniert – eingelassen sind.*
- *Erstellen Sie alternativ oder ergänzend eine Großstadt-Bildcollage und integrieren Sie in diese die ausgewählten Sätze.*
- *Sie haben das Sonett als häufig benutzte Gedichtform im Expressionismus kennengelernt. Nehmen Sie die Vorlage von Döblin zum Anlass und als Materialfundus, daraus ein Sonett zu formen. Sie können auch kurze Fragmente aus der Textvorlage verarbeiten.*
- *Die Umschlaggestaltung zum Roman ist nicht mehr zeitgemäß. Zwar kennen Sie nur wenige Seiten aus und einen kurzen Kommentar zu dem monumentalen Werk, aber Sie trauen sich zu, dem Literaturkorpus einen Buchrücken zu geben, der expressiv und zeitgemäß zugleich ist. Schön wäre es allerdings, wenn Sie in Würdigung des Originals einen Ausschnitt davon in Ihre Neugestaltung integrieren würden, der nicht nur schmückendes Beiwerk ist, sondern – gestalterisch aufbereitet – auch eine Rolle spielt.*

# Franz Kafka: Kleine Fabel

„Ach“, sagte die Maus, „die Welt wird enger mit jedem Tag. Zuerst war sie so breit, dass ich Angst hatte, ich lief weiter und war glücklich, dass ich endlich rechts und links in der Ferne Mauern sah, aber diese langen Mauern eilen so schnell aufeinander zu, dass ich schon im letzten Zimmer bin, und dort im Winkel steht die Falle, in die ich laufe.“ – „Du musst nur die Laufrichtung ändern“, sagte die Katze und fraß sie.

Kafka: Sämtliche Erzählungen. Frankfurt/Main 1994, S. 320

Peter Kuper: Gibs auf und andere Erzählungen. Hamburg 1997

- *Das Leben der Maus wird, in der Falle sitzend, rückblickend geschildert. Skizzieren Sie mit dem Wissen vom Ende der Maus deren Lebensweg. Nennen Sie dabei die jeweiligen Gefühlsregungen, von der die Maus am Anfang, in der Mitte und wahrscheinlich wohl am Ende bestimmt ist, und legen Sie die ursächlichen Gründe für die jeweilige Empfindung dar. Unterscheiden Sie bei der Angabe der Gründe zwischen Bild- und Sachebene.*
- *Formulieren Sie eine Lehre, die aus dem Geschehen zu ziehen ist.*

BS 3

# Kafka und die Maus (1)

Franz Kafka als Student

Am 3.7.1883 erblickte Franz Kafka als Sohn des Kaufmanns Herrmann Kafka (1852 – 1931) und seiner Frau Julia, geborene Löwy aus Poděbrad (1856 – 1934), in Prag das Licht der Welt. Unermüdlich hatte der Vater den sozialen Aufstieg vorangetrieben, war wenig einfühlsam für andere Interessen und ideellen Geistesgütern wenig aufgeschlossen. Franz Kafka litt zeitlebens unter der Dominanz des Vaters, was später zum nie abgesendeten „Brief an den Vater", in dem er die Beziehung aufarbeitete, führte. Fast sein ganzes Leben lebte Kafka in der ungeliebten Stadt Prag und verblieb so in der Einflusssphäre des Vaters. Nach Abschluss des Gymnasiums studierte er Jura und schloss mit einer wenig herausragenden Promotion ab. Über die Prüfung vermerkt er, dass „es sehr lustig, wenn auch nicht kenntnisreich" gewesen sei. Seine berufliche Heimat fand er in der „Arbeiter-Versicherungsanstalt für das Königreich Böhmen" in Prag. Nach der vollbrachten Tagesarbeit schrieb er meist nachts, oft allerdings, ohne dass er mit den schriftstellerischen Ergebnissen zufrieden gewesen wäre. Das Schreiben bzw. sein „Gekritzel", wie er es selbst nannte, war und blieb ihm aber Lebenselixier: „Mein Verhältnis zum Schreiben und mein Verhältnis zu den Menschen ist unwandelbar und in meinem Wesen, nicht in den zeitweiligen Verhältnissen begründet. Ich brauche zu meinem Schreiben Abgeschiedenheit, nicht ‚wie ein Einsiedler', das wäre nicht genug, sondern wie ein Toter", schrieb er einmal in einem Brief an seine Verlobte Felice. Auch deshalb waren seine Beziehungen zu Frauen und insbesondere zu Felice nicht von Dauer. Kafka war von schmächtiger Gestalt und seine Gesundheit immer wieder angegriffen, was auch zu einer frühzeitigen Pensionierung führte. 1924 starb er nahe Wien in einem Sanatorium an Tuberkulose.

**Titel:** ______________________________

„Eine Katze hatte eine Maus gefangen. ‚Was wirst du nun machen?', fragte die Maus, ‚du hast so schreckliche Augen.' ‚Ach', sagte die Katze, ...

______________________________

______________________________

______________________________

______________________________

______________________________

______________________________

______________________________

______________________________

______________________________

.... Dann frage bitte, es ist wirklich schon sehr spät.'"

- *Schreiben Sie eine kleine Parabel. Ergänzen Sie dazu das Fragment um maximal fünf Sätze, die ausschließlich im Dialog zwischen Katze und Maus verfasst sind.*
- *Geben Sie Ihrer Parabel einen Titel und begründen Sie diesen.*

# Kafka und die Maus (2)

Eine Katze hatte eine Maus gefangen. „Was wirst du nun machen?“, fragte die Maus, „du hast so schreckliche Augen.“ „Ach“, sagte die Katze, „solche Augen habe ich immer, du wirst dich daran gewöhnen.“ „Ich werde lieber weggehen“, sagte die Maus, „meine Kinder warten auf mich.“ „Deine Kinder warten?“, sagte die Katze, „dann geh nur so schnell als möglich. Ich wollte dich nur etwas fragen.“ „Dann frage bitte, es ist wirklich schon sehr spät.“

Aus: Franz Kafka: Das Ehepaar und andere Schriften aus dem Nachlass. Kritische Ausgabe, Gesammelte Werke, Bd. 6, hg. v. H.-G. Koch. Frankfurt/Main 1994, S. 152

- *Beschreiben Sie die Ausgangssituation und untersuchen Sie die Geschichte, die eigentlich ein eindeutiges, schnelles Ende vermuten lässt, daraufhin, inwiefern die aus der „Kleinen Fabel“ abgeleitete Lehre hier zum Tragen kommt und zur Rettung der Maus beiträgt.*
  - *Halten Sie zunächst fest, in welcher Situation sich die Maus zu Beginn befindet und wie sie sich verhält. Ermitteln Sie Situation und Verhalten auch für das Ende. Von welchen Gefühlen ist die Maus am Anfang und am Ende umfangen?*
  - *Beleuchten Sie anschließend den Mittelteil, ob ein Handeln der Maus gegeben ist, das der Lehre aus der „Kleinen Fabel“ folgt.*
- *Das diesem Arbeitsblatt zugeordnete Bild steht mit der Parabel in keinerlei Kontext. Trotzdem kann aus dem Bild eine Deutungshypothese zur Interpretation der Parabel abgeleitet werden. Interpretieren Sie nun die Parabel auch unter Berücksichtigung des Bildes.*
- *Vergleichen Sie abschließend Ihre selbst verfasste Parabel von Arbeitsblatt 35 und deren Intention mit der zweiten Mausparabel von Kafka und der von Ihnen daraus abgeleiteten Deutungsabsicht.*

# Franz Kafka: Gibs auf!

Es war sehr früh am Morgen, die Straßen rein und leer, ich ging zum Bahnhof. Als ich eine Turmuhr mit meiner Uhr verglich, sah ich, dass es schon viel später war, als ich geglaubt hatte, ich musste mich sehr beeilen, der Schrecken über diese Entdeckung ließ mich im Weg unsicher werden, ich kannte mich in dieser Stadt noch nicht sehr gut aus, glücklicherweise war ein Schutzmann in der Nähe, ich lief zu ihm und fragte ihn atemlos nach dem Weg. Er lächelte und sagte: „Von mir willst du den Weg erfahren?" „Ja", sagte ich, „da ich ihn selbst nicht finden kann." „Gibs auf, gibs auf", sagte er und wandte sich mit einem großen Schwunge ab, so wie Leute, die mit ihrem Lachen allein sein wollen.

Aus: Franz Kafka: Sämtliche Erzählungen. Frankfurt/M: Fischer 1994, S. 358

- *Welche Informationen erhält der Leser über den Protagonisten – welche Informationen werden nicht gegeben? Halten Sie Ihre Ergebnisse in einer Tabelle fest.*
- *Schreiben Sie nun die Parabel aus der Sicht des Schutzmannes, wobei die „nicht" gegebenen Informationen auch Ihre Schilderung bestimmen soll.*
- *Der Schutzmann, der hier im Bild geboten wird, wirkt nicht gerade als Sympathieträger. Geben Sie einige kurze Stichpunkte, wie Sie sich den Mann des Gesetzes, den Freund und Helfer vorgestellt hätten.*
- *Das Bild ist Interpretation und der Schutzmann in seiner Darstellung wird vom Suchenden befragt nach dem Weg. Halten Sie die Darstellung für nachvollziehbar? Und falls ja: Warum fragt der Suchende den doch wenig Vertrauen ausstrahlenden Mann des Gesetzes trotzdem nach dem Weg?*
- *Arbeiten Sie mögliche Parallelen zur „Kleinen Fabel" heraus.*

# Franz Kafka: Zwei Parabeln

## Der Kreisel

Ein Philosoph trieb sich immer dort herum, wo Kinder spielten. Und sah er einen Jungen, der einen Kreisel hatte, so lauerte er schon. Kaum war der Kreisel in Drehung, verfolgte ihn der Philosoph, um ihn zu fangen. Dass die Kinder lärmten und ihn von ihrem Spielzeug abzuhalten suchten, kümmerte ihn nicht, hatte er den Kreisel, solange er sich noch drehte, gefangen, war er glücklich, aber nur einen Augenblick, dann warf er ihn zu Boden und ging fort. Er glaubte nämlich, die Erkenntnis jeder Kleinigkeit, also zum Beispiel auch eines sich drehenden Kreisels, genüge zur Erkenntnis des Allgemeinen. Darum beschäftigte er sich nicht mit den großen Problemen, das schien ihm unökonomisch. War die kleinste Kleinigkeit wirklich erkannt, dann war alles erkannt, deshalb beschäftigte er sich nur mit dem sich drehenden Kreisel. Und immer wenn die Vorbereitungen zum Drehen des Kreisels gemacht wurden, hatte er Hoffnung, nun werde es gelingen, und drehte sich der Kreisel, wurde ihm im atemlosen Laufen nach ihm die Hoffnung zur Gewissheit, hielt er aber dann das dumme Holzstück in der Hand, wurde ihm übel und das Geschrei der Kinder, das er bisher nicht gehört hatte und das ihm jetzt plötzlich in die Ohren fuhr, jagte ihn fort, er taumelte wie ein Kreisel unter einer ungeschickten Peitsche.

Aus: Kafka, Franz: Sämtliche Erzählungen. Frankfurt/Main: Fischer 1994, S. 320

Kafka als Schüler

## Die Vorüberlaufenden

Wenn man in der Nacht durch eine Gasse spazieren geht und ein Mann, von weitem schon sichtbar – denn die Gasse vor uns steigt an und es ist Vollmond – uns entgegenläuft, so werden wir ihn nicht anpacken, selbst wenn er schwach und zerlumpt ist, selbst wenn jemand hinter ihm läuft und schreit, sondern wir werden ihn weiterlaufen lassen.

Denn es ist Nacht, und wir können nicht dafür, dass die Gasse im Vollmond vor uns aufsteigt, und überdies, vielleicht haben diese zwei die Hetze zu ihrer Unterhaltung veranstaltet, vielleicht verfolgen beide einen Dritten, vielleicht wird der Erste unschuldig verfolgt, vielleicht will der Zweite morden, und wir würden Mitschuldige des Mordes, vielleicht wissen die zwei nichts voneinander, und es läuft nur jeder auf eigne Verantwortung in sein Bett, vielleicht sind es Nachtwandler, vielleicht hat der Erste Waffen.

Und endlich, dürfen wir nicht müde sein, haben wir nicht so viel Wein getrunken? Wir sind froh, dass wir auch den Zweiten nicht mehr sehn.

Aus: Kafka, Franz: Sämtliche Erzählungen. Frankfurt/Main: Fischer 1994, S. 15f.

Das letzte Foto von Kafka

# Friedrich Nietzsche: Zur Wahrheit

*Nur als Schaffende!* – Dies hat mir die größte Mühe gemacht und macht mir noch immerfort die größte Mühe: einzusehen, dass unsäglich mehr daran liegt, *wie die Dinge heißen*, als was sie sind. Der Ruf, Name und Anschein, die Geltung, das übliche Maß und Gewicht eines Dinges – im Ursprunge zuallermeist ein Irrtum und eine Willkürlichkeit, den Dingen übergeworfen wie ein Kleid und seinem Wesen und selbst seiner Haut ganz fremd – ist durch den Glauben daran und sein Fortwachsen von Geschlecht zu Geschlecht dem Dinge allmählich gleichsam an- und eingewachsen und zu seinem Leibe selber geworden: Der Schein von Anbeginn wird zuletzt fast immer zum Wesen und wirkt als Wesen! Was wäre das für ein Narr, der da meinte, es genüge, auf diesen Ursprung und diese Nebelhülle des Wahnes hinzuweisen, um die als wesenhaft geltende Welt, die sogenannte „*Wirklichkeit*", zu vernichten! Nur als Schaffende können wir vernichten! – Aber vergessen wir auch dies nicht: Es genügt, neue Namen und Schätzungen und Wahrscheinlichkeiten zu schaffen, um auf die Länge hin neue „Dinge" zu schaffen.

Aus: F. N.: Die fröhliche Wissenschaft. KSA 3, hg. v. G. Colli und M. Montinari. München 1988, S. 422

Friedrich Nietzsche (1844–1900)

Denken wir besonders noch an die Bildung der Begriffe. [...] Jeder Begriff entsteht durch Gleichsetzen des Nichtgleichen. So gewiss nie ein Blatt einem andern ganz gleich ist, so gewiss ist der Begriff Blatt durch beliebiges Fallenlassen dieser individuellen Verschiedenheiten, durch ein Vergessen des Unterscheidenden gebildet und erweckt nun die Vorstellung, als ob es in der Natur außer den Blättern etwas gäbe, das „Blatt" wäre, etwa eine Urform, nach der alle Blätter gewebt, gezeichnet, abgezirkelt, gefärbt, gekräuselt, bemalt wären, aber von ungeschickten Händen, sodass kein Exemplar korrekt und zuverlässig als treues Abbild der Urform ausgefallen wäre. [...]
Das Übersehen des Individuellen und Wirklichen gibt uns den Begriff, wie es uns auch die Form gibt, wohingegen die Natur keine Formen und Begriffe, also auch keine Gattungen kennt, sondern nur ein für uns unzugängliches und undefinierbares X. [...]
Was ist also Wahrheit? Ein bewegliches Heer von Metaphern, Metonymien, Anthropomorphismen, kurz eine Summe von menschlichen Relationen, die, poetisch und rhetorisch gesteigert, übertragen, geschmückt wurden und die nach langem Gebrauche einem Volke fest, kanonisch und verbindlich dünken: Die Wahrheiten sind Illusionen, von denen man vergessen hat, dass sie welche sind, Metaphern, die abgenutzt und sinnlich kraftlos geworden sind, Münzen, die ihr Bild verloren haben und nun als Metall, nicht mehr als Münzen, in Betracht kommen. [...]
Nun vergisst freilich der Mensch, dass es so mit ihm steht; er lügt also in der bezeichneten Weise unbewusst und nach hundertjährigen Gewöhnungen – und kommt eben *durch diese Unbewusstheit*, eben durch dies Vergessen zum Gefühl der Wahrheit. [...]
Man darf hier den Menschen wohl bewundern als ein gewaltiges Baugenie, dem auf beweglichen Fundamenten und gleichsam auf fließendem Wasser das Auftürmen eines unendlich komplizierten Begriffsdomes gelingt; freilich, um auf solchen Fundamenten Halt zu finden, muss es ein Bau wie aus Spinnefäden sein, so zart, um von der Welle nicht fortgetragen, so fest, um nicht von jedem Winde auseinander geblasen zu werden.

Aus: F. N.: Über Wahrheit und Lüge in außermoralischen Sinne 1. In: KSA 1. München 1988 a, S. 879–882

- *Arbeiten Sie heraus, auf welche Weise der Mensch nach Nietzsche zum Gefühl der „Wahrheit" kommt.*
- *Was ist nach Nietzsche „Wahrheit"? Erläutern Sie den Gedanken und geben Sie Beispiele.*
- *Was haben „Irrtum" und „Lüge" mit der „Wahrheit" zu tun?*
- *Welcher Gedanke ist mit dem Schaffenden verbunden?*

# „?"- & „!"-Karten 1

**Karte** !

Formulieren Sie einen Interpretationsansatz zum Text oder einer einzelnen Textpassage.

Ergänzungen/weitere Vorschläge durch Mitschüler:

**Mögliche Ansätze:** Gründe für das Interesse am Kreisel finden. Gründe für den Bezug zur Kinderwelt finden. Gründe für das Unwohlsein finden etc.

---

**Karte** ?

Formulieren Sie eine Frage zum Text. Was erscheint Ihnen nachhaltig unverständlich?

Auslegungsvorschlag durch Mitschüler:

**Mögliche Fragestellungen:** Wieso versucht der Philosoph, einen Kreisel zu erforschen, um das Allgemeine umfassend zu durchdringen? Was zeichnet die Kinder und ihre Lebenswelt aus? etc.

Baustein 4

# Expressionismus: Film und Musik

Der 3. Baustein ist dazu gedacht, das zwischen den verschiedenen Künsten Gemeinsame herauszustellen. Der Film – zu Beginn des 20. Jahrhunderts ein neues Medium, das sich erst noch als Kunstform behaupten musste, nachdem es die Jahrmarktplätze gerade verlassen hatte – und die Musik – eine etablierte, hoch angesehene Kunst, die nach neuen Ausdrucksformen suchte, nachdem die tradierten erschöpft schienen – konnten von der Ausgangslage kaum unterschiedlicher sein, um die geistigen Strömungen aufzunehmen und zu verarbeiten. Trotz dieser unterschiedlichen Ausgangslage sind Gemeinsamkeiten in der künstlerischen Verarbeitung des geistigen Potenzials nicht zu verkennen. „Das Kabinett des Doktor Caligari" wird repräsentativ für das Medium Film stehen und „Drei kleine Klavierstücke", op. 11/1 von Arnold Schönberg für die Musik. Im Einzelnen wird folgenden Aspekten nachgegangen:

- Vergleiche zwischen verschiedenen Kunstformen ziehen und formale wie inhaltliche Parallelen herausarbeiten
- expressionistische Kunst aus Film und Musik kennenlernen und eine reflektierte wie produktionsorientierte Auseinandersetzung leisten
- Bereitschaft wecken, sich ambitionierter bzw. alltagsferner Kunst zuzuwenden

## 4.1 Der Expressionismus im Film

Zur informierenden Einführung in die Thematik dient folgender Text von Sigrid Albert: Expressionismus im Film:

„*Caligari* ist noch ein Schulbeispiel für den deutschen Kunstfilm, wie er vor dem Ersten Weltkrieg angestrebt wurde. [...]
Der ‚Kunstfilm' entwickelt sich in Deutschland etwa ab 1912 und entsteht vor allem in Verbindung mit Literaten und Theaterleuten, die anfangen, sich für das neue, bisher als Mittel zur Volksbelustigung verachtete Medium zu interessieren. [...] Hier gibt es noch nichts Expressionistisches, obwohl in Malerei und Literatur bereits bedeutende Werke dieser Bewegung entstanden waren. [...]
Nach dem Krieg erst kann an die erste Welle des Kunstfilmschaffens wieder angeschlossen werden.[...] Die expressionistische Bewegung, in der vieles von den Erschütterungen des Krieges vorausgespürt worden war, wird nun weitgehend anerkannt. Die Avantgarde allerdings wendet sich bereits neuen, realitätsbezogeneren Strömungen zu. Doch der Film hängt vom Publikumserfolg ab, und da scheint nun der expressionistische Stil paradoxaler Weise besonders vielversprechend. [...]
*Caligari* bildet nun einen Auftakt zum deutschen Filmschaffen nach dem Krieg. Die geschäftliche Seite spielt bei seiner Konzeption eine nicht zu unterschätzende Rolle. [...] Die Drehbuchautoren, der Wiener Carl Mayer und der Prager Hans Janowitz, hatten sich ihren Film eigentlich politisch gedacht. Eine dunkle Autorität sollte entlarvt werden. Caligari war für sie die Symbolisierung einer obskuren Gewalt, die die Staatsbürger wie Marionetten behandelt und ihnen verbrecherische Handlungen befiehlt. [...] Die Rahmenhandlung wurde gegen ih-

ren Willen auf Anraten Fritz Langs hinzugefügt und somit die dunkle Macht zur fantastischen Vision in einer rationalen Welt entschärft, in der man Geisteskranke von ihren Fantasmen heilen kann. Ein Zugeständnis an die Ideologie der Weimarer Republik – doch glaubt der Zuschauer dieser ‚Aufklärung' kaum. Weder die politische noch die nationalistische Absicht kommen wirklich zum Tragen. Und das liegt weitgehend an der expressionistischen Gestaltungsweise: Die Maler Reimann, Röhrig und Warm haben sie so konsequent durchgeführt, dass der Zuschauer in eine totale Welt versetzt wird, aus der es keinen Ausweg zu geben scheint. [...] Gestalten und Kostüme fügen sich dieser Welt völlig ein, die Bewegungen und die Mimik sind ebenso stilisiert wie der Dekor. [...] Die erste Sequenz der Rahmenhandlung wirkt noch fast realistisch – doch greift in den letzten Szenen im Irrenhaus die expressionistische Gestaltung auch auf die Rahmenhandlung über, sodass Fantasmen und Realität nicht mehr zu unterscheiden sind. – Ist die Welt ein Irrenhaus?

Wir nähern uns trotz romantischer Fantastik ganz stark der expressionistischen Thematik, dem Problem der Selbstentfremdung des Menschen und dem der Entfremdung in einer sinnlos oder bedrohlich gewordenen Welt sowie dem der den Menschen leitenden unbewussten Kräfte.

Die Beleuchtungen geben den gemalten Dekors ihre Tiefenwirkung und den Gesichtern ihre Magie. Schwarz-Weiß-Kontraste verleihen dem Ganzen eine metaphysische Dimension und werden in engerem Sinne symbolisch ausgewertet. Schatten und überlange Formen weisen auf ‚Unbewusstes'! Dass darüber hinaus nun auch noch recht komplizierte Verbindungen zwischen den Personen hergestellt werden, die alle in irgendeiner der Gestalten ihren Doppelgänger, die Verkörperung ihrer unbewussten Wünsche und Triebe sehen könnten, wenn sie sie nicht verdrängt hätten, das wird dem Zuschauer ebenfalls durch Formsymbolisierungen suggeriert, die aber den Expressionismus überfordern bzw. zu etwas benutzen, was auch realistischere Symbole leisten könnten.

Inwiefern stimmt nun die Gestaltung eines Films wie *Caligari* mit der expressionistischen Malerei und Grafik überein?

[...] Für den Vergleich kommt in erster Linie die Grafik, insbesondere der Holzschnitt in Betracht, da hier ebenfalls mit sehr klar stilisierten und vereinfachten Formen und mit Schwarz-Weiß-Kontrasten (oder im Farbdruck mit kontrastierenden Farbflächen) gearbeitet wird. [...]

Die geraden Linien, meist als dynamische Schrägen benutzt, und die kantigen Flächen entstehen hier nach einem anfänglich kurvenreicheren Stil unter dem Einfluss sowohl des Kubismus, der um 1911/12 in Deutschland bekannt wurde, als auch der spannungsgeladenen Zeitereignisse. Doch sind die damit verbundenen Aussagewerte nicht in allen Perioden die gleichen.

So werden diese Stilmittel zum Beispiel in einer Grafik von 1913 (vgl. Heckels Holzschnitt ‚Landschaft auf Alsen') noch wie in der vitalistisch bestimmten Dresdner Periode zur Dynamisierung und Dramatisierung intensiven Erlebens eingesetzt; während die steife abrupte Heraldik von Carl Schmidt-Rottluffs ‚Russischer Landschaft in der Sonne' von 1919 der ‚Seelenlandschaft' des Cesare im *Caligari*, die auf Vereinsamung, Frustriertheit und Entfremdung deuten lässt, schon sehr viel nähersteht.

Im Allgemeinen ist die tiefenpsychologische Ausdeutbarkeit der Bilder im Film durch die Story und die Bildfolge erleichtert, ja unvermeidlich geworden, während eine einzelne Grafik zwar eine in sich geschlossene Welt totalisiert, aber deshalb auch mehrere Deutungen zulässt, die zum großen Teil vom Betrachter und dessen innerer Disposition abhängen. [...]

Die für den Caligari so bezeichnenden sich eng zusammenschließenden Räume, aus denen der Mensch auszubrechen trachtet, denen er aber nicht zu entfliehen vermag, da sie sein eigenes Ich symbolisieren, finden wir zum Beispiel in Heckels Grafik ‚Zwei Männer am Tisch' (1913), die eine Situation aus Dostojewskis *Schuld und Sühne* verdichtet, vorgebildet. [...] Ähnliches wie in Heckels Grafik erleben wir in Kirchners Ölbild von 1918 ‚Die Alpküche', [...].

Bei Lyonel Feininger werden nun dagegen in den Ölbildern die lastenden Flächenkontraste durch Transparenz und Ineinanderspielen der Flächen aufgelöst, sodass in seinen Stadtbil-

dern durch eine komplexe Zergliederung der Mensch in ein ganz neues, ja kosmisches Verhältnis zum Raum gestellt wird [Bsp.: ‚Dame in Mauve' (1920) oder im ‚Roten Geiger' (1934), Anm. N.S.]. [...] Im Film wird die Technik der Überlagerungen, Transparenzen, Überblendungen dann noch gesteigert, und die Benutzung des Lichtes hatte natürlich im damals sogenannten ‚Lichtspiel' eine überragende Rolle inne. [...]
Doch bleibt durch die abstrahierende Stilisierung die Symbolik vieldeutig; es ist auch möglich, sie zu übersehen und den Film als reines Kunstwerk ganz vom Ästhetischen her zu genießen. So konnten derart konsequente expressionistische Gestaltungen nur noch ganz selten im Film verwandt werden [...].
Expressionismus wurde dann im Film eine Ausdrucksmöglichkeit unter anderen und nur noch an geeigneten Stellen eingesetzt, wie wir es in Metropolis (allerdings noch häufig) beobachten können [...]."

Aus: Dominique Tetzlaff/Jeanpierre Guindon (Hg.): An die Verstummten. Frankfurt/M: Athenäum, 1988, S. 69–74

Die Aufgaben zu dem **Arbeitsblatt 41** (S. 128), „Das Kabinett des Doktor Caligari", sind mit dem bisher erarbeiteten Wissen zum Expressionismus zu bewältigen. Das Spiel von Licht und Schatten und die verzerrte Perspektive dürften von den Schülerinnen und Schülern als expressionistisch eingestuft werden. Ggf. wird auch die Gestik im ersten Bild als überzeichnet dokumentiert und expressionistisch gewertet. Aus den Ergebnissen der zweiten Aufgabe sind im Grunde die Folgerungen für die dritte Aufgabe der Kennzeichnung typisch expressionistischer Elemente abzuleiten. Beim inhaltlichen Ausdeuten der Bilder dürfte eine allgemeine Verlorenheit zutage treten. Die Kulissen bieten nichts Heimeliges. Unwirtlich, düster erscheint die Welt und gefährlich, wenn an die tote Frau gedacht wird, die auch symbolisch als bevorstehendes Unheil, als Apokalypse o. Ä. gedeutet werden könnte. Die Aufgaben werden – mit Ausnahme der Diskussion im Plenum – in Einzelarbeit bearbeitet. Den Abschluss der Präsentation der Arbeitsergebnisse stellen die geschriebenen Geschichten zu den Bildern dar, die auch zum Anlass genommen werden können, auf einen möglichen expressionistischen Gehalt geprüft zu werden.

Das **Arbeitsblatt 42**, „Der Film als Ausdrucksmedium zur Zeit des Expressionismus", S. 129, liefert vertiefende Informationen zum genannten Film sowie zum Film im Expressionismus allgemein.

## 4.2 Der Expressionismus in der Musik

Der musikalische Expressionismus ist zweifelsohne eng mit den Namen Schönberg, Webern und Berg verbunden. Ebenso sind Strawinsky und Bartók als Vertreter des musikalischen Expressionismus zu nennen. Als frühen geistigen Vater kann man allerdings auch Gustav Mahler sehen, den Schönberg für seine zukunftsweisende Musik so ungemein schätzte, dass er in seiner Harmonielehre einmal die Wirkung von Mahlers Quartakkorden und den Eindruck der Unberührtheit schilderte, die sie bei ihm hinterließen. „Vielleicht spricht durch diese Unberührtheit die Zukunft unserer Musik" (Schönberg 2001, S. 481) – so Schönberg, und Nestler konstatiert: „Der erste Expressionist in der Musik ist Gustav Mahler gewesen" (Nestler [5]1997, S. 556). In sein Lob bezieht Schönberg, das soll nicht verschwiegen werden, ausdrücklich Paul Dukas[1] und Claude Debussy ein. Vor allen Dingen aber Arnold Schönberg kommt das Verdienst zu, neue musikalische Ausdrucksmöglichkeiten auf den Weg gebracht und etabliert zu haben. Vom kaum hörbaren Tönen bis zum extremen Fortissimo konnten zwei Tonschritte und noch weniger liegen. Das rhythmische Element erschien variantenrei-

[1] Wem der Name Dukas nichts sagt, wird seiner Musik zumindest wohl einmal begegnet sein: Denn wer kennt nicht seine Musik, die Walt Disneys Zeichentrickfilmversion des „Zauberlehrlings" mit Micky Maus unterlegt ist?

cher, widersprach der üblichen Norm von Schwerpunktsetzungen, die Polyrhythmik wurde akzentuiert und die Atonalität (und so die Etablierung der Dissonanz) war stilbestimmend. Der Dur-Moll-Tonalität, die zu Beginn des 20. Jahrhunderts auf allen Ebenen in der Auflösung begriffen war, wurde mit Schönberg der vorübergehende Todesstoß versetzt.[1] Die traditionelle Form wurde aufgelöst, allerdings waren die Werke nicht ohne Form, nur folgten sie, wie Schönberg für sich reklamierte, dem „Formgefühl". Form und Musik insgesamt waren demnach subjektivistisch motiviert und nach dem Glauben geformt, dass in dem subjektiv Empfundenen ein Allgemeines sich ausdrückte, was die Musik nicht regellos machte, aber neu regelte. Schönberg, der ein Freund Kandinskys war, schrieb so vom Komponieren: „Das Schaffen des Künstlers ist triebhaft. Das Bewusstsein hat wenig Einfluss darauf. Er hat das Gefühl, als wäre ihm diktiert, was er tut" (zitiert nach Eggebrecht 1996, S. 759). Hier drückt sich die Vorstellung aus, intuitiv zu empfinden, was als latent vorhandenes Gesetz verborgen liegt. Schönberg, dessen Name unlösbar mit der Komposition mit zwölf Tönen verbunden ist, die als streng geregelte Form atonalen Komponierens verstanden werden kann, sah sich so auch nie als alleiniger Schöpfer dieses Kompositionsprinzips. Er meinte mit den Worten Josef Rufers, „dass nicht er die Zwölftonmethode erschaffen habe, sondern dass sie da war, um entdeckt zu werden, dass sie einfach entdeckt werden musste" (Rufer 1966, S. 25).

Das vorliegende Modell ist für den Deutschunterricht erarbeitet. Daher ist die folgende für die Musik konzipierte Aufgabe so gestaltet, dass sie zum einem auch von Nichtmusikern bewältigt werden kann, sodass auch der Lehrende nicht der musikalischen Profession zugehörig sein muss, und zum anderen der Bezug zum Deutschunterricht gewahrt bleibt dergestalt, dass der Zugang zur Musik über eine kreative Schreibaufgabe geleistet werden soll. Dabei bietet die Partitur respektive das Notenbild Hilfestellung.

Wenngleich die symbolische Codierung von Musik – also das Notenbild – nicht klingt und es schwer ist, Aussagen zur klingenden Gestalt zu machen, kann aus ihr auch der ungeübte Leser Informationen zur Musik ableiten, da das Notenbild mal mehr mal weniger komplex, mal strukturiert oder auch chaotisch wirkt. Die erklingende Musik klingt und verfliegt. Das macht die Analyse schwer. Das Notenbild bleibt und kann wiederholt betrachtet werden, was die Analyse der Beziehungen von Notenereignissen zueinander erleichtert.

Eine Beziehung aufzubauen ist Ziel der nachfolgenden Vorgehensweise: Nähe und Ferne von Notenwerten – also Abstände – signalisieren entsprechend verortete lokale Verbundenheit, die sich harmonisch fügen kann, aber auch möglicherweise Enge, die sich als Raumereignis dissonierend mitteilt und wahrgenommen wird. Geruhsame Verläufe als auch überraschende Sprünge sind ebenfalls Beziehungsprüfungen zu entnehmen.

Beziehung wird hier also wörtlich genommen. Um Nähe und Ferne und anderes zu beschreiben, sollen die Schülerinnen und Schüler praktisch in das Notenbild eintreten und sich mit einer einzelnen Note identifizieren. Aus der Perspektive der Note wiederum sollen sie ihre papierene Notenumwelt erkunden. Die weitgehende, Schülerinnen und Schüler in der Regel nichts angehende, trockene Papieranalyse von Musik weicht so einer lebendigen Darstellung von Musik, bei der die Reflexion von der Fantasie begleitet und angeregt wird. Der hörende Nachvollzug wird dann später von Schülerinnen und Schülern in der Regel mit Spannung verfolgt.

[1] Vorübergehend deshalb, weil das atonale Komponieren oder auch das Komponieren mit 12 Tönen – trotz aller Reputation, die es hat – sich nie wirklich hat durchsetzen geschweige denn die Tonalität ersetzen können. Heute ist sie ein komplementäres Kompositionsprinzip neben anderen, das für die meisten Zuhörer weiterhin gewöhnungsbedürftig ist. Uwe Martin schreibt: „Dagegen ist neue Musik, da sie über empfindliche akustische Wahrnehmungsorgane aufgenommen wird, bis heute subventionsbedürftig" (Martin 1988, S. 74). „Neue Musik" übrigens ist zu Beginn des 20. Jahrhunderts nur ein anderer Terminus für „expressionistische Musik". Und weil diese Musik bis heute den allermeisten Ohren fremd bis ungelegen klingt, wird sie bestenfalls vereinzelt in der Regel bei Konzertveranstaltungen zwischen Stücken der Tradition eingebettet. Das mindert nicht ihre Qualität, zeigt aber doch, dass Auge und Ohr anders goutieren. Während das Bild des Expressionismus heute staunend und immer wieder bewundert wird, wird die Musik bestaunt ob ihrer wunderlichen Klangfarben, die das Publikum nach einmaligem Genuss leider nur zu selten zum Wiederhören einladen.

Die Schülerinnen und Schüler erhalten das **Arbeitsblatt 43** (S. 131), „Noten leben". Ausgewählt wurde hier von Schönberg ein Klavierwerk aus dem Opus 11, von dem Adorno sagt: „Das erste vollexpressionistische Werk sind die drei Klavierstücke op. 11 (1909)" (Adorno 2003, S. 62). Die Auslassungspunkte signalisieren Lesepausen, sodass die Schülerinnen und Schüler durch die optische Unterbrechung daran erinnert werden, innezuhalten, und ihrem freien Gedankenfluss folgen können. Ihre Eindrücke sollen sie schriftlich formulieren. Für diese Schreibphase sollte großzügig Zeit eingeräumt werden – ca. 20 – 30 Minuten.
Die Präsentation kann so erfolgen, dass die Geschichten und Selbstbeschreibungen im ganzen Klassenraum aufgehängt werden. Eine Aufgabe, die den Lesevorgang lenkt, lautet:

- *Lesen Sie die anderen Geschichten und suchen Sie eine Geschichte, die der Ihren ähnelt oder die Einzelaspekte ähnlich schildert, und eine, die nahezu das Gegenteil erzählt oder Einzelaspekte konträr deutet.*

Die Schülerinnen und Schüler treten sodann in eine Diskussionsrunde (in Gruppen oder im Plenum) ein. Aus den Ergebnissen sollen nun Vermutungen abgeleitet werden, wie die Musik klingt.
Anschließend (in der Folgestunde) erhalten die Schülerinnen und Schüler ihren Text zurück und es wird die Musik von Schönberg gehört.[1]

- *Hören Sie die Musik mit geschlossenen Augen und lassen Sie Ihre Gedanken treiben ... Hören Sie sie ein weiteres Mal und lesen Sie, was Sie geschrieben haben ... Markieren Sie, wo Ihre Aufzeichnungen mit dem Gehörten vergleichbar sind.*

Anschließend werden im Plenum die Einzeleindrücke mit denen der anderen abgeglichen, Unterschiedliches wird geprüft, worin der Einzeleindruck von anderen abweicht und wie es zu unterschiedlichen Bewertungen gekommen sein mag. Herausgestellt wird dabei aber immer, dass „richtig" und „falsch" gerade im Zusammenhang mit Bewertungen von Musik keine Qualifizierungsurteile sind.
Die persönlichen Beweggründe werden an der Tafel fixiert und anschließend wird die Musik noch einmal gehört. Mithilfe der Folie „Expressionismus in der Musik" (S. 132) wird sodann mit einem fachsprachlich korrekten Vokabular die Musik qualifiziert, indem sie auf Einlösung der genannten musikalischen Einzelparameter geprüft wird.

- *Hören Sie die Musik und überprüfen Sie, welche der musikalischen Parameter auf die Musik zutreffen.*

Für einen ersten Eindruck zur Musik des Expressionismus ist das Vorgehen ausreichend. Wer darüber hinaus sich intensiver mit der Musik des Expressionismus auseinandersetzen möchte, sei auf das Unterrichtsmodell zum „Woyzeck" aus der Reihe EinFach Deutsch (Schöningh Verlag, Bestellnr. 022313-7) und auf den Baustein 6 verwiesen. Dort wird die Oper „Wozzeck" von Alban Berg an ausgewählten Klangbeispielen demonstriert und thematisiert.

---

[1] Auf folgende Aufnahmen wird empfehlend hingewiesen: The Glenn Gould Edition: Schönberg von Glenn Gould (Künstler), Arnold Schönberg (Komponist), Doppel CD, Sony Classical SM2K 52664 mono & stereo ADD (1994), Klavierwerke von Herbert Henck (Künstler), Arnold Schönberg (Komponist), Wergo (SunnyMoon) (17. April 1996), Wergo WER 6268-2 stereo DDD (1995), CD Schönberg/Schubert von Thomas Larcher (Künstler) u. a. Ecm Record (Universal) (18. Oktober 1999), Audio CD Arnold Schönberg, ECM New Series 465 136-2 stereo DDD (1999) CD

# Film – Das Cabinet des Doktor Caligari

- *Notieren Sie Ihre persönlichen Eindrücke, wie die Szenenbilder auf Sie wirken.*
- *Welche Besonderheiten fallen Ihnen – im Unterschied zur „realistischen" Darstellung – auf?*
- *Welche Elemente würden Sie als „typisch" expressionistisch einstufen?*

- *Vergleichen Sie die Szenenbilder mit Ihnen bekannten Produkten der bildenden Kunst.*
- *Deuten Sie die Bilder inhaltlich, indem Sie gestalterische Mittel in Beziehung zu den Themen und Motiven des Expressionismus setzen.*
- *Diskutieren Sie, inwiefern filmsprachliche Mittel mit formal-sprachlichen Elementen des literarischen Expressionismus korrespondieren.*

- *Nehmen Sie die Bilder zum Anlass, eine kleine Geschichte zu schreiben.*

Szenen aus dem Film „Das Cabinet des Doktor Caligari" von Robert Wiene (1920)

# Der Film als Ausdrucksmedium zur Zeit des Expressionismus

## Zum Inhalt des Films „Das Cabinet des Doktor Caligari“

Francis erzählt im Hof einer Irrenanstalt einem anderen Patienten seine Geschichte: In einer norddeutschen Kleinstadt tritt der Schauspieler und Hypnotiseur Dr. Caligari mit seinem Medium, dem Somnambulen Cesare, auf. Cesare kann die Zukunft voraussagen. Nach einer Reihe von Morden geraten Caligari und seine Helfer in Verdacht, die Täter zu sein, denn Cesare hat Francis' Freund Alan, der ermordet wurde, den baldigen Tod vorausgesagt. Francis überwacht deshalb Caligaris Wagen, doch in Cesares Truhe liegt – wie sich später herausstellen wird – eine lebensgroße Puppe. Cesare selbst verschleppt derweil Francis' Freundin Jane, muss aber von ihr ablassen, als er verfolgt wird. Nachdem Cesare als Mörder entlarvt ist, muss sein Meister fliehen. Er versteckt sich in einer Irrenanstalt. Francis folgt ihm – und stellt fest, dass der Anstaltsdirektor selbst Caligari ist. – Als der Direktor im Hof erscheint, wo Francis die Geschichte erzählt hat, stürzt sich Francis auf ihn. Der Direktor tut kund, er habe Francis' Trauma nun durchschaut und könne ihn heilen.

Aus: Reclams Lexikon des deutschen Films, hg. von Thomas Kramer. Stuttgart: Reclam 1995, S. 65

### 1. Architektur und Dekor

Ein Teil der Werke, insbesondere der Film ‚Das Kabinett des Dr. Caligari' (1919/1920 von Rupert Wiene) [...], werden wesentlich aus der synthetischen, z. T. grafisch gestalteten räumlichen Ausstattung heraus inszeniert. Diese Behandlung des Raumes spiegelt das Grundbedürfnis des expressionistischen Films nach ‚Belebung des Unorganischen' wider, das in dialektischer Beziehung zu der dekorativen und ornamentalen Verwendung der menschlichen Gestalt steht (Anthropomorphisierung der Umwelt – Abstraktion vom Individuum). [...] Die bewusste perspektivische Verzerrung des Bildhintergrundes im ‚Caligari' verweist auf permanente Bedrohung und Wahnsinn. Der Schlafwandler Cesare wird zu einem Teil der stilisierten Bäume, löst sich somit auf in der vegetativen Welt. [...]
Über das Reflektieren der psychischen Erfahrungen der Personen hinaus besitzen die Gegenstände häufig symbolische Funktion: [...] Aggressivität und Triebhaftigkeit drücken die dreieckigen Formen im ‚Caligari' aus (Zeichnungen auf den Wänden, Körperhaltung und spitzes Gesicht von Cesare) [...].

### 2. Lichtgestaltung, Spiel mit Hell-dunkel-Abstufungen, Funktion des Schattens

Die Beleuchtung als Raum gestaltendes Element und als stilisierender Faktor dient in besonderer Weise der Suggestion des Fantastischen, Grotesken, Irreellen. Beleuchtungseffekte können die Wirkung der abstrakten Dekorkompositionen betonen: Es entstehen verzerrte, verfremdende Schatten von Gebäuden, Treppen, Personen, [...]. Das Aufmalen von Licht- und Schattenflecken im Dekor verstärkt den Eindruck der räumlichen Staffelung im „Caligari“. Objekte und Gestalten können in ihren Konturen deutlich betont oder diffus aufgelöst werden: [...]. Sie können auch der Erzeugung von Stimmungen dienen, [...]. Inhaltlich haben die Schatten als Zwischenstadien zwischen Lebenden und Phantomen häufig bedrohende, vorausdeutende Funktionen: [...] Cesare erscheint wiederholt zunächst als Schatten.

### 3. Mimik, Gestik, Kostüme

Die Künstlichkeit und die stilisierende Wirkung von Ausstattung und Beleuchtung bedingen das Abgehen von einer naturalistischen Spielweise. Die Gebärdensprache passt sich an die Umwelt an, der Deformation der Objekte entspricht die Deformation der Gesten: Cesare (Conrad Veidt) wiederholt die Linienführung des Dekors [...]. Reduktion der Gestik, exzessive Mimik ohne Übergänge, Verzicht auf herkömmliche Psychologisierung, heftige Äußerung elementarer Gefühle wurden beispielhaft von Werner Krauß (‚Caligari', [...]) [...] realisiert.

### 4. Motive, Stoffe, indirekte Perspektiven

Der fantastische expressionistische Film inspiriert sich insbesondere an Motiven und Stoffen der romantischen Literatur: Doppelgängermotiv (E. T. A. Hoffmann, u. a. ‚Elixiere des Teufels', ‚Abenteuer einer Sylvesternacht'), Verlust des Spiegelbildes (Chamissos ‚Schlemihl'), Wachsfigurenkabinett (‚Titan' von Jean Paul), Höhlenmotiv, Schatten, Initiation usw.
Dabei wird das Fantastisch-Ideale des Erzählten häufig motiviert oder auch relativiert durch eine subjektive Perspektive, die in einer Rahmenhandlung eingeführt wird: Ausgangspunkt der eigentlichen Handlung ist meist eine extreme psychische Situation, [...], Visionen eines Wahnsinnigen in ‚Caligari', [...]. [...]
Bei der Gestaltung insbesondere des Doppelgängermotivs werden Bezüge zur Psychoanalyse deutlich: [...] so erscheint im ‚Caligari' [...] in subtilerer Weise der dämonische Doppelgänger als Projektion des Protagonisten. Cesare verkörpert die Inhibitionen von Franz, Caligari seine Aggressivität und seine unkontrollierten Instinkte. [...]

Aus: Helga Jeanblanc: Vergleichende Analyse expressionistischer Filme. In: Dominique Tetzlaff/Jeanpierre Guindon (Hg.): Expressionismus im Unterricht. Materialien zu Literatur, Malerei, Film, Musik. Frankfurt/M.: Athenäum 1988, S. 121–123

- *Fassen Sie die wesentlichen gestalterischen Mittel stichpunktartig zusammen und benennen Sie deren Funktion. Vergleichen Sie Ihre Ergebnisse mit denen von Arbeitsblatt 41, „Film – Das Cabinet des Dr. Caligari".*

  *Erstellen Sie dazu eine Tabelle, die wie folgt aufgebaut ist:*

| Gestalterische Mittel des expressionistischen Films | Funktion | Pers. Eindrücke aus den Bildern, Analyseergebnisse | Ggf. Parallelen zu anderen express. Kunstgattungen |
|---|---|---|---|
| • …<br>• … | • …<br>• … | • …<br>• … | • …<br>• … |

- *Untersuchen Sie den Film daraufhin, inwiefern Sie Ihre in Stichpunkten festgehaltenen Ergebnisse bestätigt finden oder diese erweitern oder revidieren müssen, und ergänzen Sie diese durch konkreten Bezug auf Filmbeispiele mit Angabe von abgelaufener Zeit, Inhalt und formaler Mittel.*

# Noten leben

- *Stellen Sie sich vor, Sie sind eine einzelne, ganz bestimmte Note, die Note „a“ zum Beispiel, und Sie finden sich auf einem Notenpapier – umrahmt von anderen Noten – wieder ... Sie schauen wie von einem anderen Stern von oben auf sich herab und sehen das Ganze, wo Sie sonst nur die Innensicht kennen ... Von was für einer Gestalt sind Sie? Beschreiben Sie sich ... Neben, über Ihnen stehen weitere Noten ... Lassen Sie sie auf sich wirken, betrachten Sie sie in Ruhe, beschreiben Sie, was Sie sehen ... Was für einen Eindruck hinterlassen sie? ... Stehen sie Ihnen ganz im wörtlichen Sinne verstanden nah oder fern? ... Wie fühlen Sie sich in ihrer Umgebung? ... Fühlen Sie sich bedrängt von ihnen oder einsam? ... Ändern Sie Ihren Blickwinkel und verlassen Sie die Vogelperspektive, nähern Sie sich Ihrem ausgesuchten Notengegenüber und schauen Sie ... Können Sie den Rand des Notenpapiers erblicken? ... Wie stellt sich nun Ihre Umwelt dar?*
- *Obwohl Sie als Notensymbol selber nicht klingen, sind Sie Musik. Sie sind ein Versprechen für einen lebendigen Klang. So bleiben Sie stumm und sprechen doch den notenkundigen Leser an. Was erzählen Sie einem Leser, wenn Sie nur sprechen könnten, über Ihren lebendigen Bruder, den Klang? ... Was erklingt in Ihnen, wenn Sie und all die anderen Noten um Sie herum ebenfalls zu spielen einladen und klingen? ... Wie klingen Sie, zusammen mit den anderen, als eingelöstes Versprechen? ... Was glauben Sie?*

Arnold Schönberg: „Drei Klavierstücke“, op. 11 (Ausschnitt). © Universal Edition A. G., Wien

# Expressionismus in der Musik[1]

| Parameter (Elemente) der Musik | |
|---|---|
| Vor 1900 | Expressionismus |
| • Tonalität: Dur-moll-System; regelt den Zusammenklang der Töne durch Bezug auf Grundtonart | • Atonalität: der Komponist setzt den Zusammenhang der Töne allein nach seinem Ermessen |
| • Melodik: zusammenhängende Folgen von Tönen, tonal bezogen | • Auflösung der Zusammenhänge bis Vereinzelung, expressive Sprünge vom Komponisten autonom gestaltet, entsprechend dem beabsichtigten Ausdruck freie Verbindung der Stimmen |
| • Harmonik: tonal geregelte Gleichzeitigkeit und Fortschreitung der Klänge in der Vertikale | |
| • Kontrapunktik: tonal geregelte Gleichzeitigkeit in horizontaler Fortschreitung der Stimmen | • nach Belieben wechselnd |
| • Metrik: durchlaufende Zeiteinteilung der Komposition (3/4, 4/4 Takte usw.) | • zunehmende Irrationalisierung |
| • Rhythmik: Akzentuierung und Dauer des Tonablaufs nach Wiederholungsschema | • extreme Werte, Kontraststreben |
| • Dynamik: Stufung und Kontrastierung der Klangstärke | • spezielle Klangfarbenmischungen und grelles Kontraststreben |
| • Instrumentation: Verschmelzung und Einzelcharaktere der Instrumentalfarben ausgewogen | |

## Baustein 5

# Ausblick DADA

Der folgende Baustein ist fachübergreifend bzw. fächerverbindend gedacht: Dabei sind die Fächer Deutsch und Musik in einem Projekt zusammengeführt, bei dem eine Vielzahl von produktionsorientierten Anlässen die Bereitschaft wecken soll, die Auseinandersetzung mit dadaistischer Lyrik zu wagen. Einem so offenen Deutungshorizont, wie die Lyrik des Dadaismus diesen impliziert, ein positives Urteil abgewinnen zu können, daraus Kreativarbeit abzuleiten und einen Sinn für neue Möglichkeiten zu entwickeln sind immanente Zielsetzungen dieses Bausteins.

Das diesen Baustein einleitende **Arbeitsblatt 44** (S. 139), „Dada oder was?", soll erste Vorstellungen zum Dadaismus entwickeln lassen. Zusätzlich sollen noch weiterführende Informationen zu Hans Arp erstellt werden. Das kann begleitend geschehen, indem jemand ein Referat vorbereitet und vorträgt, oder auch ergänzend zum Projekt, indem eine großflächige Wandzeitung erstellt und ausgestellt wird. Das Hauptaugenmerk wird allerdings auf die eigentliche, dem Arbeitsblatt folgende Projekteinheit gelegt.

Als Zielsetzungen werden angestrebt:

- Informationen zum Dadaismus im Allgemeinen und zu Hans Arp im Speziellen erarbeiten,
- ein Verständnis bzw. einen Deutungsansatz für die lyrische Vorlage entwickeln,
- das Ausarbeiten einer Spielpartitur, die für sich genommen nicht nur Klarheit erlangt, sondern zugleich ästhetische Unabhängigkeit,
- das Musizieren nach der selbst erstellten Vorlage.

## 5.1 Projekt „Sekundenzeiger" – Voraussetzungen, Zielsetzungen und Adressaten[1]

In den nachfolgenden Ausführungen werden einzelne Arbeitsschritte zum Projekt „Sekundenzeiger" beschrieben. Zum Ausgang genommen wird ein Gedicht des Lyrikers, Malers und Bildhauers Hans Arp („Sekundenzeiger"), der den Dadaismus als Mitbegründer des „Cabaret Voltaire" in den Anfängen des 20. Jahrhunderts mit auf den Weg brachte.

Die beiden nachfolgenden Unterrichtsprojekte setzen den Schwerpunkt jeweils anders:

- Projektvorschlag A (eine Partitur zum „Sekundenzeiger" erstellen und spielen) geht von der lyrischen Vorlage aus, von der aus Ideen zum Notieren klanglicher Phänomene entwickelt werden, die dann in eine Schriftvorlage zum Musizieren münden sollen.
- Projektvorschlag B (eine Partitur zum „Sekundenzeiger" deuten, lesen und spielen) setzt bei einer fertigen Spielvorlage respektive „Partitur" an, die die Schüler für sich zu erschließen und anschließend musikalisch umsetzen sollen.

---

1 Von einigen Ergänzungen und kleineren Änderungen abgesehen, erstmals erschienen in: Norbert Schläbitz: „Sekunde mal". Musik in der Schule, Heft 2/06/2002

Angesiedelt ist das Unterrichtsprojekt zwar in der Sekundarstufe II, doch spricht auch nichts gegen den Einsatz der Materialien in der Sekundarstufe I.

### Ausblick: Fächerübergreifend arbeiten

Der eigentliche „Projekt"-Gedanke ergibt sich durch die Möglichkeit zur Vernetzung des hier Vorgestellten mit anderen Themen und Darstellungsformen (Referate, Wandzeitungen, Neue Medien-Präsentationen, szenische und weitere klangliche Umsetzungen, ...). Erweiterungen inhaltlicher Art, die auch das Fach Kunst mit einbeziehen, sind denkbar. Zum Beispiel könnte Genaueres über Hans Arp, dessen Werk und den Dadaismus ermittelt und präsentiert werden. Ähnlich könnte man mit dem Maler Ludwig Meidner in Kopplung mit dem Expressionismus im Allgemeinen und der Musik im Speziellen verfahren und zuletzt gilt dies auch für Salvador Dalí und den Surrealismus. Das musikalische Phänomen wird so nicht isoliert betrachtet, sondern in Auseinandersetzung mit den anderen Künsten und gesamtgesellschaftlichen Phänomenen. Übergreifende Sinnstrukturen sind so aufzubauen. Der Schülerhorizont wäre ebenfalls mit einzubeziehen und in Vergleich zu setzen, da der Beginn des 20. Jahrhunderts von einer ähnlichen Aufbruchstimmung wie auch Sorge getragen war wie das beginnende 21. Jahrhundert (vgl. Baustein 5).

## 5.2 Eine Partitur zum „Sekundenzeiger" erstellen und spielen

Ausgehend von der Musik nähern sich die Schüler dem Gedicht „Sekundenzeiger", da diesem ein immanenter Rhythmus innewohnt, der einen Ansatz zur Auseinandersetzung bietet.

- *Erstellen Sie eine Verlaufspartitur zum Gedicht „Sekundenzeiger", aus der hervorgeht, wie das Gedicht rhythmisch und klanglich umzusetzen ist und nach der das Gedicht vorgetragen wird. Der Vortrag soll also klanglich umrahmt und von musikalischen Akzenten durchwirkt sein. Der Vortrag des Gedichtes selbst soll rhythmisiert sein und kann gegebenenfalls am Metrum des Gedichtes (hier: Trochäus [XxXx]) ausgerichtet werden.*
- *Als Instrumente sollen vornehmlich Stimme und körpereigene Instrumente zum Einsatz kommen. Es können aber auch unterstützend Instrumente und instrumentenferne Gegenstände (Stuhl, Tisch, Lineal, ...) hinzugezogen werden.*

### Checkliste für das Gedicht „Sekundenzeiger"

- Arbeitsblatt 45 und 46: „Stell dir nur vor ..."/„Gedankenreise ..." – pro Schüler entweder AB 45 oder AB 46
- Arbeitsblatt 47: „Klangvorstellungen entwickeln" – pro Schüler ein Blatt
- Arbeitsblatt 48: „Sekundenzeiger zum Ausschneiden" – pro Gruppe ein Blatt
- Schreibstifte, dicke Bunt- oder Filzstifte, Klebstoff
- DIN-A2- oder DIN-A1-Karton bzw. Plakate in ähnlicher Größe – pro Gruppe ein Karton

Bei dem nachfolgenden schrittweisen Vorgehen beschränkt sich der Lehrer weitgehend darauf, von einer Arbeitsphase in die nächste überzuleiten. Das schließt nicht aus, in dem einen oder anderen Fall Hilfestellung zu leisten, doch in erster Linie sollten Lösungsvorschläge aus der jeweiligen Arbeitsgruppe mit ihrem Vorwissen entspringen. „Das setzt aber voraus, dass der Lehrer in der Lage ist, sich selbst für dieses Vorwissen zu öffnen, weil er bereit ist, den Schüler in seiner Lebenswirklichkeit ernst zu nehmen" (Mädche, zitiert nach Balgo/Voß 1995, S. 66). Es gilt also, Zurückhaltung zu üben, gerade auch dann, wenn damit Lernumwege einhergehen. Bei der abschließenden Präsentation übernimmt der Lehrer die Moderation. Aber auch hier ist es nicht ausgeschlossen, dass ein Schüler die Funktion des Moderators übernimmt und der Lehrer selber nur unterstützend hinzutritt.

## Zum Vorgehen

1. **Stillarbeit (Deutungsansatz bzw. Stimmungslage entwickeln) – ca. 10 Minuten:** Es wird mit der Bearbeitung der **Arbeitsblätter 45** (S. 140), „Stell dir nur vor ...", und **46** (S. 141), „Gedankenreise", zunächst eine Stillarbeitsphase eingeleitet. Die dem Gedicht jeweils zugeordneten Bilder spiegeln unterschiedliche Stimmungen, die in einer groben Verallgemeinerung einmal mit „hektisch, betriebsam" und zum Zweiten mit „gleichmütig verrinnend" bezeichnet werden können. (Die Erwartung wird zum einen damit verbunden, dass eine spätere Musikalisierung durch die Gruppen auch von unterschiedlichen Stimmungen geprägt sein wird. Zum anderen hilft die Kombination „konkretes Bild und weitgehend abstraktes Gedicht", einen Deutungshorizont vorzustrukturieren. Wem allerdings die Assoziationsvielfalt durch die Vorlage der Bildwelt zu eingeengt scheint, kann mit alleinigem Bezug auf das Gedicht einen Deutungsansatz entwickeln lassen.)

2. **Partnerarbeit (Austausch von Ergebnissen und Fixierung von zentralen Begriffen) – ca. 10 Minuten:** Mit Abschluss dieser Phase finden sich jeweils zwei Schüler, die arbeitsgleiche Aufgaben hatten, zusammen und teilen sich in einem Zweiergespräch ihre Eindrücke mit.
   In dem Austausch wird über die Präsentation der Arbeitsergebnisse hinaus Geschriebenes begründet. In einem weiteren Arbeitsschritt wird im gegenseitigen Austausch und Abgleich nicht nur eine der Gedicht-/Bildkomposition innewohnende Grundstimmung abgeleitet und Interpretationsarbeit geleistet, sondern das Geschriebene ist auf zentrale, zu markierende Begriffe zu untersuchen, die zur klanglichen Umsetzung geeignet sind. Ersatzweise können entsprechende Begriffe mit Bezug auf die Schriftergebnisse im Gespräch erarbeitet und fixiert werden.

   - *Begleitende Aufgabe für das Zweiergespräch: Unterstreichen Sie zentrale Begriffe, die die Gesamtstimmung spiegeln bzw. die Assoziationen zur Musik wecken und sich musikalisch umsetzen lassen.*

3. **Gruppenarbeit 1 (Erproben von Klangfarben) – ca. 15 Minuten:** Im weiteren Fortgang finden sich aus je zwei Paaren mit arbeitsgleichen Aufgaben gebildete Vierergruppen zusammen. Sie überprüfen ihre Ergebnisse auf Gemeinsamkeiten (auf ähnliche dem Musikalischen, Lautlichen zuarbeitende oder verwandte Begriffe) und reduzieren so eine gegebenenfalls ausufernde Begriffsvielfalt. Anschließend erproben sie Möglichkeiten der Verklanglichung. Die Ergebnisse werden auf **Arbeitsblatt 47** (S. 142), „Klangvorstellungen entwickeln", übertragen und festgehalten.[1]

4. **Gruppenarbeit 2 (Partiturerstellung/Rhythmisierung/musikalische Umsetzung) – mindestens 1 Doppelstunde:** Bisher wurden weitgehend Vorarbeiten geleistet. Die eigentliche Realisierung der Partitur und die Umsetzung des Gedichtes in Rhythmus und Musik erfolgt erst mit Beginn dieser Gruppenarbeitsphase. Je zwei Vierergruppen mit arbeitsgleichen Aufgaben werden zu einer Achtergruppe zusammengefasst und stellen sich

[1] Die Aufgaben auf Arbeitsblatt 47 sind für das nachfolgende Unterrichtsprojekt B gedacht. Sie sind also für dieses Projekt unnötig und sollten vor dem Kopieren abgetrennt werden.

ihre Ergebnisse (Anlage der Gesamtstimmung, Klangproben) vor. Mithilfe des Materials „Sekundenzeiger zum Ausschneiden“ (**Arbeitsblatt 48**, S. 143) soll der im weiteren Verlauf zu entwickelnde rhythmisierte Vortrag auf dem Arbeitskarton bzw. dem Plakat nach Möglichkeit räumlich im Sinne einer Partitur visualisiert werden. Akzente und weitere Klangfarben sind als grafische Notate dem Rhythmusgerüst beizufügen. – Die zu bearbeitende Fläche des Kartons bietet aufgrund ihrer Größe Möglichkeiten, das niedergelegte Partiturergebnis mit ergänzenden Bild- und anderen Elementen collagenhaft zu umrahmen, die die angedachte Gesamtstimmung bzw. den Deutungshorizont widerspiegeln sollen. – Anhand der fertigen Partitur wird das Gedicht eingeübt.

5. **Präsentation im Plenum:** In einer letzten Phase werden die Arbeitsergebnisse präsentiert, wobei nicht nur die Klangrealisationen zur Auswertung anstehen, sondern auch die Partituren vorgestellt und verglichen werden. Dabei sind die Zuhörer zunächst aufgerufen, ihre Eindrücke zur Musik – bezogen auf die darin ausgedrückte Stimmung – zu schildern und mit der Intention zu vergleichen, die die Ausführenden damit verbunden haben. Die Intention sollte ablesbar sein aus der Gesamtgestaltung der Partitur. Die das Notat umrahmende Gestaltung wird also ebenfalls in die Diskussion mit einbezogen. Anschließend werden Notat und Klangrealisation auf ihre innere Kongruenz hin untersucht. In einem letzten Schritt erhält die ausführende Gruppe noch einmal Gelegenheit, zu ihrem Ergebnis Stellung zu beziehen und in der Diskussion bislang noch nicht Berücksichtigtes einzubringen. So geht es reihum.

## 5.3 Eine Partitur zum Gedicht „Sekundenzeiger“ deuten, lesen und spielen

In diesem Abschnitt stehen, indem eine Partitur vorgegeben und ausgedeutet werden soll, musikalische Inhalte mehr im Mittelpunkt. Als zentraler Bezugspunkt ist dabei das **Arbeitsblatt 50** (S. 145), „Sekundenzeiger – Partitur! – Wie klingt die nur?“, vorgegeben.

- *Erstellen Sie eine Legende zu dem vorgelegten Arbeitsblatt 50, „Sekundenzeiger – Partitur! – Wie klingt die nur?“, aus der hervorgeht, wie die Einzelelemente der Gesamtkomposition zueinander in Beziehung stehen und wie sie – musikalisch interpretiert – in Klang umzusetzen wären. Nach einer Auslegung der Partitur soll sie musikalisch umgesetzt werden.*

### Checkliste für das Gedicht „Sekundenzeiger“

- „!“-Karten + „?“-Karten (Arbeitsblatt 49) – jeder Schüler erhält 1 Antwortkarte und 1 Fragekarte
- Arbeitsblatt 47, „Klangvorstellungen entwickeln“ – pro Schüler 1 AB
- Arbeitsblatt 50, „Sekundenzeiger – Partitur! ...“ – pro Gruppe 1 AB
- Schreibstifte

### Zum Vorgehen

Es werden Gruppen mit maximal sechs Schülern gebildet, die sowohl einzeln als auch in Gruppen arbeiten werden. Beim Betrachten der Partitur fallen verschiedene Einzelelemente auf, die zur musikalischen Umsetzung einladen. Hinweis: Unter einem Element sollen hier jeder Textbeitrag und seine Form der Darstellung verstanden werden, auch informationsgebende Hinweise wie „Teilgruppe 1 + 2" sind deutungsrelevant, da sie die Anzahl der miteinander musizierenden Gruppen benennen und als solche erkannt werden müssen; die Rhythmusvorgabe, der Pfeil, ggf. die Uhren ebenfalls – und so insgesamt alles, was die Partitur in Text, Grafik und Symbol bereithält.

**In Stillarbeit Vorschläge und Fragen zur Umsetzung erarbeiten – ca. 5 Minuten:** Jede Gruppe erhält das **Arbeitsblatt 50**, „Sekundenzeiger – Partitur! – Wie klingt die nur?". Das Arbeitsblatt sollte möglichst auf DIN-A3 (besser noch größer) kopiert werden. Darüber hinaus erhält jeder Schüler auch das **Arbeitsblatt 47**, „Klangvorstellungen entwickeln", da auf diesem die Arbeitsaufträge für die ebenfalls auszuhändigenden „!"-Karten (zwei pro Schüler) und „?"-Karte (eine pro Schüler) stehen. In einem ersten Schritt formuliert jeder Schüler in Stillarbeit zwei Vorschläge (Antwortkarten „!") zu zwei ausgesuchten Elementen, wie sie zu interpretieren sind. Auf diese Weise entsteht über die Vielzahl der entwickelten Einzelideen eine Gesamtlegende zum Lesen der Partitur. (Beispielsweise kann aus dem Umstand, dass an einer Stelle die Schriftzeichen immer kleiner werden, der Vorschlag entspringen, bei der musikalischen Umsetzung an dieser Stelle allmählich leiser zu werden. Ein anderer Vorschlag könnte lauten, dass an Stellen, wo links und rechts des Zeitstrahls die Textzeilen nicht räumlich versetzt, sondern parallel angeordnet sind, diese auch simultan von den beiden Teilgruppen gesprochen werden sollten. In dem anderen Fall folgen sie aufeinander. Schon die Interpretation des Pfeils als Zeitstrahl könnte Vorschlag sein usf.) Darüber hinaus soll jeder Schüler aber auch eine Frage (Fragekarte „?") formulieren, was rätselhaft bleibt.

**Kommentierung und Erweiterung der Vorschläge und Fragen – ca. 10 Minuten:** Nach dieser Phase, die der Deutung der Einzelelemente der Partitur dient, legt jeder Schüler der Gruppe seine Karten auf den Gruppentisch zurück, nimmt sich eine Karte eines anderen Schülers und Kenntnis von den dort vorgelegten Vorschlägen, ergänzt diese gegebenenfalls, wählt eine neue Karte, beschäftigt sich sodann mit einer dort angeregten Fragestellung und versucht, einen eigenen Lösungsvorschlag zu unterbreiten. Wo der Ideenfluss stockt, wird die Karte zurückgelegt und wieder eine andere genommen, an der gegebenenfalls schon andere Schüler gearbeitet haben. So können durch Ergänzungen Ideen und Lösungsvorschläge erweitert und neue gemacht werden usf.

**Auswahl und Entscheidung – ca. 5 Minuten:** Am Ende dieser Phase erhält jeder Schüler sein eigenes Blatt zurück, prüft die kommenierenden Ergänzungen und Lösungsvorschläge und unterstreicht diejenigen, die ihm persönlich am sinnvollsten scheinen. So ist jeder Schüler – trotz Unterstützung anderer – immer auch als entscheidungsfindende Instanz gefragt und gefordert.

**Synthese – ca. 15 Minuten:** Die gesammelten und ausgewählten Lösungen werden der Übersichtlichkeit wegen auf die Karte (**Arbeitsblatt 47**, „Klangvorstellungen entwickeln") übertragen und gelten als Legende zum Lesen der Partitur bei der musikalischen Ausführung. Abschließend wird gemeinsam in der Gruppe geprüft, ob bestimmte Zeichen bzw. Partiturelemente vergessen wurden. Wo darüber hinaus für ein Partiturelement mehrere oder auch widersprüchliche Lösungsvorschläge erarbeitet wurden, sind diese in der Gruppe durch Ausprobieren zu qualifizieren. Die ausgesonderten Vorschläge werden beiseitegelegt.

Nach Zuordnung von Element/Zeichen und Klang und der endgültigen Auswahl gilt es, gemäß der Gesamtpartitur den musikalischen Vortrag zu proben und abschließend im Plenum zu präsentieren. Die zuhörenden Schüler prüfen, ob Notat und Klangrealisation aufeinander abgestimmt sind. In einem letzten Schritt erhält die ausführende Gruppe noch einmal Gelegenheit, zu ihrem Ergebnis Stellung zu beziehen und in der Diskussion bislang noch nicht Berücksichtigtes einzubringen. So geht es reihum.

In einer weiterführenden Gruppenarbeit wird mit den **Arbeitsblättern 51** (S. 146) „Expressionismus/Meidner und Dada/Arp“, und **52** (S. 147), „Lebensrhythmus – Hast du schon bemerkt“, zwar arbeitsteilig, aber ansonsten analog wie beschrieben verfahren, wobei zumindest im zweiten Fall auf den Zwischenschritt (Arbeitsblätter 47 und 49) verzichtet werden kann.

Notizen

# Dada oder was?

Und dann war da plötzlich das neue Wort: Dada. Niemand weiß so recht, woher es kam; es war plötzlich ganz einfach da. Der eine will es sich, einer momentanen Eingebung folgend, am 18. April 1916 in sein Tagebuch notiert haben, andere stolperten in einem französischen Wörterbuch darüber, auch soll es aus Schwabing eingeschleppt worden sein, wo es bereits 1914 in einem Gemeinschaftsgedicht aufgetaucht war, in dem es heißt: *Was denkst du dir denn dadabei'n des morgens um halb fünfe? – Er sagte nichts mehr dadarauf.* Wieder andere behaupten, das Wort sei Anfang Februar, nachmittags gegen 6, im Terrassencafé aufgetaucht; da habe man's halt mitgenommen. Wie auch immer – klar ist nur, was es bedeutet: nichts. Dada ist der Sinn im Chaos. Kunst gegen den Krieg. Protest gegen die Tollheit der Welt, gegen das Schlachtfest der Völker, gegen die Ohnmacht des Geistes. Mit anderen Worten: Dada ist Dada. [...]

[Hugo Ball gründet in der Schweiz] im Februar 1916 mit einer Handvoll Emigranten verschiedener Nationalität das Kabarett „Voltaire". Auf der Bühne und im Publikum ist die Hölle los. Den Protestlärm der Zuschauer überschreiend, antworten die Dadaisten mit Liebesseufzern, Rülpsern und Grunzen, mit Muhs und Miaus. Hugo Ball lässt sich, eingezwängt in ein blau glänzendes Röhrenkleid aus Pappe, auf das Podium tragen und nimmt vor den Notenständern Aufstellung. Dann deklamiert der sprachlos gewordene Dichter, liturgisch lamentierend, seine Verse ohne Worte:

*gadji beri bimba*
*glandridi lauli lonni cadori*
*gadjama bim beri glassala*
*glandridi glassala tuffm i zimbrabin*
*blassa galassasa tuffi i zimbrabim ...*

Was da im Februar 1916 in Zürich ausgerufen wurde, das Ende der Kunst, die Antikunst, die Unkunst, war das verzweifelte Nein gegen das Etablierte, die Institution, gegen all die Bürger, die „vorwärts in die Vergangenheit" blicken.

Aus: Volker Kühn: Das Kabarett der frühen Jahre. Weinheim/Berlin: Quadriga [2]1989, S. 135ff.

KARAWANE
jolifanto bambla ô falli bambla
*grossiga m'pfa habla horem*
**égiga goramen**
higo bloiko russula huju
hollaka hollala
*anlogo bung*
blago bung
blago bung
**bosso fataka**
ü üü ü
schampa wulla wussa ólobo
*hej tatta gôrem*
eschige zunbada
**wulubu ssubudu uluw ssubudu**
tumba ba- umf
*kusagauma*
ba - umf

Hugo Ball

- *Definieren Sie, was sich hinter der Idee des „Dadaismus" verbirgt.*
- *Erörtern Sie die Aufhebung der Sprachlogik auf der Basis der Lektüre des Arbeitsblattes 39, „Nietzsche: Zur Wahrheit".*
- *Schlagen Sie im Lexikon nach, was zum „Dadaismus" geschrieben steht.*
- *Versuchen Sie, dadaistische Tendenzen in den anderen Künsten zu erkennen.*
- *Führen Sie die „Karawane" von Hugo Ball auf (als Gedichtvortrag, szenisch, ...).*

## „Stell dir nur vor ..."

### Sekundenzeiger

dass ich als ich
ein und zwei ist
dass ich als ich
drei und vier ist
dass ich als ich
wie viel zeigt sie
dass ich als ich
tickt und tackt sie
dass ich als ich
fünf und sechs ist
dass ich als ich
sieben acht ist
dass ich als ich
wenn sie steht sie
dass ich als ich
wenn sie geht sie
dass ich als ich
neun und zehn ist
dass ich als ich
elf und zwölf ist.

**Hans Arp**

Ludwig Meidner: Potsdamer Platz, 1914

*Stellen Sie sich vor, Sie sind einer jener Menschen auf dem Bild. Machen Sie eine Gedankenreise durch diese Stadt ... Lassen Sie sich dabei auch von dem Gedicht leiten und beziehen Sie es in Ihre Darstellung ein.*

# Gedankenreise ...

Salvador Dalí: Die Beständigkeit der Erinnerung, 1931

*Versenken Sie sich in das Bild und lassen Sie Ihre Gedanken schweifen ... Berücksichtigen Sie bei Ihren Ausführungen selbstverständlich auch das Gedicht ...*

# Klangvorstellungen entwickeln

| **Grundstimmung:** | |
|---|---|
| **Begriffe:** | Mit welchen Mitteln können die zum Verklanglichen vorgesehenen Begriffe umgesetzt werden? Probieren und notieren Sie dann: |
| | |
| | |
| | |
| | |
| | |
| | |
| | |
| | |

**Tipps:**

- *Die Stimme kann vielfältig eingesetzt werden: Sie kann monoton, flüsternd, fordernd laut, stockend und noch auf viele andere Weisen klingen.*
- *Rhythmus und Musik sollen weitgehend mit Körperinstrumenten und instrumentenfernen Gegenständen (Stuhl, Kreide, ...) begleitet und erzeugt werden.*

✂ - - - - - - - - - - - - - - - - - - - - - - - - - - - - - - - -

**Aufgaben zu den „!"- + „?"-Karten, Arbeitsblatt 40:**

- *Machen Sie auf Ihrer „!"-Karte einen Lösungsvorschlag, wie ein bestimmtes (Text-)Element, ein Bild oder ein anderes Zeichen der Partitur musikalisch umgesetzt werden könnte. Falls Sie mit einem Partiturelement wenig oder gar nichts anzufangen wissen, notieren Sie das auf Ihrer „?"-Karte. Legen Sie anschließend Ihre Karten in die Mitte des Tisches.*
- *Nehmen Sie eine „!"-Karte eines Mitschülers vom Tisch, ergänzen Sie diese, falls Ihnen zu den vorgefundenen Ideen etwas einfällt. Nehmen Sie auch eine „?"-Karte, versuchen Sie, einen Lösungsvorschlag zu geben. Legen Sie dann die Karten zurück und wählen Sie eine andere.*

***

- *Nehmen Sie abschließend Ihre eigene Karte und prüfen Sie die Kommentare und Vorschläge. Unterstreichen Sie diejenigen, die Ihnen am sinnvollsten scheinen.*
- *Übertragen Sie Ihr Ergebnis in die Tabelle oben, sodass links das jeweilige Element steht und rechts der zugeordnete Umsetzungsvorschlag.*

# Sekundenzeiger zum Ausschneiden

- *Schneiden Sie das Gedicht entlang der Trennlinien auseinander.*
- *Nutzen Sie die Einzelteile beim Ausarbeiten Ihrer Partitur. Schon aus der Anordnung der Lyrikfragmente auf dem Karton soll der Leser einen Eindruck von dem rhythmischen Verlauf in der Zeit gewinnen.*
- *Überlegen Sie sich grafische Zeichen zu den Klangelementen, die Sie aus den Begriffen (Arbeitsblatt 47) abgeleitet haben, und ergänzen Sie Ihre Lyrikpartitur mit ihnen.*
- *Überlegen Sie, wie Sie die Partitur (mit Bildern u. a.) ausgestalten können, sodass der Gesamteindruck der Partitur die von Ihnen überlegte Stimmung spiegelt.*

| Hans Arp<br>Sekundenzeiger | |
|---|---|
| dass ich als ich | dass ich als ich |
| ein und zwei ist | sieben acht ist |
| dass ich als ich | dass ich als ich |
| drei und vier ist | wenn sie steht sie |
| dass ich als ich | dass ich als ich |
| wie viel zeigt sie | wenn sie geht sie |
| dass ich als ich | dass ich als ich |
| tickt und tackt sie | neun und zehn ist |
| fünf und sechs ist | dass ich als ich |
| dass ich als ich | elf und zwölf ist. |

# „?"- & „!"-Karten 2

**Karte** Formulieren Sie einen Vorschlag zu einem einzelnen Partiturelement, wie dies zu deuten ist oder wie dies musikalisch umgesetzt werden könnte.

!

Ergänzungen/weitere Vorschläge durch Mitschüler:

**Ein Element kann sein:** der von oben nach unten verlaufende Pfeil, der Gedichttext, der Schrifttyp, die Anordnung des Textes auf dem Karton, ...

---

**Karte** Gibt es ein Partiturelement, zu dem Ihnen kein Realisierungsvorschlag einfällt und das Sie ratlos macht?

?

Auslegungsvorschlag durch Mitschüler:

**Ein Element kann sein:** der von oben nach unten verlaufende Pfeil, der Gedichttext, der Schrifttyp, die Anordnung des Textes auf dem Karton, ...

# „Sekundenzeiger" – Partitur! – Wie klingt die nur?

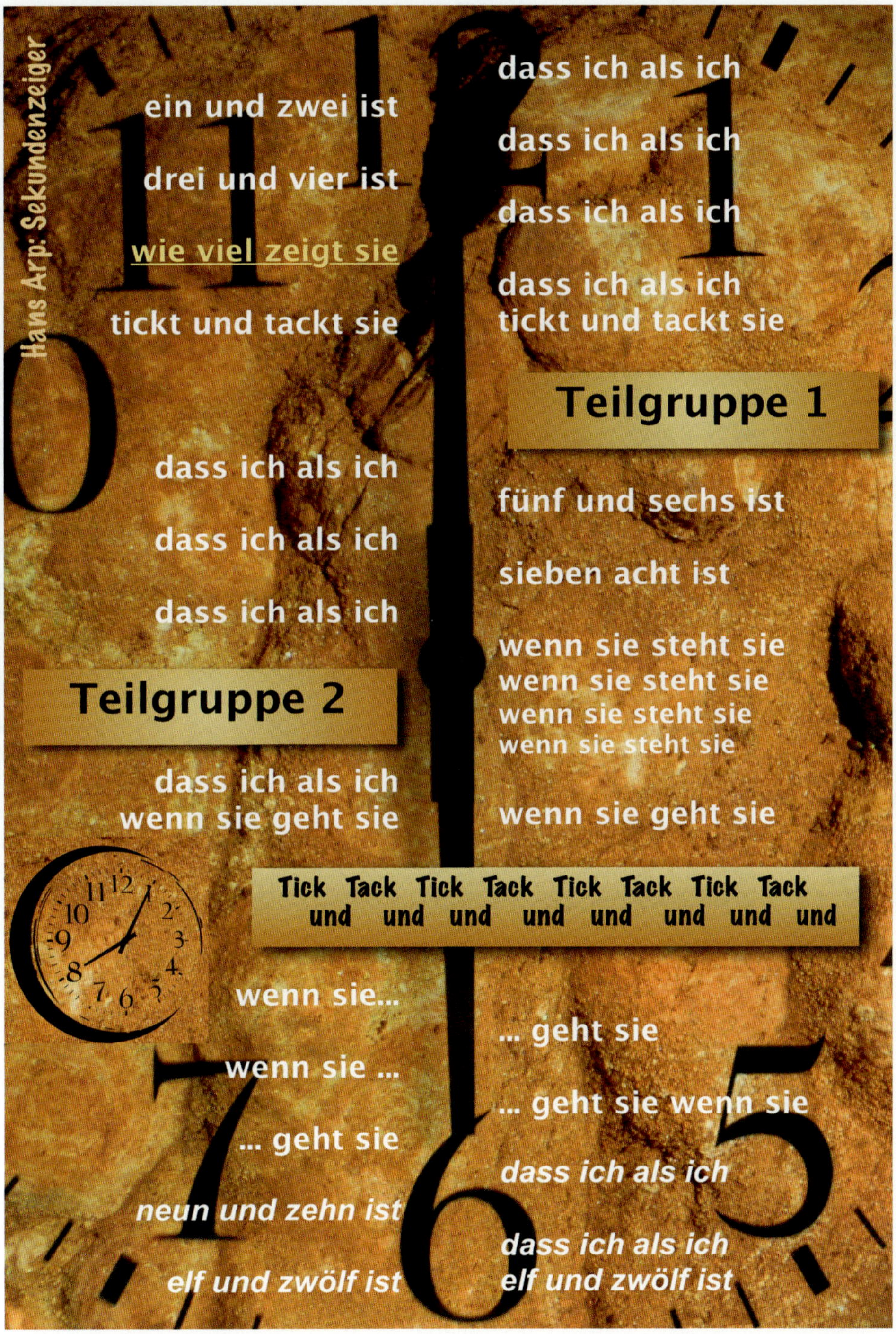


Text aus: Hans Arp: Gesammelte Gedichte Bd. 1, © 1963 by Limes Verlag in der F. A. Herbig Verlagsbuchhandlung GmbH, München

- *Was alles an diesem Bild hat musikalische Relevanz bzw. könnte musikalisch interpretiert werden?*
- *Überlegen Sie, wie diese Gesamtkomposition aus Bild und Text vorgetragen werden könnte.*
- *Beginnen Sie beim musikalischen Vortrag nach dem Ende der letzten Zeile ohne Pause sofort wieder von vorn (min. 4 x insgesamt).*

## Expressionismus/Meidner und Dada/Arp

HAST – DU – SCHON – BEMERKT – DASS – SICH – DIE – MENSCHEN – WIE – KREISEL – DREHEN?

■ *Dieses Gedicht von Hans Arp spiegelt sehr genau den Lebenstakt und das Lebensgefühl der Menschen in der ersten Hälfte des 20. Jahrhunderts wider. Entwickeln Sie Ideen zur Umsetzung.*

# Lebensrhythmus – Hast du schon bemerkt …

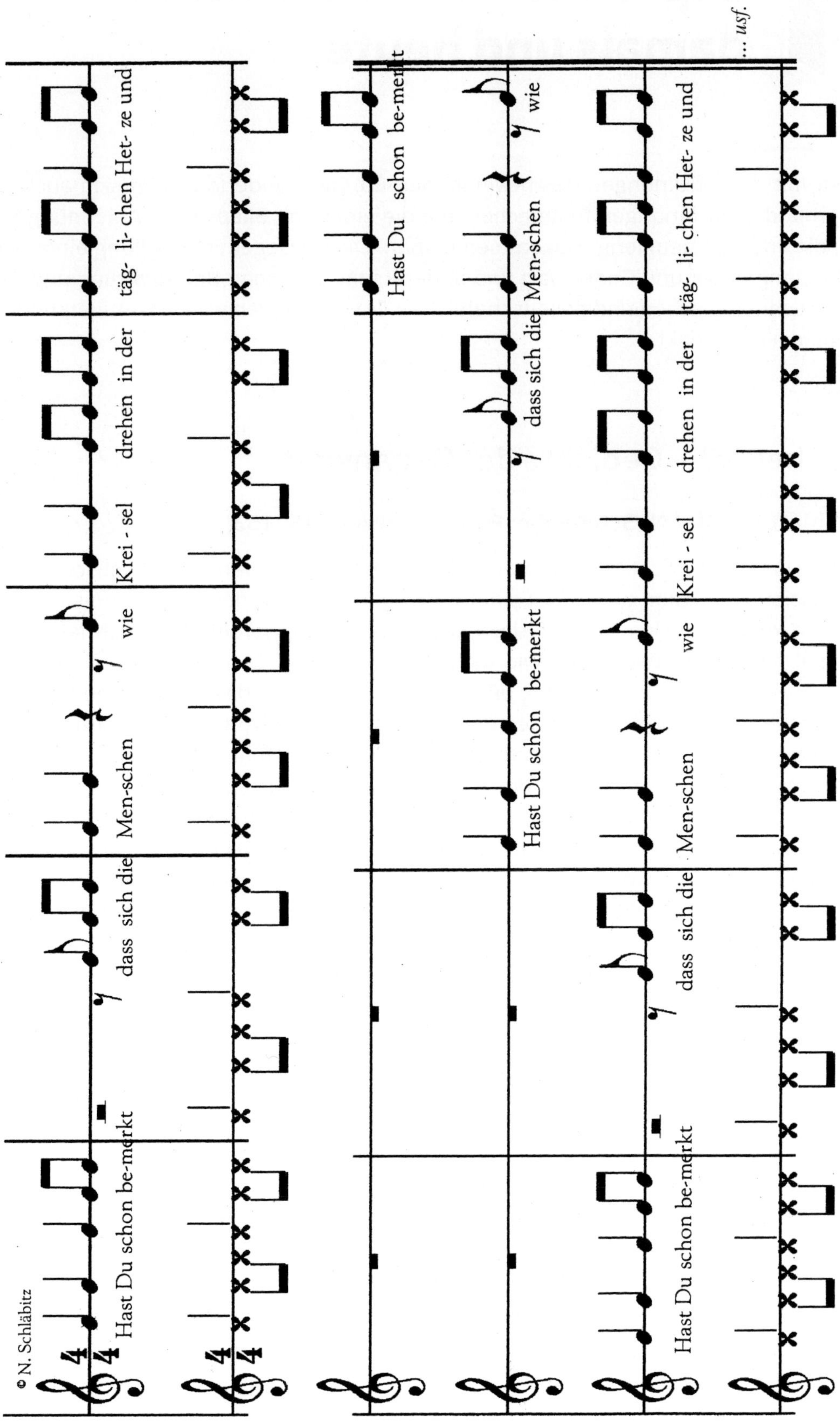

Baustein 6

# Expressionismus zwischen damals und heute

Vergleichbar mit den Strömungen des beginnenden 20. Jahrhunderts lassen sich auch für das 21. Jahrhundert Strömungen festmachen, die die einen mit Skepsis bis Ablehnung begutachten, die anderen neugierig willkommen heißen. Dieser Gegenüberstellung einerseits zwischen Vergangenheit und Gegenwart und andererseits zwischen Befürwortung und Ablehnung der technologischen und gesellschaftlichen Entwicklungen wird das Augenmerk in diesem Baustein geschenkt.

## 6.1 Und heute? – Gedichte der Gegenwart

### Zu Arbeitsblatt 53: Olaf N. Schwanke: Fußgängerzone (S. 153)

Interessant an diesem Gedicht ist, dass man ihm den zeitlichen Abstand zur Gesellschaftskritik der Expressionisten kaum anmerkt. Es hätte durchaus zur Zeit des Expressionismus geschrieben sein können. Einige Aspekte dazu sollen formuliert werden: Natürlich fallen zunächst einmal formale Elemente auf wie bspw. die Form des Sonetts, eine zur Zeit des Expressionismus gern verwendete Form, oder auch der Gebrauch des Enjambements. Auch der parataktische Bau ist vielen Gedichten der Expressionisten abzulesen. Die extreme Verdichtung, wie sie bspw. die Lyrik eines Lichtenstein auszeichnet, fehlt allerdings. Darüber hinaus sind es aber inhaltliche Parallelen, die wesentlich und vergleichbar sind: Ein „parfümiertes“ Leben, das sich folglich an der Oberfläche orientiert, wird beschrieben. Etwas „Wichtiges“ zu kaufen wird vorgegeben, doch dieses Wichtige wird sogleich wieder entwertet, indem es im Grunde als vergängliche Duftwolke deklariert wird, mit der nicht weniger als das „Leben“ bestäubt wird. Ein Mangel an Tiefe ist daraus abzulesen, dem das ganze Leben unterworfen ist. Das Wesentliche spiegelt sich nicht mehr in einer Idealität, einem mit sich selbst identischen Kern ab, mag er Gott oder auch anders geheißen werden, sondern in dem vergänglich Flüchtigen, das von außen aufgetragen allein dem eigenen Sein Farbe und Kontur verleiht.
Doch diese Oberflächenwelt wirkt im Sinne von Bernhard Vief („Das Design bestimmt das Bewusstsein“) zurück auf die Innenwelt, worin ein weiterer Mangel dokumentiert ist. Fehlende menschliche Wärme und mangelnde Individualität treten in der zentral gestellten Begrifflichkeit „Frost“, in den verzerrten „Fast-Gesichtern“ sowie dem „blauen“, sprich kalten „Dämmerungslicht“ zutage. In dem Bild der „Fast-Gesichter“ zeigt sich das Konturlose der Menschen. In der Summe vieler Fast-Gesichter zeichnen sich keine erkennbaren Verschiedenheiten mit Profil mehr ab, sondern aus einer Vielzahl von Menschen wird eine unspezifisch anmutende, anonyme und füreinander gleichgültig gewordene Masse. Schon der Titel „Fußgängerzone“ signalisiert dies: Man eilt aneinander vorbei, ohne sich noch recht in den Blick zu nehmen. Jegliches Interesse ist ein, praktisch wörtlich zu nehmendes, vorübergehendes. Das Dämmerungslicht signalisiert weniger das herannahende Abendrot, sondern in ihm mag sich eine den Menschen befallende mangelnde Fähigkeit, einander zu begegnen, ausdrücken. Das verständnisvolle und gefühlsträchtige Miteinander geht verloren. Die Fähigkeit zur Kommunikation, verbal wie nonverbal, steht zur Disposition. Als logische Folge steht die Einsamkeit im Raum. Auch hier werden also, wie in manchem Gedicht des Expressionismus,

die Heimat- und Orientierungslosigkeit sowie der Mangel an Transzendenz beklagt: „Alles endet und schließt einsam." Das lyrische Ich stellt klar und vernünftig kalkulierend fest: Im Diesseits ist es eine beziehungsträchtige Kälte, die Raum greift, und an ein Jenseits mit Ewigkeitsvorstellungen ist kaum mehr zu glauben. Die Auslassungspunkte am Ende der 11. Zeile sprechen in diesem Zusammenhang allerdings eine klare, kaum missverständliche Sprache: Die Sehnsucht nach menschlicher wie transzendenter Geborgenheit bleibt erhalten, hat in der Welt von Konsum und kalkulierender Vernunft keinen Ort mehr. Der Mensch ist hineingeworfen in eine Welt, die den materiellen Dingen und Werten huldigt. Die Kluft des Unpersönlichen wird an dieser Stelle mit expliziter und persönlicher Adressierung („Du") aufgebrochen, allerdings nicht aufgehoben, wie die Auslassungspunkte anklingen lassen.
Der Geschäftsschluss, mit dessen Ankündigung das Gedicht beginnt, ist zuletzt nicht verheißungsvoll besetzt, da mit dem Ende der Kaufaktionen und des Flanierens der Mensch wieder auf sich selbst geworfen wird und sich seiner Einsamkeit stellen und sie bewältigen muss. Das Gedicht beginnt und endet mit dem Geschäftsschluss, womit die Welt ihren verhängnisvollen Rahmen erhält.

### Zu Arbeitsblatt 53: Uwe Kolbe: Berlin Anfang Dezember (S. 153)

Die ersten Zeilen lesen sich wie eine Anklage, einem imaginären Gegenüber zugerufen. Die den jeweils ersten Versen folgende Leerzeile gleicht dabei einer Pause, um Worte wirken zu lassen. Der Adressat wird in den ersten drei Zeilen gleich zu Beginn genannt („Dich", „Du", „Du") und so zwar eindeutig deklariert, doch inhaltlich negiert („Dich gibt es nicht"). Die ersten beiden Verse erweisen sich in diesem Zusammenhang als Widerspruch in sich. Während Vers 1 dem Adressaten die Existenz abspricht (und doch zuerkennt – immerhin wird das Nicht-Existierende ja angesprochen), wird in Vers 3 dem Negierten durch die Prädikation eine Täterschaft zuerkannt, denn Schweigen ist eine Handlung, wo alternativ auch zu reden hätte entschieden werden können. Die Widersprüchlichkeit wird durch den Gebrauch des Oxymorons („aus voller Kehle schweigen") in Vers 2 wieder aufgenommen. Den vorläufigen Abschluss findet die paradox verfahrende Anklage mit der abwertenden Benennung des Gegenübers in Vers 4 („Grindiges Tier"). Sind die ersten Zeilen durch Anschuldigungen gekennzeichnet, so beginnt mit Vers 5 die Selbstreflexion, indem die eigene Liebe auf ihre Möglichkeitsbedingung befragt wird. Eine noch nicht bewältigte Hassliebe zeichnet sich ab, wo man Trost bei der Geliebten sucht („Trost der Kneipen"), die einen doch zurückweist. Die Geliebte scheint die Stadt zu sein, ohne die man nicht kann, die aber immer wieder enttäuscht und nicht die erhoffte Zuneigung liefert. Noch die vermeintlich Trost spendende Kneipenkultur ist Teil dessen, was das lyrische Ich zurückweist. Die verschmähte und nicht bewältigte Liebe lässt die Kälte spüren, mit der das Gedicht auch folgerichtig endet. Logik ist in der Liebe fehl am Platze, daher macht auch der das Gedicht durchziehende Widerspruch im Gesagten Sinn und erscheint vollkommen logisch.
Die Großstadt erschien zu Beginn des 20. Jahrhunderts ambivalent: anziehend (abwechslungsreiches Leben) und abstoßend (Anonymität etc.) zugleich. Eine Parallele zwischen damals und heute ist ganz offenbar auszumachen, was ebenso an der personifizierten Stadt bei Kolbe abzulesen ist.

### Zu Arbeitsblatt 54: Kurt Aebli: Die Stadt stammt vom Gestammel ab (S. 154)

Die Stadt bietet eine bunte Mischung: Nichtiges („Schaufensterpräsentationen"), Nützliches („Kehrichtverbrennungsanlagen") und Erhabenes („Kathedralen") können aufeinander folgen. Eine Hierarchie ist nicht auszumachen. Im Gestammel ist daher das beziehungslose Nebeneinander ausgedrückt, das sich nicht linear zu Sinn verknüpft, sondern wie auch immer vernetzt erscheint, kreuz und quer, und daraus irgendeine Geschichte strickt. Was bleibt, sind die Fragen ohne Lücke (vgl. V. 6). Eine solche braucht es aber auch nicht, da Antworten nicht mehr, wie ehedem, letztgültig, sondern nur noch vorläufig zufriedenstellen.

Alle Teleologie hat ausgedient. Der Mensch ist aus dem Zentrum herausgepurzelt (V. 7) und alle Erklärungen sind vom Boden der materiellen wie vernünftigen Tatsachen, für die die Gegenständlichkeit Stadt umfänglich steht (V. 8 f.), aus getroffen.
Dieses Gedicht kann zum Anlass genommen werden, das Gedicht von S. J. Schmidt zu erschließen, da es sich wie ein ergänzender Kommentar dazu liest. Das Gestammel und auch das gleichberechtigte Nebeneinander von Worten sind beim „stadtt"-Gedicht ganz offenbar. Die aufgrund mangelnder Struktur gegebene fehlende Orientierung setzt das Fragen zentral in Szene. Nur vom Rande her mag man bei Schmidt zu deuten versuchen, eintauchen mag man nicht, wo ein vertrauenserweckender Halt fehlt. Und doch verbirgt sich hinter diesen gestammelten „stadtt"-Worten unter Verzicht auf ein schlichtes Erklärungsmuster eine nicht versiegende Bedeutungsfülle.

### Zu Arbeitsblatt 54: S. J. Schmidt: stadtt (S. 154 f.)

Nicht nur expressiv, sondern fast schon dadaistisch mutet das Gedicht von S. J. Schmidt an: Dem korrekten Gebrauch grammatischer Formen wird nicht gefolgt, die einzelnen Worte scheinen fast jedes für sich isoliert und abgegrenzt voneinander zu stehen. Überhaupt ist das Prinzip von „Form" bei Schmidt prinzipiell aufgebrochen, und man fühlt sich an das Gedicht von Ernst Stadler „Form ist Wollust" erinnert, das in diesem Zusammenhang herangezogen werden kann (vgl. S. 155). Heißt es dort, dass „Form und Riegel erst zerspringen" mussten, damit die ungebändigte „Welt" eindringen kann, und erweist sich das Gedicht insgesamt als ein Plädoyer für die subjektive Entfaltung des Einzelnen („will mich leben mit Erfüllung tränken") und grenzt sich so vom normierten gesellschaftlich Allgemeinen ab, so haben wir bei Schmidt die fast vollkommen aufgelöste Form: keine erkennbaren Sinneinheiten, eine vielleicht letzte Orientierung bietende Groß- und Kleinschreibung sind ebenso aufgelöst, mit Neologismen sind die Zeilen durchsetzt. Doch scheint der Optimismus, den ein Stadler damit verband, verflogen: „kein plan (mehr)". Der Verlust von aller Normierung scheint sich hier bedauernd auszudrücken: Eine Kakofonie von Sinneseindrücken ist es, bei der die Einzelimpulse sich nicht mehr zu einem gemeinsamen Ganzen verbinden lassen. Zum noch formbildenden Rahmen gerinnen in Zeile 1 und Zeile 18 die Worte „kein plan", was programmatisch zu denken ist. Der Simultanstil eines Lichtenstein, eines van Hoddis' mochten schon befremdlich scheinen, doch noch spiegelten sich darin gewohnte Strukturen, bei Schmidt erfährt der Stil der Verdichtung eine neue Qualität und wird potenziert. Deutlich wird dies schon im Titel des Gedichtes: „stadtt". „Stadt" und „statt" sind in dem Neologismus verborgen und simultan gesetzt. Nebeneinandergestellt offenbart sich ein Satzfragment und formuliert eine offene Frage: „Statt Stadt ... (was?)" Anstelle einer zufriedenstellenden Antwort steht die Leerstelle, wohl die einzig denkbare Antwort in einem Zeitalter fragmentierten Seins, erfüllt von „Bastelbiografien" auf der einen und intermittierenden, ihren eigenen Weg schreitenden globalen Effekten auf der anderen Seite. Eine zurück zu einer dem Dorf vergleichbaren sinnstiftenden Einheit ist nicht mehr möglich und wohl auch nicht wünschenswert. „Nicht jedes Stadtleben ist modern, doch jedes moderne Leben ist ein Stadtleben" (Baumann 1997, S. 205). Stadler formulierte seine Utopie entgrenzter Subjektivität noch aus dem Horizont eines Bewusstseins, das der Moderne geschuldet war und das von ihm und anderen kritisch beäugt wurde. Bei Schmidt schreibt sich das Bewusstsein postmodern und wieder steht man an einer Schwelle, die eine Aufbruchstimmung verheißt. In welchem Medium oder an welchem Ort dieses ausgelebt wird, ist noch nicht recht ausgemacht: global vielleicht?
„kein plan (mehr)" kann allerdings in der postmodernen Wendung dann auch nicht nur Anlass zum Klagen bieten, sondern die positiv besetzte Freiheit verdeutlichen, einen eigenen Plan zu versuchen, der nicht mehr als der Plan verstanden wird. Und für den Rezipienten dieser Kunst heißt das dann, der Verdichtung eigenverantwortete Muster abzulesen, Begrifflichkeiten zu kombinieren und auszutarieren, gedanklich das Komma, den Punkt, Sinnein-

heiten zu setzen, wo es einem nur Sinn macht. So verliert sich das arbiträr scheinende Wortdurcheinander nicht im Gedanken einer verlorenen Ordnung im Melancholischen, sondern es verdeutlicht, dass der Frage [„Statt Stadt ... (?)“], der Frage nach dem „Was“ oder „Wohin“, immer gleich mehrere Antworten gleichberechtigt innewohnen, was auch die umgekehrte Lesart und Antwort natürlich zulässt: „Stadt statt“ ... (?). Aber auch in dieser Schreibung bleibt der fragmentarische Charakter konstitutiv und das implizit gesetzte Fragezeichen erhalten, was mithin Zeichen dafür ist, dass eine letzte oder befriedigende Antwort nicht zu erwarten ist und auch nicht mehr erwartet wird. Also wird fortan selbst und immer wieder entschieden und daraus Selbstbewusstsein gezogen. Ein „Lob der Oberflächlichkeit“ wird gepflegt und darin kein zu beklagender Mangel mehr gesehen, vielmehr beschreibt es die Anerkennung, dass die einst in allen Dingen und Undingen verortete Tiefe schlicht nicht zu haben ist. Die Stadt abverlangt dem Einzelnen gestaltende Arbeit, für die Verantwortung getragen werden muss, und ist so wahrlich eine Werk„statt“ des Lebens. Eine bemühte Ordnung, symbolisiert im Bild des Straßennetzes, suggeriert nur einen Plan („in eine immer in die eine richtung“) und vollzieht, wo versucht, die Wendung zur Redundanz auf der einen Seite und auf der anderen Seite zugleich im Wachsen von Ordnungen die Wendung zur undurchschaubaren Komplexität: „kein plan (mehr)“ eben.

## 6.2 Globalisierung: „Globales Dorf“ – „Bastelbiografie“ – Internet – Informationsgesellschaft

Klassen- oder Schichtorientierungen sind im Schwinden begriffen. Wahlgemeinschaften, Selbststilisierungen sind an deren Stelle getreten. Territoriale verbindliche Bindungen und Wertvorstellungen sind in Zeiten der Globalisierung weitgehend aufgehoben. Das ist aber nicht unbedingt ein beklagenswerter Umstand, denn bliebe eine lokale Welt von ihrer Umwelt abgeschlossen, würden ihr Impulse zur Erneuerung fehlen und sie würde zuletzt in Redundanz erstarren. Das Lokalkolorit am anderen Ort im globalen Raum bietet dagegen ein irritierendes Erneuerungspotenzial und hilft, die lokale Welt weiter auszudifferenzieren. Mit der wachsenden Auswahl an Orientierungsmustern ist die eigene Wertewelt kritisch zu hinterfragen und nicht mehr unkritisch anzunehmen.
Wissenswelten schließlich unterliegen einem so schnellen Wandel, dass diese in vielen Fällen kaum mehr seriös als Kanon für Bildungsprozesse dienen können, denn mögen sie mühsam gelernt sein, sind sie manchmal nach Aneignung schon nicht mehr relevant. Diese neuen Entwicklungen und möglichen Problemfelder sollen im Folgenden ins Blickfeld gerückt werden. Dabei sollten sich Lehrerinnen und Lehrer möglichst einer Wertung enthalten und die Schülerinnen und Schüler ihre schon in die Zukunft deutende Medienwelt ohne Vorurteil bedenken lassen.

### Zum Vorgehen

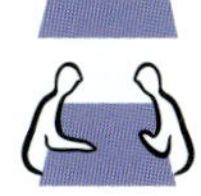

Das **Arbeitsblatt 55** (S. 156 ff.), „Risikogesellschaft oder Chancengesellschaft?“, versammelt eine ganze Reihe von Stellungnahmen zu verschiedenen die Gesellschaft bewegenden Themen: Globalisierung, Technisierung, Umschlag von Wissen, Werteverlust, Wertebewusstsein, Mobilität, Medienwirklichkeit, Identitätsfindung, säkulare Gesellschaft (Religionsersatz und Sinnfindung), Informationsgesellschaft, Kommunikation, Internet, Werbung (Corporate Identity), Zeit (Menschenzeit – technische Zeit), Überflussgesellschaft.
Die erste Aufgabe sollte zunächst in Stillarbeit bearbeitet werden. Die Ergebnisse werden mit dem Banknachbarn abgeglichen und die Zitate sollen den entsprechenden Themenschwerpunkten zugeordnet werden. Die folgende Aufgabe, die in Einzelarbeit zu behandeln

ist, wird im Plenum von Einzelnen exemplarisch vorgestellt und erörtert. Im Plenum sollten auch die Parallelen zum beginnenden 20. Jahrhundert verdeutlicht werden. Die letzte Aufgabe „Chance oder Risiko" ist zunächst als Gruppenarbeit gedacht, wobei gemeinsam Chancen und Risiken abgeleitet und beispielhaft belegt werden. (Hier könnte die Methode des „Ideensterns" aus Baustein 3.4 (S. 105 f.) in variierter Form wieder zur Anwendung kommen.) Mit dieser Sammlung des Für und Wider sind die Schülerinnen und Schüler – jede/r für sich – aufgerufen, eine Erörterung zu verfassen.

Angeschlossen wird eine Collage, wobei die Ergebnisse von Arbeitsblatt 55 zum Ausgangspunkt für eine entsprechende thematische Orientierung genommen werden. Ergänzend zur Collage sollen die Schülerinnen und Schüler ein Sonett (Gruppenarbeit) schreiben, das das entsprechende Thema lyrisch aufbereitet. Collage und Sonett sind aufeinander abzustimmen.

- *Schreiben Sie ein Sonett zu einem der behandelten Themenfelder von Arbeitsblatt 55, „Risikogesellschaft oder Chancengesellschaft?", und erstellen Sie anschließend eine Bild-Text-Collage, die das Thema im expressionistischen Sinne und Stil aufarbeitet.*

Abgeschlossen wird dieser Baustein dann mit dem folgenden **Arbeitsblatt** 56 (S. 159) (Einzelarbeit), das der Selbstreflexion dient und nicht mehr ausdrücklich zur Auswertung steht.

Notizen

# Zeitnahe Gedichte: Schwanke und Kolbe

### Olaf N. Schwanke: Fußgängerzone (1998)

Gleich Geschäftsschluss! Eben
darum müssen manche Menschen laufen,
um noch schnell was Wichtiges zu kaufen;
parfümier'n ihr Leben.

Frost will sich verbreiten.
Und beizeiten blaue Dämm'rungslichter
fallen in verzerrte Fast-Gesichter,
woll'n durch Kleidung gleiten.

Alles schließt und endet einsam.
Du empfindest es als heilsam,
doch du würd'st was geben ...

Das Geschäft für Schmuck und Glitter
lässt herab die Eisengitter.
Gleich Geschäftsschluss? Eben!

Aus: Waltraud Wende (Hg.): Großstadtlyrik. Stuttgart: Reclam 1999, S. 347

### Uwe Kolbe: Berlin Anfang Dezember (1994)

Dich gibt es nicht.

Du schweigst aus voller Kehle.

Du kotzt Kinder aus statt zu gebären.

Wo du gehst, ist's mit Fremden. Grindiges Tier.

Wie konnt ich dich einmal lieben?
Nach dir lieb ich keine mehr.

Vom vielen Kunsthaar deiner Huren
wirkt dein Gesicht so gottverlassen.

Her mit dem einen Trost der Kneipen!

Der Winter kippt dir aus dem Kalender,
Asthmafalle, stinkende Klappe,
Pissgelb im grauen Schnee.

Und deine brennt mich
wie sonst keine Kälte.

Aus: Nicht wirklich platonisch. © Suhrkamp Verlag Frankfurt 1994

*Zum Gedicht von Olaf N. Schwanke:*

- *Arbeiten Sie die sprachlichen, stilistischen und formalen Stilmittel heraus.*
- *Vergleichen Sie das vorliegende Gedicht mit einem expressionistischen Gedicht Ihrer Wahl und arbeiten Sie Parallelen und Unterschiede heraus.*
- *Prüfen Sie, inwiefern das Gedicht auch zur Zeit des Expressionismus hätte entstanden sein können.*

*Zum Gedicht von Uwe Kolbe:*

- *Leiten Sie aus der Aufteilung der Verse zu Versgruppen und Einzelzeilen eine Deutungshypothese ab.*
- *Das Prinzip der Personifikation spielt in dem Gedicht von Kolbe eine wesentliche Rolle. Stellen Sie diese deutlich heraus und erörtern Sie mögliche Aussageabsichten. Berücksichtigen Sie in diesem Zusammenhang auch die inhaltlichen Widersprüche, die den Zeilen innewohnen.*
- *Schreiben Sie – unter Berücksichtigung der Aussagen des lyrischen Ichs – ein Antwortgedicht aus der Sicht der Stadt, in dem der Mensch nur „verdinglicht" auftritt.*
- *Illustrieren Sie das Gedicht.*

# Zeitnahe Gedichte: Aebli und Schmidt

### Kurt Aebli: Die Stadt stammt vom Gestammel ab (2000)

Die Stadt stammt vom Gestammel ab
ihre Formulierungen stockende Kolonnen

Schaufensterpräsentationen
Kehrichtverbrennungsanlagen
Kathedralen

werwoherwarumwohin
am Rand irgendwo ich

für alles hat die Stadt
eine Erklärung

Aus: Die Uhr. Gedichte © Suhrkamp Verlag Frankfurt

### Siegfried J. Schmidt: stadtt (1997)

kein plan (mehr) du wen's aber ausgeguckt
licht wie verdunkelung ganz gleichermaßen
in die augenfallen abgeseilt
verkehrsgerausch(en) an lachen
blut überm schacht ganz abgefackelt
ölgespür im straßennetz
auf handballen hinausgerollt verschnürt
in eine immer in die eine richtung
schreit ein tier mit augenstichen schwanzlos
wen's aber im kanalcanoe an
sturzbächen von altgewässer
unablässig nur vorbeispült
kauz und karnickel blockt verkehr
entenbrust gelbrot warum zurückgeblökt
draisine alles stürzt voran
erdlöcher voll asfalt so eben so
in eine immer in die eine richtung
dach tor fenster kreuz kein plan voll lachen

Aus: Waltraud Wende (Hg.): Großstadtlyrik. Stuttgart: Reclam 1999, S. 345

### Zum Gedicht von Kurt Aebli

- *Vergleichen Sie das vorliegende Gedicht mit einem expressionistischen Gedicht Ihrer Wahl und arbeiten Sie Parallelen und Unterschiede heraus.*
- *Prüfen Sie, ob das Gedicht nicht auch zur Zeit des Expressionismus hätte entstanden sein können.*

### Zum Gedicht von S. J. Schmidt

- *Formulieren Sie Fragen zum Gedicht und tauschen Sie diese mit Ihrem Nachbarn aus. Suchen Sie anschließend die Diskussion mit dem Ziel, aus den Fragen Deutungsansätze zu entwickeln.*
- *Ergänzend oder alternativ: Sie sind in der Werbung tätig und sollen das vorliegende Gedicht – ob es Ihnen nun gefällt oder nicht – anpreisen und natürlich möglichst erfolgreich verkaufen. Gestalten Sie einen Flyer (Faltblatt), der die Vorzüge des Gedichtes herausstellt.*
  *Für den Fall, dass Ihnen keine Vorzüge einfallen, sammeln Sie alle Gründe (Mindmap/Cluster), warum Ihnen das Gedicht nicht gefällt, und wenden Sie sie ins Gegenteil. (Beispiel: Aus „Der Inhalt insgesamt ist völlig unverständlich“ könnte werden: „Der Inhalt wird als Rätsel geboten, das zu seiner Lösung auffordert“ oder: „völliges Chaos“ wird zu „keine Zeile langweilig, von Wort zu Wort neue Überraschungen bietend“.)*
- *Interpretieren Sie das Gedicht „stadtt“ unter Berücksichtigung des Gedichtes von Aebli.*
- *Interpretieren Sie das Gedicht „stadtt“ unter Berücksichtigung und kritischer Würdigung von Stadlers „Form ist Wollust“.*

### Ernst Stadler: Form ist Wollust (1914)

Form und Riegel mussten erst zerspringen,
Welt durch aufgeschlossne Röhren dringen:
Form ist Wollust, Friede, himmlisches Genügen,
Doch mich reißt es, Ackerschollen umzupflügen.
Form will mich verschnüren und verengen,
Doch ich will mein Sein in alle Weiten drängen –
Form ist klare Härte ohn' Erbarmen,
Doch mich treibt es zu den Dumpfen, zu den Armen,
Und in grenzenlosem Michverschenken
Will mich leben mit Erfüllung tränken.

Aus: Ernst Stadler: Der Aufbruch. Gedichte • Leipzig: Verlag der weissen Bücher 1914, S. 30

Ernst Stadler (1883–1914)

# Risikogesellschaft oder Chancengesellschaft?

„[J]e vernetzter die technischen und sozialen Systeme werden, desto größer wird ihre Unbestimmtheit, Eigendynamik und zumeist auch ihre Instabilität."

Bernhard v. Mutius. Die Verwandlung der Welt. Ein Dialog mit der Zukunft. Stuttgart: Klett/Cotta 2000, S. 121

„Bastelbiografie"

Ulrich Beck: Risikogesellschaft. Frankfurt/M.: Suhrkamp 1996, S. 217

„Das Design bestimmt das Bewusstsein."

Bernhard Vief: Vom Bild zum Bit. In: Transfigurationen des Körpers, hg. v. Dietmar Kamper/Christoph Wulf. Berlin: Dietrich Reimer 1989, S. 277

„Alte Wertorientierungen haben weitgehend ihre Gültigkeit verloren. Die traditionelle Identität von Menschen [...] ist ausgehöhlt"

Oskar Negt: Kindheit und Schule in einer Welt der Umbrüche. Göttingen: Steidl 1999, S. 227

„Der GAU in der Informationsgesellschaft: nicht erreichbar zu sein."

Norbert Schläbitz

„In dem halben Jahrtausend seit der Erfindung des Buchdrucks sind etwa hundert Milliarden Bücher veröffentlicht worden, wenn man alle Sprachen und Auflagen zusammenrechnet. Dieser Umfang stellt weniger als ein Monatsvolumen dessen dar, was momentan ins Netz gestellt wird."

Tom Chatfield: Wie man im digitalen Zeitalter richtig aufblüht. München: Kailash 2012, S. 28

„Es ist kein Geheimnis mehr, dass es viele Berufe, für die heute noch ausgebildet wird, in zehn bis zwanzig Jahren nicht mehr geben wird. "

Oskar Negt: Kindheit und Schule in einer Welt der Umbrüche. Göttingen: Steidl 1999, S. 18 f.

„Es gibt bei allen sich neu einpendelnden oder durchgehaltenen Ungleichheiten – ein kollektives Mehr an Einkommen, Bildung, Mobilität, Recht, Wissenschaft, Massenkonsum. In der Konsequenz werden subkulturelle Klassenidentitäten und -bindungen ausgedünnt oder aufgelöst. Gleichzeitig wird ein Prozess der Individualisierung und Diversifizierung in Gang gesetzt."

Ulrich Beck: Risikogesellschaft. Auf dem Weg in eine andere Moderne. Frankfurt/M.: Suhrkamp 1996, S. 122

„Instant-Identitäten"

Wilfried Ferchhoff: Abschied vom Mythos Jugend. In: Universitas, Heft 9, 1988, S. 1017

„In 25 Jahren wird ein PC in dreißig Sekunden Aufgaben realisieren, für die er heute zwölf Monate braucht. In 40 Jahren wird er in dreißig Sekunden das ausführen, wozu er heute Millionen Jahre bräuchte. "

Myrvald, Vizepräsident der Abteilung Technologie bei Microsoft, zit. n. Cebrián, Juan Luis: Im Netz – die hypnotisierte Gesellschaft. Der neue Bericht an den Club of Rome. Stuttgart 1999, S. 51

„Ach, was waren das noch für Zeiten, als man sich noch sicher wähnte, dass Wachstum ein Wert ist, dass Wohlstand mit Wohlbefinden einher geht und dass Fortschritt nicht aufzuhalten ist. Die Welt war irgendwie in Ordnung, es war klar, was links und was rechts war, wer gut und wer böse war. Seit geraumer Zeit kommen diese pseudo-sicheren Eckpfeiler ins Wanken. Die alten Sortierungen greifen nicht mehr, alte Gewissheiten weichen der Verunsicherung ob des rechten Weges, des guten Geschmacks dessen, was bis gestern wahr war."

Yvonne Fritzsche: Moderne Orientierungsmuster. Inflation am Wertehimmel, in: DEUTSCHE SHELL (Hg.), Jugend 2000, 13. Shell Jugendstudie, Opladen 2000, S. 93

„Wir leben in Medienwelten."

Dieter Baacke/Hans Dieter Kübler: Lernen und Erziehen in der Medienumwelt. Konzepte der Medienpädagogik. In: Funkkolleg Medien und Kommunikation. Konstruktionen von Wirklichkeit, Weinheim, Studienbrief 12, S. 22

„In einem modernen, attraktiven Fernsehen müssen die Informationen kitzlig und hautnah sein mit dem Kick der Unmittelbarkeit. Politische Information muss sinnlich sein, sie muss uns anmachen. Was uns bewegt, das muss gezeigt werden. Es muss Tempo sein und darf nicht eine Sekunde langweilig sein."

Dieter Lesche, Chefredakteur bei RTL, zit. n. Heinz Moser: Einführung in die Medienpädagogik. Opladen: Leske+Budrich 1995, S. 80

„Wie nie zuvor ist in unserer Zeit die Kontinuität von Vergangenheit und Zukunft gebrochen. [...] Wir können nur sicher sein, dass wir nicht sicher sein können, ob irgendetwas von dem, was wir als vergangen erinnern, in der Zukunft so bleiben wird, wie es war."

Niklas Luhmann: Beobachtungen der Moderne. Opladen: Westdeutscher Verlag 1992, S. 136

„Real ist, was medial ist."

Christian Schuldt: Klatsch. Frankfurt/M.: Insel 2009, S. 75

„Die Geschichte als ausgedehnte Zeit — Zeit, die andauert, die eingeteilt und organisiert wird, die sich entfaltet — verschwindet zugunsten des Augenblicks, so als bestünde das Ende der Geschichte im Ende der Dauer. Sie verschwindet zugunsten einer sofortigen und schlagartigen Allgegenwärtigkeit."

Paul Virilio/Sylvère Lotringer: Der reine Krieg . Berlin: Merve 1984, S. 50

Popmusik ist „eine reine Kulturreligion ohne Dogma". „An die Stelle religiöser Kommunikation tritt die Kommunikation als Religion."

Norbert Bolz/David Bosshart: Kultmarketing. Düsseldorf/Wien: Econ 1995, S. 349/351

„Für Ingenieure und Techniker ist jede quantitative Veränderung um das Zehnfache auch eine qualitative Veränderung, die eine grundlegend neue Situation schafft [ ] Nach Moores Gesetz kommt es etwa alle drei Jahre zu einer Verzehnfachung. Das sind drei Revolutionen pro Jahrzehnt."

Stewart Brand: Das Ticken des langen Jetzt. Frankfurt/M. 2000: Suhrkamp, S. 19

„Aus Zivilisation wird Zuvielisation."

Alexander Demandt: Zeit und Unzeit. Geschichtsphilosophische Essays. Köln/Weimar/Wien: Böhlau 2002, S. 48

„Anders als die meisten Digital Immigrants verbringen Digital Natives einen Großteil ihres Lebens online, wobei sie allerdings gar nicht zwischen online und offline unterscheiden. Anstatt ihre digitale und ihre reale Identität als zwei separate Erscheinungen zu betrachten, verfügen sie lediglich über eine einzige Identität (die in zwei, drei oder mehr verschiedenen Umgebungen vertreten ist)."

John Palfrey/Urs Gasser: Generation Internet. Die Digital Natives: Wie sie leben - Was sie denken - Wie sie arbeiten. München: Carl Hanser 2008, S. 4 f.

„Rasender Stillstand"

Paul Virilio: Rasender Stillstand. München/Wien: Carl Hanser 1992

„[T]raditionelle Verhaltensmuster oder ‚gute Sitten' neu aufleben zu lassen [,] [...] erinnert mehr an die Kultur der Heimatmuseen als an die produktive Verarbeitung gesellschaftlicher Herausforderungen."

Heinz Moser: Einführung in die Medienpädagogik. Opladen: Leske+Budrich 1995, S. 220

„Ihre Leistung [PCs, Anm N. S. ] verdoppelt sich jährlich. Weil diese Computer inzwischen allesamt Netze aus vielen zusammengekoppelten Prozessoren sind, kommt hier nämlich noch das Gilder'sche Gesetz ins Spiel, nach dem die Kapazität der Leistungen noch schneller wächst als jene der Prozessoren. "

Christoph Drösser: Die Formel 1 der Rechner. In: Die Zeit, Nr. 29 v. 12.07.2001

„Wir kaufen keine Dinge, wir kaufen Werte, Markenzeichen, keine Produkte. Werte-Werbung – auf den zentralen Punkt gebracht – wird zum größten Mythos unserer Zeit, zeigt, dass unsere Produkte unsere Kultur sind. Werbung ist die Hauptquelle, aus der wir unsere Symbole schöpfen, mit denen wir unsere sozialen und privaten Beziehungen strukturieren, und der Konsum ist der (in beiden Richtungen hin ausgelegte) Schnittpunkt zwischen dem Markt (Öffentlichkeit) und dem Individuum (Privatraum)."

Jules Marshall: Advertising and New Media, form parasite to Symbiote. In: Mediamatic 7, Heft 3/4. o.J., S. 213 (übersetzt von Norbert Schläbitz)

„Täglich stehen wir vor der Notwendigkeit der freien Wahl: Kleidung, Essen, Unterhaltung, Information, Kontakt usw. Fast immer sind die Gebrauchsunterschiede der Alternativen bedeutungslos."

Gerhard Schulze: Die Erlebnisgesellschaft. Frankfurt/M.: Campus 2005, S. 55

„Ubiquität schlägt Universalität."

Norbert Schläbitz: Mashup und das Ende aller Zeiten. In: Zeitschrift KulturPoetik, hg. v. Manfred Engel/Bernard Dieterle/Monika Ritzet/ Benjamin Specht. Bd. 15, Heft 1. Göttingen: Vandenhoeck & Ruprecht 2015, S. 113

„Lob der Oberflächlichkeit"

Vilém Flusser: Lob der Oberflächlichkeit. Düsseldorf: Bollmann 1993

Was unterhalb von 'n Schultern liegt, [ ] das hat alles nix mit meinem Beruf zu tun (Fr. Blumer). Der Körper wird nicht nur nicht gebraucht, er verschwindet, ist nicht mehr existent. Er wird, so schildert eine Softwareentwicklerin, als befremdlich empfunden."

Christel Schachtner: Geistmaschine. Faszination und Provokation am Computer. Frankfurt/M.: Suhrkamp 1993, S. 158

- *Arbeiten Sie die behandelten Themenschwerpunkte heraus und ergänzen Sie, sofern Sie Defizite feststellen.*
- *Nehmen Sie die vorliegenden Zitate zum Anlass und verfassen Sie einen Text, der ein Gesellschaftsbild der Gegenwart bietet.*
- *Arbeiten Sie Parallelen und Unterschiede zum beginnenden 20. Jahrhundert heraus.*
- *Chance oder Risiko? – Wählen Sie einen der genannten Themenschwerpunkte und nehmen Sie im Rahmen einer Erörterung begründet Stellung dazu.*

# Gott und die Welt heute – und das „Ich"?

## Monthy Python: Das war's

*MODERATORIN* (BRÜSK). So, das ist das Ende des Films, und hier ist nun der Sinn des Lebens.
*Ihr wird ein goldener Umschlag gereicht.*
Dank dir, Brigitte.
*Sie öffnet ihn geschäftsmäßig und liest kurz für sich.*
Na ja, nichts Besonderes eigentlich. Versuchen Sie, nett zu anderen zu sein, vermeiden Sie fettes Essen, lesen Sie hin und wieder ein gutes Buch, verschaffen Sie sich genügend Bewegung, und bemühen Sie sich, mit Menschen aller Nationen und Religionen in Frieden und Eintracht zusammenzuleben. Na, ja, das war's – hier ist unsere Erkennungsmelodie. Gute Nacht.

Aus: Christoph Fehige/Georg Meggle/Ulla Wessels (Hg.): Der Sinn des Lebens. München: dtv 2000, S. 350

## Gottfried Benn: Nur zwei Dinge

Durch so viele Formen geschritten,
durch Ich und Wir und Du,
doch alles blieb erlitten
durch die ewige Frage: wozu?

Das ist eine Kinderfrage.
Dir wurde erst spät bewusst,
es gibt nur eines: ertrage
– ob Sinn, ob Sucht, ob Sage –
dein fernbestimmtes: Du musst.

Ob Rosen, ob Schnee, ob Meere,
was alles erblühte, verblich,
es gibt nur zwei Dinge: die Leere
und das gezeichnete Ich.

Aus: Gottfried Benn: Sämtliche Gedichte. Stuttgart: Kleet-Cotta 1998

## Dietrich Bonhoeffer: Von guten Mächten (1. Strophe und Refrain)

Von guten Mächten treu und still umgeben,
behütet und getröstet wunderbar,
will ich diese Tage mit euch leben
und mit euch gehen in ein neues Jahr.

Von guten Mächten wunderbar geborgen
erwarten wir getrost, was kommen mag.
Gott ist bei uns am Abend und am Morgen,
und ganz gewiss an jedem neuen Tag.



Sie haben vielfältige Facetten zur gesellschaftlichen Verfassung des frühen 20. Jahrhunderts im Verlauf Ihrer Begegnung mit dem Expressionismus erarbeitet. Wie aber steht es „heute" um Sinnfragen, Religion, Lebensentwürfe – um gesellschaftliche Prozesse oder Wirtschaftsentwicklungen?
Bei der Beantwortung der Aufgaben können die oben angegebenen Zeilen Anregung geben.

- *Geben Sie zum einen eine Beschreibung, wie Sie das gesellschaftliche Umfeld sehen.*
- *Legen Sie dar, ob sich eine „Menschheitsdämmerung" im positiven (Aufbruch) oder negativen (Niedergang) Sinn auf heutige Verhältnisse übertragen lässt?*
- *Woraus schöpfen Sie Halt, Orientierung? Was sind für Sie unhintergehbare Werte?*

# Standbild bauen

**Aufgabe:**
Erarbeiten Sie zu dem vorgelegten Gedicht ein Standbild, das inhaltliche Aussagen oder auch spezifische Befindlichkeiten widerspiegelt.

**Was ist ein Standbild?**
Ein Standbild gleicht einer fotografischen Momentaufnahme. Es löst einen Handlungsverlauf in ein Einzelbild auf, in dem ein zentrales Motiv erkennbar wird. Es stellt darüber hinaus den Charakter von Personen sowie das Verhältnis zwischen ihnen im Bild dar. Es wird nicht mit Worten erklärt und gedeutet, sondern das Bild spricht für sich.

**Wie bildet man ein Standbild?**
Der Kurs/die Klasse wird in Gruppen aufgeteilt, wobei jede Gruppe sowohl Jungen als auch Mädchen aufweisen sollte.

1. Lesen Sie gemeinsam das Gedicht. Halten Sie dabei fest, welche thematischen Schwerpunkte behandelt werden und welche sich zur Umsetzung in ein Standbild eignen. Überlegen Sie auch, ob nicht auch allgemeine Gegenstandsbeschreibungen (Stichwort: Personifikation) konkretisiert werden und in Ihr Standbild einfließen könnten. Versuchen Sie, Ihre Ergebnisse gestisch, mimisch und mit Körperhaltungen auszudrücken.
2. Die Gruppe teilt sich auf in Darsteller und „Standbildbauer". Bei der Auswahl der Darsteller ist es nicht zwingend notwendig, dass Männer Männerrollen und Frauen Frauenrollen einnehmen. Allerdings sollte die Auswahl der Darsteller in Bezug auf die darzustellenden Personen nicht völlig konträr ausfallen (Körper, Statur).
3. Die Darsteller werden, gemäß der Vorüberlegungen, von den Standbildbauern in Positionen gestellt und – einer „Knetmasse" gleich – geformt, ohne selber gestaltend einzugreifen. Dabei werden Körperhaltungen und Personenkonstellationen so lange formend verändert, bis das Bild dem entspricht, was man ausdrücken möchte.
4. Das endgültige Standbild wird „eingefroren" und die Darsteller prägen sich ihre Stellungen ein, sodass im Plenum das Standbild wieder abgerufen werden kann.

**Wichtig:**
Ruhe und Konzentration sind beim Erstellen von Standbildern wesentliche Voraussetzungen, da das Gestalten Interpretationsarbeit ist, die detailgenaue Formarbeit abverlangt. Die Darsteller sollten sich ihrer Funktion als passives „Material" stets bewusst bleiben und nicht eigenmächtig Haltungen einnehmen, verändern oder vorwegnehmen, da dies sich störend auf die Interpretation der Erbauer auswirkt.

**Wie bespricht man ein Standbild?**

- *Im Plenum werden die Standbilder nacheinander aufgebaut. Nach jedem Bild beschreiben die nicht beteiligten Schülerinnen und Schüler, was sie sehen und was für sie das Bild ausdrückt. Dabei können sie auch das Standbild verändern und formen, um ihre Deutung zu veranschaulichen. Die Darsteller verbleiben für die Dauer der Deutung in ihren Haltungen.*
- *In einem zweiten Schritt erläutert die darstellende Gruppe ihr Ergebnis. So geht es Gruppe für Gruppe reihum.*

# Was ist ein Sonett?

## Robert Gernhardt

### Materialien zu einer Kritik der bekanntesten Gedichtform italienischen Ursprungs

Sonette find ich so was von beschissen,
so eng, rigide, irgendwie nicht gut;
es macht mich ehrlich richtig krank zu wissen,
dass wer Sonette schreibt. Dass wer den Mut

hat, heute noch son'n dumpfen Scheiß zu bauen;
allein der Fakt, dass so ein Typ das tut,
kann mir in echt den ganzen Tag versauen.
Ich hab da eine Sperre. Und die Wut

Darüber, dass so'n abgefuckter Kacker
Mich mittels seiner Wichserein blockiert,
schafft in mir Aggressionen auf den Macker.

Ich tick nicht, was das Arschloch motiviert.
Ich tick es echt nicht. Und will's echt nicht wissen:
Ich find Sonette unheimlich beschissen.

Aus: WÖRTERSEE, Frankfurt/Main: Zweitausendeins, 1981 

Robert Gernhardt (1937–2006)

Das [...] Kriterium des Umfangs sowie geringe Variationsmöglichkeiten bei der Binnengliederung definieren [...] das Sonett (ital. *sonetto*, von afrz. son, lat. sonus ‚Ton, Klang'). Es besteht grundsätzlich aus vierzehn Verszeilen, die zu Gruppen von zweimal vier oder zweimal drei Versen geordnet sind. Die beiden Quartette sind durch das Reimschema verbunden, das Gleiche gilt für die beiden Terzette. Innerhalb dieser beiden Teile können die Variationsmöglichkeiten des Endreims ausgeschöpft werden. Ein Standard-Reimschema wäre etwa a/b/b/a/a/b/b/a//c/c/d/e/e/d. Als Versform werden traditionell ein fünfhebiger Jambus (der italienische ‚Elfsilber') oder ein sechshebiger Jambus (‚Alexandriner') bevorzugt. [...] [D]ie Engländer bestehen auf einer Sonderlösung, das ist das sogenannte *Shakespeare-Sonett* mit drei Quartetten und einem abschließenden Reimpaar. Auch dreimal vier plus zwei ergibt schließlich vierzehn. Zuallererst wurde der gemeineuropäische Vierzehnzeiler in der sogenannten sizilianischen Dichterschule am Hof des Staufenkaisers Friedrich II. geschmiedet, und zwar gegen 1230. [...] Der dichterische Rang und die jahrhundertelange Wirkungskraft der Form werden aber erst durch Francesco Petrarca (1304 – 1374) begründet [...]. Seine *Canzoniere* (dt. Das Buch der Lieder) war 1373 abgeschlossen [...]. Sie enthält 366 Gedichte, zumeist Sonette, [...]. Sonettdichtung ist zuallererst *Liebesdichtung*. [...] Der sogenannte *Petrarkismus* ergreift ganz Europa [...]. [...] Aber schon das 18. Jahrhundert sieht die schematische Form nur noch als Zwang. [...] Dagegen sehen später die Romantiker, und insbesondere August Wilhelm Schlegel, [...], die Form selbst als lohnende Herausforderung. [...] Auffällig ist von Gryphius bis Brecht, dass die Sonettform immer wieder herangezogen wird, wenn persönliche oder historische Krisen, Umbrüche und Katastrophen zu bewältigen sind. Der ehemalige Expressionist Johannes R. Becher [...] geht sogar so weit, das „Sonett als Sinnbild der Ordnungsmacht, als Rettung vor dem Chaos" zu feiern.

Aus: Jochen Vogt: Einladung zur Literaturwissenschaft. München: Fink $^{2}$2001, S. 136 – 140

- *Arbeiten Sie die stilbildenden Merkmale des Sonetts am Text heraus.*
- *Zeigen Sie am Gedicht von Gernhardt die Merkmale dieser Gedichtsform auf.*
- *Schreiben Sie Herrn Gernhardt eine Antwort ggf. über die Vorzüge der Form in Form eines Sonetts. Ironie und Witz schaden sicher nicht.*

# Prosa-Klausur: Kafka

## Franz Kafka: Der Aufbruch

Ich befahl mein Pferd aus dem Stall zu holen. Der Diener verstand mich nicht. Ich ging selbst in den Stall, sattelte mein Pferd und bestieg es. In der Ferne hörte ich eine Trompete blasen, ich fragte ihn, was das bedeute. Er wusste nichts und hatte nichts gehört. Beim Tore hielt er mich auf und fragte: „Wohin reitest du, Herr?" „Ich weiß es nicht", sagte ich, „nur weg von hier, nur weg von hier. Immerfort weg von hier, nur so kann ich mein Ziel erreichen." „Du kennst also dein Ziel?", fragte er. „Ja", antwortete ich, „ich sagte es doch: ‚Weg-von-hier', das ist mein Ziel." „Du hast keinen Essvorrat mit", sagte er. „Ich brauche keinen", sagte ich, „die Reise ist so lang, dass ich verhungern muss, wenn ich auf dem Weg nichts bekomme. Kein Essvorrat kann mich retten. Es ist ja zum Glück eine wahrhaft ungeheuere Reise."

Aus: F. K.: Sämtliche Erzählungen. Hrsg. von Paul Raabe. Frankfurt/M.: Fischer 1970, S. 320 f.

- *Untersuchen und deuten Sie unter Bezugnahme auf das Bild „Zukunft" von Tomi Ungerer die Parabel „Der Aufbruch".*

**alternativ**

## Franz Kafka: Der Aufbruch

Ich befahl mein Pferd aus dem Stall zu holen. Der Diener verstand mich nicht. Ich ging selbst in den Stall, sattelte mein Pferd und bestieg es. In der Ferne hörte ich eine Trompete blasen, ich fragte ihn, was das bedeute. Er wusste nichts und hatte nichts gehört. Beim Tore hielt er mich auf und fragte: „Wohin reitest du, Herr?" „Ich weiß es nicht", sagte ich, „nur weg von hier, nur weg von hier. Immerfort weg von hier, nur so kann ich mein Ziel erreichen." „Du kennst also dein Ziel?", fragte er. „Ja", antwortete ich, „ich sagte es doch: ‚Weg-von-hier', das ist mein Ziel." „Du hast keinen Essvorrat mit", sagte er. „Ich brauche keinen", sagte ich, „die Reise ist so lang, dass ich verhungern muss, wenn ich auf dem Weg nichts bekomme. Kein Essvorrat kann mich retten. Es ist ja zum Glück eine wahrhaft ungeheuere Reise."

Aus: F. K.: Sämtliche Erzählungen. Hrsg. von Paul Raabe. Frankfurt/M.: Fischer 1970, S. 320 f.

- *Untersuchen und deuten Sie die Parabel „Der Aufbruch".*
- *Verdeutlichen Sie anhand der Geschichte, was unter einer „Leerstelle" zu verstehen ist.*
- *Entwerfen Sie eine Fortsetzung, indem Sie von „Ihrer" Reise berichten. Behalten Sie dabei möglichst den vorgefundenen Schreibstil bei.*

# Klausur mit Bewertungsbogen: Paul Zech: Fabrikstraße tags (1911)

| Name: | Schule: | Fachlehrer: |
| --- | --- | --- |
| Kurs: | **Arbeitszeit:** 135 Minuten | |
| **Thema der Unterrichtsreihe:** Das expressionistische Jahrzehnt 1910 – 1920 | | |
| **Aufgabenart:** Analyse eines literarischen Textes – Gedichtanalyse | | |

**Aufgaben:**

1. **Analysieren Sie das Gedicht „Fabrikstraße tags" von Paul Zech unter Beachtung seiner Epochenzugehörigkeit.** [45 Punkte]

2. **Setzen Sie Ihre Ergebnisse in Bezug zu den Ausführungen Thomas Nipperdeys.** [27 Punkte]

**Hinweise:**

- Nehmen Sie sich ausreichend Zeit für die Vorbereitung (Textbearbeitung, Stichworte, Gliederung der Analyse etc.) und die Nachbereitung der Verschriftlichung (sorgfältiges Überprüfen von sprachlicher Richtigkeit und Gedankenführung).
- Bedenken Sie, dass die sprachliche Darstellungsleistung (Struktur, Ausdruck, Satzbau, Zitierweise sowie formale Richtigkeit) einen hohen Anteil der Bewertung ausmacht.

**Erlaubte Hilfsmittel:**

- Deutsches Wörterbuch

**VIEL ERFOLG!**

## Paul Zech: Fabrikstraße tags 1911

Nichts als Mauern. Ohne Gras und Glas
zieht die Straße den gescheckten Gurt
der Fassaden. Keine Bahnspur surrt.
Immer glänzt das Pflaster wassernass.

Streift ein Mensch dich, trifft sein Blick dich kalt
bis ins Mark; die harten Schritte haun
Feuer aus dem turmhoch steilen Zaun,
noch sein kurzer Atem wolkt geballt.

Keine Zuchthauszelle klemmt
in ein Eis das Denken wie dies Gehn
zwischen Mauern, die nur sich besehn.

Trägst Du Purpur oder Büßerhemd –:
immer drückt mit riesigem Gewicht
Gottes Bannfluch: uhrenlose Schicht.

Aus: Kurt Pinthus (Hg.): Menschheitsdämmerung. Ein Dokument des Expressionismus. Reinbek bei Hamburg: Rowohlt 1999, S. 55

Die Fabrik hat auf revolutionäre Weise das Verhältnis des Menschen zur Zeit geändert. In der vorindustriellen Zeit gilt die naturale Zeit: Tages- und Jahrszeiten, Wetter und ‚natürliche' Aufgaben: die Ernte, das Melken der Kühe, das Bewachen des Kohlenmeilers gliedern sie, geben ihr einen Rhythmus. [...] Das Vordringen der Uhr in der frühen Neuzeit [...] sind Anzeichen für eine Änderung. Aber es ist die Maschine, die eine neue Zeit schafft. Sie läuft regelmäßig, sie erfordert Teilung und Synchronisation, [...]. [...] Arbeitszeit wird etwas ganz anderes als gelebte Zeit. Die Zeit wird rationalisiert – in der Fabrik [...]. Solche neue Zeitdisziplin – die von der Fabrik, vom Büro, der Schule aus die ganze Welt durchdringt – hat den Menschen verändert. Die Fabrikarbeit impliziert [...] eine Teilung der Arbeit und gleichzeitig ihre Synchronisation; der Arbeitsgang des Einzelnen und das Produkt, das Ergebnis des gesamten Prozesses, werden voneinander getrennt, und man vermutet, dass diese Ablösung des Arbeiters von dem sichtbaren Werk, dem Endprodukt, einen Verlust an Befriedigung, eine Entfremdung im Verhältnis von Mensch, Arbeit und Werk bedeutet. [...] Diese Ersetzbarkeit des Arbeiters, die Entpersonalisierung der Arbeit sind eine neue Arbeitswirklichkeit, eine neue Erfahrung.

Aus: Thomas Nipperdey: Die Fabrikarbeit und der neue Umgang mit der Zeit. In: Wolfgang Piereth/Wolfram Siemann (Hg.): Das 19. Jahrhundert. Ein Lesebuch zur deutschen Geschichte. 1815–1918. München [2]1997, S. 312–315

**Bewertungsbogen für** ______________________________

## 1. Verstehensleistung

| **Teilaufgabe 1**<br>**Die Schülerin/der Schüler** | **maximale Punktzahl** | **erreichte Punkte** |
|---|---|---|
| formuliert eine **funktionalisierte Einleitung:**<br>• Autor, Titel und zentrales Thema, Erscheinungsdatum und Epochenzugehörigkeit, intentionale Aspekte | 5 | |
| zeigt die formale **Gestaltung** sowie die **Struktur** (Gliederung):<br>• äußere Form: umarmender Reim: 1. Quartett (abba), 2. Quartett (cddc), Schweifreim: 3. Quartett (eff), 4. Quartett (egg)<br>• auffallend viele Enjambements, kombiniert mit wenigen kurzen Hauptsätzen und elliptischem Anfang<br>• Metrum: Trochäus, männliche Kadenzen | 4 | |
| stellt inhaltliche Besonderheiten heraus und deutet diese im Gesamtzusammenhang des Gedichts.<br>• Strophe 1: Beschreibung der Fabrik, von der eine menschenfeindliche Kälte ausgeht. Allgegenwart von Mauern („Nichts“, V. 1, Absenz von Natur („ohne“, V. 1), Leblosigkeit („keine“, V. 3), abweisende immerwährende Nässe („immer“, V. 4), scheinbar trifft das Licht der Sonne nie den Boden: Absenz von Wärme<br>• Strophe 2: Außensicht: Auftritt des Menschen, Widerspiegelung der so abweisenden Fabrik bei der Begegnung von Menschen („kalter Blick“, V. 5, „harten Schritte“, V. 6, „kurzes Atmen“, V. 8), Absenz von Empathie, Gefühl, Ubiquität von Stein gewordener Vernunft<br>• Strophe 3: Innensicht: Beschreibung der Wirkung der Fabrik auf die Psyche, Einfrieren des Denkens („Eis“, V. 10), eingesperrt in eine Mauernwelt (V. 11)<br>• Strophe 4: Für niemanden, ob reich oder arm, gibt es einen Ausweg, eine Ausnahme, V. 12, das Maß des Menschen richtet sich „immer“ (V. 13 f.) nach dem Takt der Fabrik, nach dem Takt der Maschine („uhrenlose Schicht“, V. 14). Welt der Fabrik ist Ausdruck der Vernunft, die diese ersonnen hat. „Gottes Bannfluch“ (V. 14) erscheint als Strafe für die Apotheose der Vernunft, ausgedrückt in der Industrialisierung, hier verkörpert durch die Fabrik, was einst den Gottesglauben in den Hintergrund rückte; implizite Kritik an Säkularisierung | 12 | |
| analysiert die **sprachlich-stilistische Gestaltung** des Textauszuges:<br>• (nicht ganz eindeutig) Personifikation (Straße, die „zieht“ (V. 2))<br>• Entpersonalisierung, Ich-Aufhebung. Menschen erscheinen nicht als Individuum, sondern als von der Fabrik beeinflusst, als gleichförmige, unbeseelte, in ein Korsett gepresste Masse. Insbesondere spiegelt sich dies in Strophe 3 wider. Alles Denken erscheint von Mauern eingeengt. | 6 | |
| fasst die **Wahrnehmung der Fabrik** pointiert zusammen:<br>• Zusammenspiel von äußerlichen Attributen | 6 | |
| prüft Zechs Gedicht auf **epochentypische Bezüge zum Expressionismus**, etwa:<br>• Entfremdung als dominierendes Lebensgefühl<br>• Vereinsamung des Menschen in einer lebensfeindlichen Welt<br>• Entfremdung, Dissoziation des Ichs<br>• Ausdruck einer pessimistisch-fatalistischen Sicht | 12 | |
| erfüllt ein weiteres aufgabenbezogenes Kriterium (5). | | |
| **Summe Teilaufgabe 1** | 45 | |

| Teilaufgabe 2<br>**Die Schülerin/der Schüler** | **maximale Punktzahl** | **erreichte Punkte** |
|---|---|---|
| gibt den **Inhalt des Textes von Thomas Nipperdey** prägnant und angemessen wieder. | 5 | |
| **vergleicht** die **Analyseergebnisse** (Teilaufgabe 1) mit den **Aussagen des Textes von Nipperdey:**<br>• verdeutlicht die These von der Allgegenwart der Technik<br>• präzisiert mit Bezug auf Nipperdey die Taktung des Menschen nach dem Maß der Technik<br>• verdeutlicht die Entpersonalisierung des Menschen, seine Ersetzbarkeit<br>• zeigt entsprechende Parallelen auf zwischen Gedicht und Text | 12 | |
| **bewertet** angemessen **die Ausführungen**, indem sie/er<br>• einen eigenen Standpunkt zum Textausschnitt entwickelt.<br>• treffende, in sich schlüssige Argumente mit konkretem Bezug auf die Textvorlage und evtl. weitere relevante Romanstellen in die Bewertung mit einbezieht. | 10 | |
| erfüllt ein weiteres aufgabenbezogenes Kriterium (5). | | |
| **Summe Teilaufgabe 2** | **27** | |
| **Summe Verstehensleistung** | **72** | |

## 2. Darstellungsleistung

| **Anforderungen**<br>**Die Schülerin/der Schüler** | **maximale Punktzahl** | **erreichte Punkte** |
|---|---|---|
| strukturiert seinen Text kohärent, schlüssig, stringent und gedanklich klar:<br>• angemessene Gewichtung der Teilaufgaben in der Durchführung<br>• gegliederte und angemessen gewichtete Anlage der Arbeit<br>• schlüssige Verbindung der einzelnen Arbeitsschritte<br>• schlüssige gedankliche Verknüpfung von Sätzen | 6 | |
| formuliert unter Beachtung der fachsprachlichen und fachmethodischen Anforderungen:<br>• Trennung von Handlungs- und Metaebene<br>• begründeter Bezug von beschreibenden, deutenden und wertenden Aussagen<br>• Verwendung von Fachtermini in sinnvollem Zusammenhang<br>• Beachtung der Tempora<br>• korrekte Redewiedergabe (Modalität) | 6 | |
| belegt Aussagen durch angemessenes und korrektes Zitieren:<br>• sinnvoller Gebrauch von vollständigen oder gekürzten Zitaten in begründender Funktion | 3 | |
| drückt sich allgemeinsprachlich präzise, stilistisch sicher und begrifflich differenziert aus:<br>• sachlich-distanzierte Schreibweise<br>• Schriftsprachlichkeit<br>• begrifflich abstrakte Ausdrucksfähigkeit | 5 | |
| formuliert lexikalisch und syntaktisch sicher, variabel und komplex (und zugleich klar). | 5 | |
| schreibt sprachlich richtig. | 3 | |
| **Summe Darstellungsleistung** | **28** | |
| **Gravierende Verstöße gegen die sprachliche Richtigkeit und äußere Form führen zu Punktabzug um ...**<br>**einen Notenpunkt [ ]** **zwei Notenpunkte [...]** | | |

| | | |
|---|---|---|
| **Summe insgesamt (Verstehens- und Darstellungsleistung):** | **100** | |

**Kommentar:**

______________________________________________

______________________________________________

______________________________________________

______________________________________________

______________________________________________

______________________________________________

______________________________________________

______________________________________________

______________________________________________

______________________________________________

**Die Arbeit wird mit der Note ______________________ beurteilt.**

Datum: ______________ Unterschrift: ______________________

**Bepunktung**

| Note | Punkte | erreichte Punktzahl |
|---|---|---|
| sehr gut plus | 15 | 100 – 95 |
| sehr gut | 14 | 94 – 90 |
| sehr gut minus | 13 | 89 – 85 |
| gut plus | 12 | 84 – 80 |
| gut | 11 | 79 – 75 |
| gut minus | 10 | 74 – 70 |
| befriedigend plus | 9 | 69 – 65 |
| befriedigend | 8 | 64 – 60 |
| befriedigend minus | 7 | 59 – 55 |
| ausreichend plus | 6 | 54 – 50 |
| ausreichend | 5 | 49 – 45 |
| ausreichend minus | 4 | 44 – 39 |
| mangelhaft plus | 3 | 38 – 33 |
| mangelhaft | 2 | 32 – 27 |
| mangelhaft minus | 1 | 26 – 20 |
| ungenügend | 0 | 19 – 0 |

# Lyrik-Klausur (1)

## Jakob van Hoddis: Mittag (1913)
(mit Textbezug)

Ein Teufelslachen bleckt am blauen Himmel
Und in den Straßen quält der trockene Staub
Der breiten und verworrnen Stadt Gewimmel.
An allen Bäumen sitzt erstarrtes Laub.

Als hing die Sonne jetzt am Leiterwagen,
Der langsam fährt mit schallendem Gebimmel
Es dröhnt die Stadt wie trunken und in Klagen

Du gehst bestürzt, so einsam wie in Wüsten,
Zu wild und stolz nach Mensch und Lust zu jagen.
Und selbst nach Träumen, die als Kind dich grüßten,
Wagst du jetzt diese Häuser nicht zu fragen.

Tollkirschen trägt dir dieser Monde Baum.
Nur Ängste steigen auf. Die Winde schlagen
Dir schwarze Fratzen in den tiefsten Traum.

So Tag und Nacht und niemals zu verjagen.

Aus: Silvio Vietta (Hg.): Lyrik des Expressionismus. Tübingen: Niemeyer 1990, S. 34f.

*Die große Stadt mit ihren abschreckenden und anziehenden Seiten hat sich auf vielfältige Weise in der Literatur des frühen Expressionismus niedergeschlagen. Von den unterschiedlichsten Künstlern wissen wir, dass sie der Faszination des Großstadterlebnisses erlagen, und es gibt kaum eine Lyrik-Anthologie jener Zeit, in der nicht auch das doppelsinnige Bild der Metropole ausgebreitet wird. Einem Zwitter gleich erscheint die Großstadt mal als übermächtiger, alles verschlingender Moloch, mal als lebensfrohes, sinnlich und intellektuell stimulierendes Milieu. Das Lob auf die kosmopolitischen und ästhetischen Möglichkeiten der urbanen Welt steht schroff neben der Klage über Selbstverlust und existenzieller Bedrohung. Auffällig ist, dass das Oszillieren (= Schwanken) zwischen Ablehnung und Bejahung der Metropole sich nicht nur bei unterschiedlichen künstlerischen Temperamenten findet, sondern oft unvermittelt im Werk ein und desselben Künstlers anzutreffen ist.*

Becker, 1991. In: Hamm/Pick (Hg.): Aufbruch in die Moderne. Ernst Klett Schulbuchverlag GmbH, 1998, S. 20

**Jakob van Hoddis** (Pseudonym für Hans Davidsohn) wurde 1887 in Berlin geboren. Als Fünfzehnjähriger schrieb er für seine Mutter epigonal-romantisierende Gedichte, als Achtzehnjähriger für seinen Vater satirische Epigramme, in denen er die Ideale der Wilhelminischen Zeit lächerlich machte. Nach dem Abitur studierte er zunächst Architektur in München, dann Griechisch und Philosophie in Jena und Berlin. Zusammen mit Freunden gründete er 1908/09 den „Neuen Club" – als einen literarischen Zirkel, der sich der Kritik am herkömmlichen Kulturbetrieb und der Pflege avantgardistischer Kunst widmen sollte. Außerdem war Hoddis Mitarbeiter an den expressionistischen Zeitschriften „Die Aktion" und „Der Sturm". Im „Neopathetischen Cabaret" pflegte er seine Gedichte, die er immer alle bei sich trug, vorzulesen. Er wurde zum Schöpfer eines Groteskstils, der die Visionen schrecklicher Katastrophen mit Mitteln des schwarzen Humors, der Parodie, des Umschlags ins Triviale, der Umwertung von Erwartungshaltungen und Wertvorstellungen darzustellen versuchte. 1914 zeigten sich bei ihm erste Anzeichen einer Geisteskrankheit (Schizophrenie), die seine Unterbringung in Heilanstalten erforderlich machte. Seit 1915 lebte er in Frankerhain, seit 1922 in Tübingen in privaten Pflegeheimen; 1933 wurde er in die „Israelitische Heil- und Pflegeanstalt" Bendorf-Sayn bei Koblenz verbracht. Am 30.4.1942 wurde er deportiert. Von solchen Transporten ist niemand zurückgekehrt. Wo und wann van Hoddis starb, ist unbekannt.

Aus: Peter Mettenleiter/Stephan Knöbl (Hg.): Blickfeld Deutsch. Paderborn: Schöningh Verlag 1994, S. 321 f.

- *Unterziehen Sie das Gedicht „Mittag" (Jakob van Hoddis) einer formalen Analyse und einer darauf aufbauenden Deutung.*
- *Untersuchen Sie unter Bezugnahme der Aussagen des Zitats von Becker, inwiefern das Gedicht als typisch expressionistisch gelten kann. Überprüfen Sie auch, ob sich das von Becker im Expressionismus verortete ambivalente Lebensgefühl am Gedicht belegen lässt, und begründen Sie Ihre Meinung.*

# Lyrik-Klausur (2)

## Jakob van Hoddis: Mittag (1913) mit Bildbezug

Ein Teufelslachen bleckt am blauen Himmel
Und in den Straßen quält der trockene Staub
Der breiten und verworrnen Stadt Gewimmel.
An allen Bäumen sitzt erstarrtes Laub.

Als hing die Sonne jetzt am Leiterwagen,
Der langsam fährt mit schallendem Gebimmel
Es dröhnt die Stadt wie trunken und in Klagen

Du gehst bestürzt, so einsam wie in Wüsten,
Zu wild und stolz nach Mensch und Lust zu jagen.
Und selbst nach Träumen, die als Kind dich grüßten,
Wagst du jetzt diese Häuser nicht zu fragen.

Tollkirschen trägt dir dieser Monde Baum.
Nur Ängste steigen auf. Die Winde schlagen
Dir schwarze Fratzen in den tiefsten Traum.
So Tag und Nacht und niemals zu verjagen.

Aus: Silvio Vietta (Hg.): Lyrik des Expressionismus. Tübingen: Niemeyer 1990, S. 34 f.

Ludwig Meidner: Alaunstraße, Dresden, 1914

**Jakob van Hoddis** (Pseudonym für Hans Davidsohn) wurde 1887 in Berlin geboren. Als Fünfzehnjähriger schrieb er für seine Mutter epigonal-romantisierende Gedichte, als Achtzehnjähriger für seinen Vater satirische Epigramme, in denen er die Ideale der Wilhelminischen Zeit lächerlich machte. Nach dem Abitur studierte er zunächst Architektur in München, dann Griechisch und Philosophie in Jena und Berlin. Zusammen mit Freunden gründete er 1908/09 den „Neuen Club" – als einen literarischen Zirkel, der sich der Kritik am herkömmlichen Kulturbetrieb und der Pflege avantgardistischer Kunst widmen sollte. Außerdem war Hoddis Mitarbeiter an den expressionistischen Zeitschriften „Die Aktion" und „Der Sturm". Im „Neopathetischen Cabaret" pflegte er seine Gedichte, die er immer alle bei sich trug, vorzulesen. Er wurde zum Schöpfer eines Groteskstils, der die Visionen schrecklicher Katastrophen mit Mitteln des schwarzen Humors, der Parodie, des Umschlags der Triviale, der Umwertung von Erwartungshaltungen und Wertvorstellungen darzustellen versuchte. 1914 zeigten sich bei ihm erste Anzeichen einer Geisteskrankheit (Schizophrenie), die seine Unterbringung in Heilanstalten erforderlich machte. Seit 1915 lebte er in Frankerhain, seit 1922 in Tübingen in privaten Pflegeheimen; 1933 wurde er in die „Israelitische Heil- und Pflegeanstalt" Bendorf-Sayn bei Koblenz verbracht. Am 30.4.1942 wurde er deportiert. Von solchen Transporten ist niemand zurückgekehrt. Wo und wann van Hoddis starb, ist unbekannt.

Aus: Peter Mettenleiter/Stephan Knöbl (Hg.): Blickfeld Deutsch. Paderborn: Schöningh Verlag 1994, S. 321 f.

- *Unterziehen Sie das Gedicht „Mittag" (Jakob van Hoddis) einer formalen Analyse und einer darauf aufbauenden Deutung.*
- *Vergleichen Sie das Bild mit dem Gedicht und arbeiten Sie inhaltliche Parallelen heraus. Verdeutlichen Sie dabei, inwiefern Gedicht und Bild als typisch expressionistisch gelten können.*

# Lyrik-Klausur (3)

### Alfred Lichtenstein: Trüber Abend (1912; Die Aktion)

Der Himmel ist verheult und melancholisch.
Nur fern, wo seine faulen Dünste platzen,
Gießt grüner Schein herab. Ganz diabolisch
Gedunsen sind die Häuser, graue Fratzen.

Vergilbte Lichter fangen an zu glänzen.
Mit Frau und Kindern döst ein feister Vater.
Bemalte Weiber üben sich in Tänzen.
Verzerrte Mimen schreiten zum Theater.

Spaßmacher kreischen, böse Menschenkenner:
Der Tag ist tot ... Und übrig bleibt ein Name!
In Mädchenaugen schimmern kräftge Männer.
Zu der Geliebten sehnt sich eine Dame.

Aus: Silvio Vietta (Hg.): Lyrik des Expressionismus. Tübingen: Niemeyer [3]1990, S. 36

**Alfred Lichtenstein:** Geb. am 23.8.1889 in Berlin als Sohn eines Fabrikanten. Lichtenstein besuchte das Luisenstädtische Gymnasium in Berlin und begann 1909 in Berlin auch sein Studium der Jurisprudenz, das er 1913 mit einer Dissertation über Theaterrecht in Erlangen abschloss. Am 24. Nov. 1910 veröffentlichte Lichtenstein erstmalig Lyrik in der von H. Walden redigierten expressionistischen Zeitschrift „Der Sturm", von 1912 an gehörte er zu den Autoren um Pfemferts „Die Aktion", die ihm im Oktober 1913 eine Sondernummer widmete. [...] Im Oktober 1913 trat Lichtenstein als Einjähriger in das 2. Bayerische Infanterieregiment ein und musste am 8. August 1914 an die Front, wo er am 25. September bei Vermandovillers (Somme) fiel.

Ebd., S. 264

Ludwig Meidner: Potsdamer Platz, 1913

- *Unterziehen Sie das Gedicht „Trüber Abend" (Alfred Lichtenstein) einer formalen Analyse und einer darauf aufbauenden Deutung und untersuchen Sie, inwieweit es in Form und Inhalt der Lyrik im Expressionismus entspricht.*
- *Die Künstler des frühen 20. Jahrhunderts können als Seismografen ihrer Zeit betrachtet werden. Zeichnen Sie mithilfe Ihrer Ergebnisse und unter Berücksichtigung des oben stehenden Bildes ein Gesellschaftsbild jener Zeit und ziehen Sie Parallelen zur aktuellen gesellschaftlichen Situation.*

# Facharbeiten

**Thema 1** Der Futurismus und sein Einfluss auf die literarische Strömung des Expressionismus

**Thema 2** Der Expressionismus auf dem Weg zu DADA und zur Neuen Sachlichkeit – Ein Widerspruch?

**Thema 3** Döblin – Expressionist oder Vertreter der Neuen Sachlichkeit?

**Thema 4** Der Expressionismus im Film – dargelegt am Film „Metropolis“ von Fritz Lang

**Thema 5** Der musikalische Expressionismus auf dem Weg zur „Neuen Musik“

**Thema 6** Kafka – Ein Expressionist?

**Thema 7** Expressionismus heute – Gegenwartstendenzen in Literatur und Gesellschaft

**Thema 8** Die „Moderne“ – Was ist das? Ein facettenreicher Begriff

**Thema 9** Die Stadt zu Beginn des 20. Jahrhunderts – Menschenverachtender Moloch oder „Marktplatz der Ideen“ (Peter Watson)?

**Thema 10** Die Bedeutung der Kaffeehauskultur für die Literatur zur Zeit um die Jahrhundertwende und zur Zeit der Expressionisten

**Thema 11** „Mein Gott – ich ersticke noch mit meinem brachliegenden Enthusiasmus in dieser banalen Zeit. Denn ich bedarf gewaltiger äußerer Emotionen, um glücklich zu sein. Ich sehe mich in meinen wachen Fantasien immer als ein Danton, oder einen Mann auf der Barrikade, ohne meine Jakobinermütze kann ich mich eigentlich gar nicht denken. Ich hoffte jetzt wenigstens auf einen Krieg. Auch das ist nichts.“
(Georg Heym – Tagebucheintrag 1911)

Georg Heym – Die Langeweile und der Krieg. Lebensgefühl eines Einzelbürgers oder das einer ganzen Gesellschaft?

**Thema 12** Johannes R. Becher – Vom Expressionisten zum Kulturminister. Konsequente Fortentwicklung oder radikaler Bruch?

**Thema 13** Die Verirrungen Gottfried Benns im Dritten Reich und seine Einstellung dazu im Nachkriegsdeutschland

**Thema 14** Der „Sturm und Drang“ – der Expressionismus des 18. Jahrhunderts?

# Analyse von Gedichten

| | |
|---|---|
| **1. Textverständnis klären** | • Mehrfaches Lesen<br>• Markieren unbekannter Wörter, Begriffe, Namen<br>• Markieren von Wörtern, die auffallen, von Schlüsselwörtern, Leitmotiven<br>• Inhaltsangabe/Themenschwerpunkt von jeder Strophe erarbeiten<br>• Formulieren eines/r ersten Leseeindruckes/Arbeitshypothese |
| **2. Laut- und Klangfiguren** | • **Alliteration – Anapher/Epipher – Assonanz** (ähnlicher Klang) etc.<br>• **Reim** (Haufenreim (aaaa), Paarreim (aabb), Kreuzreim (abab), umarmender Reim (abba), verschränkter Reim (abcabc), Schweifreim (aabccb)<br>• **Männliche** (stumpfe Endung [z. B.: Wand]) und **weibliche** (unbetonte klingende Endung [z. B.: binden]) Kadenzen |
| **3. Äußere Form** | • **Vers** (Zeile in einem Gedicht)<br>• **Metrum:** Jambus xXxX, Trochäus XxXx, Daktylus Xxx, Anapäst xxX<br>• Blankvers (fünfhebiger Jambus)<br>• Knittelvers (vierhebiger Vers im Paarreim)<br>• Metrum (statisch)/Sprechrhythmus (vom Metrum z. T. abweichend)<br>• **Enjambement:** (Zeilensprung): Hakenstil (Verkettung von Zeilensprüngen), Reihungsstil, Simultanstil (Verdichtung einer Vielfalt von parallel verlaufenden Geschehnissen), Zeilenstil (Sinneinheit endet mit jeder Zeile)<br>• **Strophe:** Sinneinheit im Gedicht |
| **4. Besonderheiten der Sprache** | • Bildlichkeit: **Metapher** (Am Fuß der Berge, Flussbett), **Allegorie** (Gott Amor für Liebe; nahezu eine Gleichsetzung: Amor = Liebe, Justitia = Gerechtigkeit), **Symbol** (Taube als Symbol des Friedens)<br>• Neologismen, Euphemismen, Parallelismen, Personifikation<br>• **Hyperbel** (Übertreibung), **Ellipse** (unvollständige Sätze) etc. |
| **5. Anfertigen einer Gedichtinterpretation** | **Einleitung:** • Autor, Titel, Textsorte, Entstehungszeit, Erscheinungsdatum<br>• Worum geht es? Thematischen Schwerpunkt nennen<br>**Hauptteil:** • Inhaltliche Wiedergabe: Gegebenenfalls inhaltliche Gliederung nach Strophen bzw.: Wie ist das Gedicht aufgebaut (Blankvers, Sonett, ...)?<br>• Sprachliche Gestaltung des Textes: Zeitform, Satzbau, Besonderheiten der Sprache: Wortschatz, Metaphern, Allegorien, Vergleiche. Gibt es ein Leitmotiv?<br>• Interpretation: linear- oder aspektorientiert, zentrale Aussage des Textes (These vom Beginn); Kopplung von Sprachanalyse und Textaussagen<br>• Bezugnahme zum Titel: Wie verhält sich der Inhalt/die Textaussage zum Titel?<br>• Lassen sich über die werkimmanente Deutung hinaus gesellschaftspolitische u. a. Bezüge herstellen?<br>• Lassen sich ggf. epochenspezifische Elemente wiederfinden?<br>**Schlussteil:** • Zusammenfassung, ggf. Bewertung, Rückkehr zur Deutungshypothese und deren Verifikation respektive Falsifikation |

# Analyse von Sachtexten

| | |
|---|---|
| **1. Textverständnis klären** | • Mehrfaches Lesen<br>• Markieren unbekannter Wörter, Begriffe, Namen<br>• Markieren von Schlüsselwörtern und zentralen Aussagen<br>• Formulieren eines/r ersten Leseeindruckes/Arbeitshypothese<br>• Text in Sinnabschnitte gliedern/Abschnitten Überschriften geben<br>• Zielsetzung des Textes – Position des Verfassers zum Thema<br>• Adressat: An wen richtet sich der Text?<br><br>**Ergänzend bei einer Erörterung:**<br>• Erfassen der sprachlich-rhetorischen Mittel<br>• Ist der Text sachlich oder polemisch/emotional abgefasst?<br>• Was für Argumentationstypen werden verwendet: Bezug auf **Autoritäten** (Wie xy schon sagt, ...), Bezug auf eine **Norm** (Orientierung an Wertmaßstäben: Jeder sollte ...), **Analogieschlüsse** (Genau wie bei xy ...) oder **Faktenargument** (Folgende Daten stützen die Annahme, dass ...) |
| **2. Anfertigen einer Textbeschreibung bzw. Sachtextanalyse** | **Einleitung:** • Vorstellen des Textes mit Angaben zum **Autor**, zur **Textsorte**, zum **Titel**, zum **Publikationsmedium/Erscheinungsort**, zur **Zielgruppe** und zum **Thema**, zur **Kernaussage**, ggf. zur **Intention** (ggf. Definition eines zentralen Begriffes)<br><br>**Hauptteil:** • Evtl. Zusammenfassende **Kennzeichnung des Textaufbaus** („Der Text besitzt eine deutliche Dreiteilung ..., lässt sich in vier Abschnitte unterteilen ...")<br>• Beschreibung der **Gedankenführung/Argumentationsstruktur** unter Einbeziehung der Textgliederung<br>• **Funktion der Textteile** (Dieser Teil dient vor allem dazu ...)<br>• **Kennzeichnung der Sprachgestalt** („Auffällig ist/sind in diesem Teil die zahlreichen Aufforderungssätze, der sachliche Darstellungsstil, die Anaphern, der parallele Satzbau, die bildhaften Formulierungen, die Übertreibungen ...")<br>• **Bewertung der Darstellungsweise/Argumentation** („Besonders schlüssig erscheint mir ..., wenig einleuchtend ist die Begründung ..."); ggf. eine **Pro-Kontra**-Diskussion (Prüfen der Prämissen des Textes, seine Begrifflichkeit, die Logik der Ausführungen unter – sofern möglich – Berücksichtigung eigener gemachter Erfahrungen)<br><br>**Schlussteil:** • Wertung der Position, die der Autor einnimmt, Wertung der Machart des Textes (sachlich, wertend, überredend, polemisch, ...), Zusammenfassung der Ergebnisse, Vergleich mit anderen bekannten Standpunkten<br><br>**Wichtig: Dreischritt in der Argumentation beachten:** 1. These – 2. (erläutertes/r) Zitat, Beleg, Beispiel – 3. Argument oder Begründung |

# Analyse epischer Texte

| | |
|---|---|
| **1. Textverständnis klären** | • Mehrfaches Lesen<br>• Markieren unbekannter Wörter, Begriffe, Namen<br>• Markieren von Schlüsselwörtern<br>• Formulieren eines/r ersten Leseeindruckes/Arbeitshypothese |
| **2. Erarbeitung eines Textes** | • **Erzähler** (Erzähler, Erzählhaltung, Erzählperspektive, Erzählerrede)<br>• **Figuren** (Charakterisierung, Figurenrede, Figurenkonstellation)<br>• **Handlung** (Nebenhandlung, äußere – innere Handlung)<br>• **Zeit** (Erzählzeit – erzählte Zeit, historischer Zeitbezug, Montage)<br>• **Raum** (Ort, Milieu, Atmosphäre)<br>• **Leser** (impliziter – realer Leser) |
| **3. Gliederung für die schriftliche Ausarbeitung und Anfertigung einer Interpretation** | **Allgemeine Informationen zum Anfertigen einer schriftlichen Interpretation:**<br>• **Einleitung:** Angabe zu den äußeren Textmerkmalen (Autor, Titel, Textsorte, Entstehungszeit, -ort, kurze Inhaltsangabe)<br>• **Hauptteil:** Analyse und Deutung inhaltlicher und formaler Besonderheiten auf der Grundlage der Notizen. Alle Aussagen müssen durch Zitate/Textbelege abgesichert sein. Inhaltliche und sprachliche Besonderheiten müssen sich aufeinander beziehen. **Dreischritt** These/Zitat/Begründung beachten.<br>• **Schluss:** Gesamtdeutung unter Berücksichtigung der Arbeitshypothese. Aufzeigen von Zusammenhängen mit anderen Texten der Autorin/des Autors, persönliche Stellungnahme, Wertung<br><br>**Differenzierte Informationen zum Anfertigen einer schriftlichen Interpretation:**<br>**Einleitung:** • Autor, Titel, Textsorte, Erscheinungszeit<br>• Worum geht es? Klärung des Textverständnisses (Formulierung einer These)<br>**Hauptteil:** Inhaltliche Wiedergabe: Gegebenenfalls Gliederung bzw.: Wie ist der Text aufgebaut? Gibt es zentrale Stellen, Höhe- und Wendepunkte?<br>• Sprachliche Gestaltung des Textes: Zeitform, Satzbau, Wortschatz, Metaphern, Vergleiche. Gibt es ein Leitmotiv?<br>• Welche Personen bestimmen das Geschehen? Was erfahren wir über sie (Aussehen, Charaktereigenschaften)? Wie ist die Beziehung der Personen zueinander? Welche Rolle spielen Raum und Zeit?<br>• Bezugnahme zum Titel. Wie verhält sich der/die Inhalt/Textaussage zum Titel?<br>• Lassen sich über die werkimmanente Deutung hinaus biografische, historische, soziale, psychologische und andere Bezüge herstellen?<br>**Schlussteil:** • Lassen sich autorentypische Elemente wiederfinden? Bspw. bei Kafka: Einsinnigkeit, Leerstellen (Verhältnis zwischen Gesagtem und Nicht-Gesagtem)<br>• Zusammenfassung, ggf. Bewertung |

# Literaturverzeichnis

**Adorno, Theodor W.:** Musikalische Schriften 5, Gesammelte Schriften Bd. 18. Frankfurt/M. 2003

**Albert, Sigrid:** Expressionismus im Film. In: Tetzlaff, Dominique/Guindon, Jeanpierre (Hg.): An die Verstummten. Frankfurt/M.: Athenäum 1988

**Anz, Thomas:** Literatur des Expressionismus. Stuttgart/Weimar: Metzler 2002

**Ausbüttel, Frank/Böhning, Peter u. a.:** Grundwissen Geschichte. Stuttgart: Klett 1994

**Bab, Julius:** Frau Gabor. In: Ders.: Nebenrollen. Ein dramaturgischer Mikrokosmos. Berlin 1913, S. 206 – 213

**Balgo, Rolf/Voß, Reinhard:** Wenn das Lernen der Kinder zum Problem gemacht wird. In: Voß, Reinhard (Hg.): Die Schule neu erfinden. Neuwied/Kriftel/Berlin: Luchterhand 1996

**Baumann, Zygmunt:** Flaneure, Spieler und Touristen. Hamburg 1997

**Bekes, Peter:** Stundenblätter „Frühlings Erwachen". Stuttgart (Klett) 5. Aufl. 1999

**Belz, Horst/Marco, Siegrist:** Kursbuch Schlüsselqualifikationen. Ein Trainingsprogramm. Freiburg im Breisgau 2. erweiterte Auflage 2000

**Benjamin, Walter:** Das Kunstwerk im Zeitalter seiner Reproduzierbarkeit. Frankfurt/M. 1977

**Biermann, Heinrich/Schurf, Bernd (Hg.):** Texte, Themen und Strukturen. Berlin: Cornelsen 1999

**Bihler, Elsbeth/Schnock, Walburga/Riepe, Hans Heinz (Hg.):** Schwerter Liederbuch. Paderborn BDKJ 1990

**Bolz, Norbert:** Jenseits der großen Theorien: das Happy End der Geschichte. In: Schröder, Gerhart/Breuninger, Helga (Hg.): Kulturtheorien der Gegenwart. Frankfurt/M.: Beck 2001

**Braunroth, Manfred:** Prosa des Expressionismus. Arbeitstexte für den Unterricht. Stuttgart: Reclam 1996

**Cebrian, Juan Luis:** Im Netz – die hypnotisierte Gesellschaft. Der neue Bericht an den Club of Rome. Stuttgart: Deutsche Verlagsanstalt 1999

**Dahlke, Günther/Karl, Günter (Hg.):** Deutsche Spielfilme von den Anfängen bis 1933. Chemnitz $^{2}$1993

**David, Claude (Hg.):** Franz Kafka. Themen und Probleme. Göttingen: Vandenhoeck & Ruprecht 1980

**Denkler, Horst:** Drama des Expressionismus. Programm. Spieltext. Theater. München: Wilhelm Fink Verlag, 2. verbesserte und erweiterte Aufl. 1979

**Diebold, Bernhard:** Anarchie im Drama. Kritik und Darstellung der modernen Dramatik. Berlin-Wilmersdorf $^{4}$1928.

**Diedrichs, Karlheinz/Durstewitz, Bernd/Gast, Wolfgang (Hg.):** Goethe & Co. Deutschbuch für die Sekundarstufe 2. Bamberg: Buchner 2000

**Eggebrecht, Hans Heinrich:** Musik im Abendland. München: Piper 1996

**Elm, Theo:** Die moderne Parabel. München. 2. überarbeitete Auflage 1991

**Emrich, Wilhelm:** Kafka und der literarische Nihilismus. In: Caputo-Mayr, Maria Luisa (Hg.): Franz Kafka. Eine Aufsatzsammlung nach einem Symposium in Philadelphia. Berlin: Agora 1978

**Esselborn, Hans:** Die expressionistische Lyrik. In: Piechotta, Hans-Joachim/Wuthenow, Ralph-Rainer/Rothemann, Sabine (Hg.): Die literarische Moderne in Europa, Bd. 2. Opladen: Westdeutscher Verlag 1994

**Faust, Wolfgang Max:** Das Gedicht als verunsichernde Sprachwelt. In: Hartung, Harald (Hg.): Gedichte und Interpretationen. Vom Naturalismus bis zur Jahrhundertmitte. Stuttgart: Reclam 1983

**Fehige, Christoph/Meggle, Georg/Wessels, Ulla (Hg.):** Der Sinn des Lebens. München: dtv 2000

**Fohrmann, Jürgen/Müller, Harro (Hg.):** Literaturwissenschaft. München: Fink 1995
**Frank, Ursula:** Lyrik des Expressionismus. Betrifft Deutsch Nr. 4/2002
**Freud, Sigmund:** Eine Schwierigkeit der Psychoanalyse. In: Ders.: Gesammelte Werke. Frankfurt/M. 1986
**Hoffmann, Dieter:** Arbeitsbuch Deutschsprachige Lyrik 1880–1916. Tübingen/Basel: A. Francke 2001
**Hoffmann, Friedrich G./Rösch, Herbert:** Grundlagen, Stile, Gestalten der deutschen Literatur. Berlin: Cornelsen 1998
**Jeanblanc, Helga:** Vergleichende Analyse expressionistischer Filme. In: Tetzlaff, Dominique/Guindon, Jeanpierre (Hg.): Expressionismus im Unterricht. Materialien zu Literatur, Malerei, Film, Musik. Frankfurt/M.: Athenäum 1988
**Kafka, Franz:** Die Verwandlung. Brief an den Vater und weitere Werke. Erarbeitet und mit Anmerkungen versehen von Elisabeth Becker (= EinFach Deutsch, hg. von Johannes Diekhans). Paderborn: Schöningh 1999
**Kafka, Franz:** Das Ehepaar und andere Schriften aus dem Nachlass. Krit. Ausgabe, hg. v. Hans Gerd Koch. Bd. 8 der Gesammelten Werke. Frankfurt/M.: Fischer 1994
**Kafka, Franz:** Der Prozess (Textausgabe). Erarbeitet und mit Anmerkungen und Materialien versehen von Norbert Schläbitz (= EinFach Deutsch, hg. von Johannes Diekhans). Paderborn: Schöningh 2001
**Kafka, Franz:** In der Strafkolonie. Eine Geschichte aus dem Jahre 1914, hg. von Klaus Wagenbach. Berlin: Klaus Wagenbach 1985
**Kafka, Franz:** Sämtliche Erzählungen. Frankfurt/M.: Fischer 1994
**Kramer, Thomas (Hg.):** Reclams Lexikon des deutschen Films. Stuttgart: Reclam 1995
**Krause, Markus:** Poesie & Maschine. Köln: Kösler 1988
**Kittler, Friedrich:** Aufschreibesysteme. 1800–1900. München: Fink, 2. erw. und korr. Auflage 1987
**Kling, Thomas (Hg.):** Sprachspeicher. 200 Gedichte auf deutsch vom achten bis zum zwanzigsten Jahrhundert. Köln: DuMont 2001
**Kuper, Peter:** Gibs auf und andere Erzählungen. Hamburg: Carlsen 1997
**Lehnert, Herbert:** Geschichte der deutschen Literatur vom Jugendstil bis zum Expressionismus. Stuttgart: Reclam 1978
**Leiß, Ingo/Stadtler, Hermann:** Deutsche Literaturgeschichte, Bd. 8. Wege in die Moderne. München: dtv 1997
**Martin, Uwe:** Expressionismus in der Musik. In: Tetzlaff, Dominique/Guindon, Jeanpierre (Hg.): An die Verstummten. Frankfurt/M.: Athenäum 1988
**Meid, Volker:** Sachwörterbuch zur deutschen Literatur. Stuttgart: Reclam 1999
**Mettenleiter, Peter/Knöbl, Stephan (Hg.):** Blickfeld Deutsch. Paderborn: Schöningh 1994
**Meurer, Reinhard:** Gedichte des Expressionismus. München: Oldenbourg 1988
**Meyer, Theo:** Nietzsche und die Kunst. Tübingen/Basel: Francke 1993
**Müller, Harro:** Literaturwissenschaft heute, Beobachtungen aus der Ferne. In: Fohrmann, Jürgen/Müller, Harro (Hg.): Literaturwissenschaft. München: Fink 1995
**Negt, Oskar:** Lernen in einer Welt der gesellschaftlichen Umbrüche. In: Dieckmann, Heinrich/Schachtsiek, Bernd (Hg.): Lernkonzepte im Wandel. Stuttgart: Klett-Cotta 1998
**Nestler, Gerhard:** Geschichte der Musik. Mainz $^{5}$1997
**Nietzsche, Friedrich:** Also sprach Zarathustra I–IV. KSA 4, hg. v. G. Colli und M. Montinari. München: dtv 31993
**Nietzsche, Friedrich:** Die fröhliche Wissenschaft. KSA 3, hg. v. G. Colli und M. Montinari. München: dtv 1988
**Nietzsche, Friedrich:** Über Wahrheit und Lüge im außermoralischen Sinne 1. In KSA 1. München: dtv 1988a
**Nietzsche, Friedrich:** Die Geburt der Tragödie. KSA 1 hg. v. G. Colli und M. Montinari. München: dtv 1988a

**Nietzsche, Friedrich:** Nachlass 1882–1884. KSA 10, hg. v. G. Colli und M. Montinari. München: dtv 1999

**Nietzsche, Friedrich:** Nachlass 1885–1887. KSA 12, hg. v. G. Colli und M. Montinari. München: dtv 1999a

**Nietzsche, Friedrich:** Nachlass 1887–1889. KSA 13, hg. v. G. Colli und M. Montinari. München: dtv 1999b

**Nietzsche, Friedrich:** Zur Genealogie der Moral. KSA 5, hg. v. G. Colli und M. Montinari. München: dtv 1999c

**Nipperdey, Thomas:** Die Fabrikarbeit und der neue Umgang mit der Zeit. In: Piereth, Wolfgang/Sieram, Wolfram (Hg.): Das 19. Jahrhundert. Ein Lesebuch zur deutschen Geschichte. 1815–1918. München: Beck ²1997

**Pinthus, Kurt (Hg.):** Menschheitsdämmerung. Reinbek bei Hamburg: rororo 1999

**Pinthus, Kurt:** Die Überfülle des Erlebens. In: Vietta, Silvio (Hg.): Lyrik des Expressionismus. Tübingen: Niemeyer 1990

**Programmheft zu Frühlings Erwachen von Frank Wedekind.** Hrsg. zur Premiere am 28.2.1997 vom Schauspiel Bonn

**Rothmann, Kurt:** Kleine Geschichte der deutschen Literatur. Stuttgart: Reclam 2001

**Rufer, Josef:** Die Komposition mit zwölf Tönen. Kassel 1966

**Scheller, Ingo:** Szenische Interpretation. Frank Wedekind – Frühlings Erwachen. Vorschläge, Materialien und Dokumente zum erfahrungsbezogenen Umgang mit Literatur und Alltagsgeschichte(n). Universität Oldenburg: BIS-Verlag ²1989

**Scheller, Ingo:** Szenisches Spiel. Handbuch für die pädagogische Praxis. Berlin: Cornelsen 1998

**Schläbitz, Norbert:** Sekunde mal – Neue Lernformen im Musikunterricht. In: Zeitschrift „Musik in der Schule“ 02/2002

**Schläbitz, Norbert:** Mit System ins Durcheinander. Musikkommunikation und Jugendsozialisation zwischen „Hard-net“ und „Soft-net“. Habilitationsschrift. Osnabrück: Epos 2003

**Schläbitz, Norbert:** „The ‚winAmp‘ takes it all“ – Zeit nehmen für einen zeitgerechten Unterricht. In: Kraemer, Rudolf-Dieter (Hg.): MULTIMEDIA als Gegenstand musikpädagogischer Forschung. Essen: Blaue Eule 2002

**Schmidt, Réne:** Expressionismus und Literatur. In: Tetzlaff, Dominique/Guindon, Jeanpierre (Hg.): An die Verstummten. Frankfurt/M.: Athenäum 1988

**Schmidt, Réne:** Thema Großstadt. In: Tetzlaff, Dominique/Guindon, Jeanpierre (Hg.): An die Verstummten. Frankfurt/M.: Athenäum 1988

**Schönberg, Arnold:** Harmonielehre. Jubiläumsausgabe. Wien 2001

**Seckel, Al:** Meisterwerke der optischen Illusionen. Wien 2002

**Steffens, Wilhelm:** Drama. In: Lexikon des Expressionismus. Hrsg. von Lionel Richard. Übersetzungen aus dem Französischen von I. Hanneforth und R. Rochlitz. Darmstadt 1986 (Lizenzausgabe für Bertelsmann u. a. mit Genehmigung der Editions-Somogy, Paris)

**Steinmetz, Horst:** Moderne Literatur lesen. München: Beck 1996

**Vietta, Silvio/Kemper, Hans Georg:** Expressionismus. München: Fink ⁶1997

**Vietta, Silvio:** Entstehungsbedingungen und Strukturmerkmale einer Kunstepoche in Deutschland. In: Tetzlaff, Dominique/Guindon, Jeanpierre (Hg.): An die Verstummten. Frankfurt/M.: Athenäum 1988

**Vietta, Silvio (Hg.):** Lyrik des Expressionismus. Tübingen: Niemeyer 1990

**Viviani, Annalisa:** Das Drama des Expressionismus. München: Winkler 1981

**Vollmann, Rolf:** Die wunderbaren Falschmünzer. Ein Roman-Verführer 1800–1930. München 1999

**Wedekind, Frank:** Werke. Hrsg. und eingeleitet von Manfred Hahn. 3 Bde. Berlin/Weimar: Aufbau-Verlag 1969

**Wedekind, Frank:** Frühlings Erwachen. Eine Kindertragödie. Erarbeitet und mit Anmerkungen versehen von Stefan Rogal (= EinFach Deutsch, hg. von Johannes Diekhans). Paderborn: Schöningh 1999

**Wedekind, Frank:** Frühlings Erwachen. Unterrichtsmodell von Stefan Rogal. Hrsg. von Johannes Diekhans. Paderborn: Schöningh 2000
**Wedekind, Frank:** Frühlings Erwachen. Von Gerhardt Pickerodt. Ffm: Diesterweg $^{4}$1998
**Wedekind, Frank:** Frühlings Erwachen. Eine Kindertragödie. Text und Materialien bearbeitet von Dieter Seiffert und Georg Völker sowie Lehrerheft von Dieter Seiffert und Georg Völker. Berlin: Cornelsen 1995
**Welsch, Wolfgang:** Unsere postmoderne Moderne. Berlin: Akademie $^{4}$1993
**Wende, Waltraud:** Großstadtlyrik. Stuttgart: Reclam 1999
**Zima, Peter V.:** Moderne/Postmoderne. Tübingen/Basel: Francke 1997